カント講義

高峯一愚 TAKAMINE Ichigu

論創社

まえがき

さきに『純粋理性批判入門』を出して（一九七九年四月）から、引き続いて論創社から『少年少女のためのカント』の執筆を依頼された。カントをどこまで自分のものにできるかをこの機会に試みるのも自分の勉強になることと思って、カントの伝記を中心に、カントが三批判書で説こうとしたところをまとめてみようと筆を執ってみた。しかしその結果は、内容についてはもちろん、分量の上からも、とうてい『少年少女のための……』と題するわけにはゆかないものになり、論創社でも、『少年少女のために……』はもう少し後にして、これはこれで一つのカント研究書として世に出そうということになった。

カントを全体として私なりに解釈したものであるが、或いはむしろカントの名のもとに、勝手に私自身の哲学めいたものを構想したにすぎないと評されるかも知れない。しかしまた、「人はそれぞれにカントを読む」（ヘルマン・コーエン）と言われるように、カントは必ずしも一義的に解釈できる、或いは解釈してよい哲学者ではなく、そこにはさまざまな未解決の問題や難問が残されており、またその叙述にも多くの矛盾や不斉合を免がれていない。そしてそのことについてはすでに多くの哲学者たちによって、繰り返し論議されてきたところであり、問題はカントについてはもはや、とうの昔に出つくされているとさえ見なされている。しかしその「出つくされている」と言うのはあくまで先人の手によってのことであって、後から出て来たわれわれにとってはむしろ、そのようにひろく研究された哲学者であればこそ却って、そのさまざまに論議しつくされたと言われる諸問題を、あらためて自分自身の問題として辿り直し、「自分自身のカントを読む」ことが果たされねばならない課題であると言うべきであろう。

とは言え、文字通り汗牛充棟をなす諸家のカント研究書の一つ一つに当たってその跡を辿ることは、残念ながら私の非力のよく果たし得るところではなく、本書でのカントの取り扱いは、主として直接にカントの原典について、私なりのカント解釈を示したものにすぎず、多くの先人のカント批判やカント解釈を忠実に紹介し祖述しようとするものではない。この点については、まさにカントを通して私自身の哲学の構想を試みようとする私の当面の課題に免じて、これを諒として戴きたいと願うのみである。

フィヒテを初めとしてカントの祖述者たちは、いずれも「カントが言おうとして言うに至らなかったところを、自分は言おうとするのである」として、みずからカントの後継者でありカント哲学を正当に発展せしめる者であるとみずから任じた。私はそれと同じように自任する不遜をあえて冒そうとする者ではもうとうない。けれども、少なくともカントがヨーロッパの強いキリスト教的伝統の中で築いた哲学の構想から、人間一般として、特定の伝統や観念を離れてなお抱かざるを得ないはずの、時代を越え環境を越えた永遠にして普遍的な問題を汲み取って、みずからの問題とし、かつそれを世に問うことは哲学に志す者の任務であると思うのである。ヴィンデルバントはかつてカントの『純粋理性批判』出版百年記念講演を収めた『プレリュディエン』（一八八四年）の序を「カントを理解することはカントを超えることである」と言う言葉で結んだ。本年はその記念講演から更に百年を経た記念の年であるが、本書における私のカントへの態度が、このヴィンデルバントの言葉から程遠いものでないことを祈りたい。

最後に、故出隆先生から、先生の亡くなられる一年前のことであったが、私は「常楽我浄」と自筆された色紙を、特に「常に我が浄《きよ》きを楽しむ」と先生みずから音読されながら戴いた。今にして思えば、この言葉ほどカントの生活と、またその道徳法則を意識することに人間の尊厳性を求めた哲学とにふさわしい言葉はないように思われる。先生はおそらく、カントを読んでいる私のことを念頭におかれてこの言葉を書いて下さったものと信ずる。ここに先生の一周忌（三月九日）を控えて、この言葉を想起し、この書を先生の霊前に捧げたいと思う。

一九八一年二月

▲ケーニヒスベルク（カリーニングラード）周辺の地図（ケーニヒスベルクはロシアに属している）

カント講義　目次

第Ⅰ章　哲学者への歩み

1　カントの家族とその時代

(1) ケーニヒスベルクとプロイセン王国

カントは一七二四年四月二十二日、東プロイセンの首府ケーニヒスベルクの、貧しい革具商の第四子として生れ、一八〇四年二月十二日この地で没した。ケーニヒスベルクとはドイツ語でケーニヒ（国王）のベルク（山）という意味で、すでに一二五五年に南ドイツ地方からボヘミア国王が北進して来てプレーゲル河畔を見下す高台に城を築き、翌年これをケーニヒスベルクと名づけて以来、城下町として発達した町であった。このケーニヒスベルクは、第二次世界大戦後の一九四六年にソヴィエト領に属し、ソヴィエト革命闘士ミハエル・イヴァノヴィチ・カリーニン（一八七五―一九四六）の名を採ってカリーニングラードと改称された。

ヨーロッパでは十一世紀から十二世紀にかけて農業上の技術が進歩し、耕作の方法についても能率的な農法が広まり、収穫の増加とともに人々の栄養も改善され、人口も急増した。ドイツでは十二世紀から十三世紀にかけてこれら急増した人口はおのずから今まで人口の稀薄であった東ヨーロッパへの植民を促がし、バルト海沿岸添いに多くのドイツ人の町や村がつくられたが、ケーニヒスベルクの発祥もこの時代のことであった。

その後その地方はポーランド王国に属したが、一五二五年にはその保護の下にプロイセン公国の成立を見、一五四四年にはケーニヒスベルクに大学も創設された。しかし三十年戦争（一六一八―四八）の頃にはポーランドの王権は衰え、プロイセン公国はブランデンブルク選帝侯の支配下に移り、選帝侯フリードリッヒ三世（一六五七―一七一三）は、一七〇一年一月にプロイセン国王フリードリッヒ一世としてケーニヒスベルクで戴冠式をあげ、以後この地は歴代のプロイセン国王の戴冠式の行われる地となった。

フリードリッヒ二世（フリードリッヒ大王と称せられる）

フリードリッヒ一世は学問、芸術を保護し、一六九四年にハルレ大学を、九六年にベルリン美術学校を創設した。王妃ゾフィー・シャルロッテ（一六六八―一七〇五）もまた、幼い頃からハンノーヴァーの実家で、母にあたるハンノーヴァーの王妃ゾフィー（一六三〇―一七一四）の下で哲学者ライプニッツ（一六四六―一七一六）の教育を受け、プロイセン王妃としてベルリンに移ってからもライプニッツの勧めによってベルリン・アカデミーを創設した。ライプニッツは三十年戦争という旧教徒と新教徒との争いによる長い内乱によって殆ど潰滅したドイツに、新しくドイツ哲学を興して近世ドイツ文化を花咲かせた先駆者であったのである。

このようにしてカントの時代は、このフリードリッヒ一世の子フリードリッヒ・ウィルヘルム一世（一六八八―一七四〇）の世から、フリードリッヒ大王と称されているフリードリッヒ二世（一七一二―八六）の世を経て、その甥フリードリッヒ・ウィルヘルム二世（一七四四―九七）とその子フリードリッヒ・ウィルヘルム三世（一七七〇―一八四〇）の時代にわたっており、プロイセン王国が次第にヨーロッパの国際政治において強固たる地位を確立しつつあった時代に当たっていた。貧窮の裡に生れ育ったカントが、よくその才能を伸して世に立つことができ、またその哲学が人間の意志の自由と人格の尊厳とを強調するものであったことも、このような当時の祖国プロイセン王国の、さらには全ヨーロッパの、進取的、啓蒙的気運の然らしめたところとすべきであろう。

カントが生れた当時のプロイセン国王フリードリッヒ・ウィルヘルム一世は、文学や芸術には理解がなく、これを愛した皇太子、後のフリードリッヒ二世と激しく衝突した。しかし冗費を省いて軍隊の整備や官僚制度の強化に努め、産業を興し、次のフリードリッヒ二世の時代のプロイセン興隆の基礎を築いた。そしてフリードリッヒ二世は学問、芸術を愛する啓蒙君主として、また武断的君主として、当時のヨーロッパ諸列強の間におけるプロイセン王国の地位を不動のものとした。それらはいずれも上からの力によってプロイセン国家の近代化を企てたもので、イギリスやフランスの場合のように下からの力によるものではなかったけれども、それは後進国が一日も早く先進国の脅威を脱してそれらの間に伍さなければならなかった当時の事情の下で、プロイセンの採らねばならない当面の急務であった。

　このような時代の状勢の下で、ケーニヒスベルクも当然次第にその繁栄を加えていたが、もともとこの町はプレーゲル河によってバルト海と直結しており、古くからオランダ人やフランス人やスコットランド人、イングランド人、またユダヤ人等も来住して、カントの時代には数千人の軍隊を除いて人口五万と称され、貿易の要衝をなしていた。したがってカントはその幼年の頃から、通学の毎日を、プレーゲル河に架けられた橋を渡りながら、上流からはポーランドやロシアの奥地から穀物や麻や筵などが高く積まれて運ばれてくる伝馬船の列を、また河口には異国の船団が、葡萄酒や工業製品を積み、ヨーロッパ各国の水夫たちを乗せて、時には河口を埋めるほどに出入りするのを眺めて育ったのである。

プレーゲル河と商人たち

　カントはその晩年（一七九八年、七十四歳）『人間学』を刊行した時、その序文に、「人間学の範囲を拡めるためには、旅行記を読むだけでもよいから、とにかく旅ということが大切だが、しかしあらかじめ自分の町や国の仲間達との交際を通して人間知を得ておいてからにしなくてはならない」と述べた後で、「一国の中心をなす大都会で、そこにはその国の政府の諸機関があり、一つの大学（学問の開発のための）を持ち、同時に海外貿易のための位置をも占め、そのおかげで国の奥地から流れてくる河川を通して、さまざまの言語や風習を持つ遠方の国々とも近隣の国々とも交易するのに便であるような都市――例えばプレーゲル河畔のケーニヒスベルクのような都市は、たしかに世間知をも人間知をも拡めるのにふさわしい場所と見なすことができる。そこにいれば旅行などしなくとも、これらの知識を得ることができる」と注記して、いかにも当時のケーニヒスベルクが、ヨーロッパの各主要な国々からの交易や、したがってまた情報の活発な町であったことを偲ばせているが、カントはその生涯中、ほとんどケーニヒスベルクから遠く離れることなくして、しかも生粋のロンドン人を前にしてロンドンのウエストミンスター橋について、またローマのバチカン宮殿について、あたかも現地で見たように語って相手を驚かせたといわれている。

(2) カントの両親

カントの家系はカントの曾祖父まで辿ることができ、曾祖父リヒアルト・カントはケーニヒスベルクの北方ルスという町で店を借りて居酒屋を営んでいたが、近くのハイデクルークという町の居酒屋の娘ドロテーア・リーデルと結婚した。その息子ハンス・カントはチルジットの町で革具商の親方の免許を得てからメーメルで革具商を継ぎ、カントの父ヨハン・ゲオルク・カントはこの革具商の次男である。彼は革具工の修業の後、独立してケーニヒスベルクに出、そこで南ドイツのニュールンベルク出身の同じ革具商の娘アンナ・レギーナ・ロイテルと結婚した。

カントが自分の祖父はスコットランドからの移民であったと晩年の手紙に書いていることは今日誤りとされているが、バルト海に臨んだその地域から察すると、少なくともそうした移民との混血の可能性は考えられるところであり、カントの二人の伯母はスコットランド人と結婚したとされている。この地方はがんらい、厳しい自然との闘いを通して、質実で強固な意志を人々に培ってきたが、カントの両親はともに、当時ケーニヒスベルクに普及していたキリスト教の新教の中でも特に信仰の純粋性を護ることに忠実であったピエティスムス（敬虔主義）の信者であった。

後にケーニヒスベルク大学でカントの講義を聴き、その地で牧師となり、その後大司教ともなったカントの友人ボロウスキー（一七四〇―一八三一）が、一七九二年、カント六十八歳の年に、ケーニヒスベルクの王立ドイツ協会の例会での講演を依頼された折り、カントの伝記を語りたいと思い、「将来のカント伝記のための草案」を書いてカントの検閲を乞うた。カントはこれに対して謙虚で誠実な返書を認《したた》め、「貴下の好意には感謝に堪えないが、もしこの件がまだ中止できるようだったら中止して頂きたい」こと、「私の死後に私の伝記を書くための資料収集として考えて下さるならともかく、私の生存中に出版なさることはくれぐれもお断りする」ことを条件に、多少の添削を施してその検閲に応じた。ボロウスキーはカントとの約束を守り、カントの没年に

ルードウィッヒ・エルンスト・
フォン・ボロウスキー

ボロウスキーが新たに書いた「カントの没後に書かれた追記」と合せて『カントの生涯と性格』と題し、これになお、同年にヤッハマン（一七六七―一八四三）が書いた十八通の書簡体の『カント伝』と、ヴァジアンスキー（一七五五―一八三一）の手になる『晩年のカント』とが合わせられて、『イマヌエル・カント伝』という三巻本として出された。

ヤッハマンもヴァジアンスキーも、ボロウスキーと同じくケーニヒスベルク大学でカントを学び、いずれも一時カントの助手としてカントに師事し、その後も永くカントと交わった人たちであったが、この書の出版者ニコロヴィウスもまたかつてカントの学生であったとともに、カントの友人の息子に当たり、ニコロビィウスが出版業を始めるに当たってカントもこれに援助を約束し、『純粋理性の新しい批判はすべて旧批判によって無用とされるべきであるとの発見について』（一七九一年）を初めとし、『永久平和論』（一七九三年）、『宗教論』（同上）、『人間学』（一七九八年）など、一七九〇年以降のカントの著作の多くはこの書店から出されており、ニコロヴィウスはまたカントのために、カントの必要とした書物を無条件で提供していた。これらの事情を通してカントをめぐる深い師弟の情愛をうかがうことができる。なおこの三巻本は、その後一九一二年に、ベルリンのドイツ文庫（ドイッチェ・ビブリオテーク）から一冊にまとめられて、『カント――同時代人の見たその生涯』として刊行された。

この書でボロウスキーはカントの両親について、「父は勤勉と正直とを求め、特にどんな虚言をも言わないことを求めたし、母はその上に神聖さを求めた」と言い、後年のカントの道徳説が、厳格さと神聖さとを強調していることを、「すでに幼い時から彼の良き母がカントに対して要求していたところであった」と記し、カントがこの草稿を検閲した際もこの部分に手を加えることがなかったことを、特に注記してる。そしてカントの口から度々「私は両親から下品な言葉を聞かされたり、卑しい行いを見せられたりしたことは一度もなかった」という言葉を聞いたこと、また「両親の思い出は私にはこれまでいつも楽しいものであったし、今でもそうであるが、特に今日のような時代では、私と同じように、後日両親の思い出を楽しめるような幸せな子供はほんの僅かだろう」というカントの告白を伝えてる。

ヤッハマンもこの書の「書信第九」で、「世界のあらゆる偉人の特色となっている母に対する敬愛の情という点で、カントは特に目立っている。この勝れた婦人の偉大な真価が、われわれの哲学者の心情にあれほど永続的で消しがたい印象を与えたということは、彼が十三歳までしか母の薫陶を受けなかっただけに、一層注目に値する」と言い、「カントは屢々私に、〝私の母は愛情に富み、感情が豊かで、敬虔でそして正直な女性であり、また子供たちを、敬虔な教えと道徳的な模範とによって神への敬いへと導いてくれた。母は度々私を郊外へ連れ出して、神の創造物に私の注意を向けさせ、敬虔な喜びを以て神の全能と知恵と慈愛とについて語り、万物の創造者に対する深い畏敬を私の心に印しづけた。私は決して母を忘れないだろう。母は私の裡に善なるものの最初の芽を植えつけ、それを育《はぐく》み、そして自然の印象を受け入れるように私の心を開いてくれたから。母は私の理解力を呼び覚まし、拡げてくれた。母の教訓は私の生涯に強い不断の影響を与えている〟と語ったが、この偉人がその母について語る時、いつも彼の心は感動し、その眼は輝き、その一言一句は子としての真心からの敬慕の情に充ちていた」と述べている。

またヴァジアンスキーの『晩年のカント』にも、母に対するカントの純粋な尊敬と、子としての優しい愛情とを以てする追想や、カントの勝れた理解力が母から受け継いだものであること、母の敬虔さが決して狂信的ではない正しい宗教的情操であったこと、母の教養が自らの自己涵養によるものであり、その身分や時代から見て珍しく高いものであったこと、家庭が円満で常に子女の尊敬を得ていたこと、母が早くからカントの才能を見抜いて、屢々郊外へ伴ない自然の偉大さを教え、やがては却ってカントから教えられることを喜んだこと、カントの場合のように母の期待以上に偉大な才能を発揮した例の稀れであること、さらに母の突然の死が母の友人の失恋による病臥を看護中に、服薬を拒む友人に服薬させようとして、自分で薬を飲んでみせたという友情からの犠牲によるものであったこと等が語られている。

カントの後年の『宗教論』（一七九三年）で敬虔主義（ピエティスムス）について、「心からキリスト教を信じはするが、人間の堕落に囚われてすべての徳に絶望し、宗教の原理を篤信（この語で意味されるのは神の祝福を上からの力に期待する受身の態度を良しとすることであるが）にだけおくのは誤っている。……そういう人たちは少しも自分自身を信頼せずに、絶えず怯えながら超自然的な助けを探しまわり、しかもこの自己蔑視（これは謙虚とは違う）によって恩寵が得られるかのように思い違いをしている。このような外への表現（ピエティスムス或いは篤信ぶり）は奴隷的根性を示すものである」として、本当の敬虔が屢々一般に誤って理解されがちであることに注意を促がしているが、カントがその母において見た敬虔主義は、このような誤った敬虔ではなかったのである。

またヤッハマン等と同じくケーニヒスベルク大学でカントに学び、後にカントの『自然地理学』（一八〇二年）や『教育学』（一八〇三年）を、その講義草稿から編集出版することを託されたリンク（一七七〇―一八一一）が、カントの没後書いた『イマヌエル・カントの生涯散見』（一八〇五年）の中には、カント自身の言葉として次のような言葉があげられている。「私が今なお思い出すのは、かつて馬の革具職と鞍職との間に権利争いが生じて、私の父がかなり深くそれに悩んでいたことがある。しかし家での会話では、両親とも相手方へのいたわりと愛情とを以てこの紛争を取り扱っていた。当時まだ私は子供であったが、その時のことは決して忘れることができない」と。

なおカントの家系について、教会の記録を辿って調査しカントに報せてくれたスウェーデンの司教ヤーコプ・リントブローム（一七四六―一八一九）へカントは返書を書いている（一七九七年十月十三日付）が、その本文から省かれた草稿の部分に、「私の家系について誇り得ることは、（職人階級の出ではあるが）正直で道徳的に方正であるという点で模範的であった私の両親が、私に財産をこそ（しかしまた負債をも）残さなかったが一つの教育を与えてくれたことです。この教育は道徳的面から見てこれ以上のものはあり得ないほど優れたものでした。私はこれを思い起す度にいつも深い感謝の念をおぼえます」という語が残されている。

ヴァジアンスキーは『晩年のカント』の中で、「カントの両親の資産状態についてカント自身が私に話した」こととして、「富裕ではなかったが、貧窮に苦しむほどでもなく、家計と子女の教育に必要な程度の金は得ていた」と書いているが、カントの母はカント十三歳の時に四十歳で、父はカント二十二歳の時に六十四歳で亡くなり、そのいずれの場合も、教会簿には埋葬を記入した後に、「静かで、貧し」と記されたといわれている。「静か」とは唱歌隊のなかったこと、「貧し」とは葬儀の費用を町から支払ったことであった。したがってカントは弟妹たちと共に、母方の伯父の庇護によって成長し、かつ教育を受けたのであった。

(3) カントの弟妹

カントには早く亡くなった姉弟たちを含めて九人（十一人という説もある）姉弟があったとされているが、成人したのは、よく知られていない五歳年上の姉レギーナ・ドロテーア（一七一九

—?）と、三人の妹、マリア・エリザベート（一七二七—九六）、アンナ・ルイーゼ（一七三〇—七四）、カタリーナ・バルバーラ（一七三一—一八〇七）と、十一歳年下の弟ヨハン・ハインリッヒ・カント（一七三五—一八〇〇）との、カントを含めて六人だけであった。

カントとその両親、とりわけ母との関係については、すでに見たようにカント自身によっても種々の機会に語られているが、ボロウスキーは、「カントが近親の人たちと一緒にいたことは、ただ一人の弟を除いて、私は見たことがない。その弟も大学卒業後、クールラントに赴いたまま、私の知る限りでは、ほんの僅かの訪れのためにもケーニヒスベルクには帰って来なかった。確かに独創の才を抱いていたらしいこの弟は、もし彼の故郷に留まっていたら、きっとこの地で官職と衣食の道を見出し、晩年にはこの二人の兄弟はもっと親密に結ばれたであろうと思う。私がこのカントの弟と一緒に過ごした頃の思い出は、いま私がこれを書いている時にも私を楽しくさせる。……このケーニヒスベルクの地における二人の兄弟の関係や交渉は、弟が兄イマヌエルの講義に出席し、講義がすんだ後、二人は少しばかり言葉を交わし合うといった程度以上には出なかったようである。……カントの妹たちも、兄とはあまり往来せず、同じ家庭で暮すようなこともなかったが、カントの経済状態がそれを許すようになると直ぐに、彼は内々で、ごくつつましやかに、妹たちのために配慮した」（前掲書）と言って、ようやく妹たちに対するカントの援助に触れており、ヤッハマンも「書信第九」で、前に引用したカントの母についての懇切な叙述に続けて、「弟妹については、カントは稀れにしか話したことがなく、またその機会も殆どなかった」

と書いている。またヴァジアンスキーは、「カントは若い時には血縁の者を自分の身辺に近づけることを好まなかったが、それは彼が肉親を恥じてのことではなく（彼はこういう弱さからは全く超越していた）、むしろ自分が心ゆくまで彼らと楽しく語ることができなかったからであった」とし、晩年のカントについて、「それにも拘らず私は二、三の理由から、他人よりもむしろ肉親の人々に彼の世話を委ねる方が得策だと考えた」と言って、一八〇三年秋に、一人だけ家にいたカントがひどく転倒して顔や背中に激しい皮下出血をしてから、一七九二年以来ケーニヒスベルクの聖ゲオルゲ慈善院でカントの扶助の下に尼僧として生活し、たった一人残っていたカントの末妹カタリーナ・バルバーラをカントの家に迎えたこと、またカントの妹の息子がカントの下男と交代して看護に来てくれた時、多額の報酬と結構な夕食とを出したことを付け加えている。そしてここに二、三の理由というのは、カントの妹がカントから永年に亘って扶助を得ていたことに対する妹としての義務からというばかりでなく、ヴァジアンスキーとカントとの親しい関係についての証人となってもらえることや、肉親の情愛がカントを最も安心させるであろうとの期待であった。

近親に対してカントが少なくとも外見上きわめて疎遠であったことは、おそらく当時の互いに余裕に恵まれなかった境遇の故として、止むを得なかったものであろうが、しかし今日残されている『カント書簡集』を通して見るカントの弟妹に対する関係の中には、やはりその生涯を通して必ずしも常に裕福とは言えなかったカントとしての、精一ぱいの弟妹への愛情の発露をうかがうことができる。

それらの書簡の中で、弟ヨハン・ハインリッヒからカントに宛てた手紙は、一七六三年三月一日付（カント三十九歳、弟二十八歳）で、ハインリッヒの教えた学生でなお兄カントの下で学びたいという青年を紹介したものに始まって、一七九六年十二月十七日前（カント七十二歳、弟六十一歳）に、自分の長女アマリア・シャルロッテ（一七七五―？）とカール・ウィルヘルム・リックマン（一七六五―一八三〇）との結婚を報せたものまで十通を算えることができるが、それらはいずれも弟としてのハインリッヒの兄姉や伯父伯母等に対する深い情愛に充ちたものである。殊に一七七五年五月十三日付の手紙は、貧しいけれども純情な妻マリアとの結婚を報じたもので、兄の頑健でない健康を気づかい、兄の結婚を奨め、また姉たちに自分の結婚を伝えて欲しいと言い、マリアからの義兄イマヌエル・カントに対する鄭重な挨拶の言葉を添えたものである。また一七七六年一月二十一日付のものは、長女シャルロッテの誕生を報せ、兄カントの名をその洗礼保証人名簿に記入したことの諒解を求めたものであり、一七八二年九月十日付のものには、カントから弟の妻に贈った『主婦』と題する一種の「家庭百科辞典」に対する謝辞があり、マリアの心の籠った礼状が添えられている。この贈物については、その後の手紙でも繰り返し感謝の言葉が述べられており、北方の不便な田舎住いを続けねばならなかった弟一家に対して兄カントが忘れなかった心づかいと、それに対する弟一家の喜びとを察することができる。

特に感動させられるのは、一七九二年一月二十六日付（カント六十八歳、弟五十七歳）、カントが弟の妻の甥がケーニヒスベルクでカントを訪ねた機りに甥に託した手紙と、同年二月八日付、弟のそれに対して送った返書とである。カントはその手紙で、長妹マリア・エリザベートと、そのすでに結婚している娘をも含めて五人の子供たちすべてにカントが扶助を送っていることと、末妹カタリーナ・バルバーラはケーニヒスベルクの聖ゲオルゲ慈善院でカントの扶助によって生活していることを報せ、弟のことについても兄として考慮していることを伝えている。これはカントがすでにその前年一七九一年八月二十九日に、市の裁判所に供託した遺言状で、弟をもカントの遺産相続人の一人に指定したことを言ったものであった。これに対してカントの弟は、兄の好意が自分たち一家すべての涙を流して感謝するところであることを述べ、幼少の頃から病弱であったというフォントネル（一六五七―一七五七）が百歳まで生きた例をあげて兄の長寿を祈り、一歳で死んだ長男以外は健全に育っている自分の四人の子供たちのことを語り、早く父母に死別した自分〔二歳で母に、十一歳で父に死別した〕の父母代りであった伯父、伯母を偲び、かつてカントから自分の妻に贈られた『主婦』についての感謝を繰り返しており、この弟が如何に心優しい性格であったかをうかがわせている。

なお成人したカントの四人の姉妹のうち、姉のレギーナ・ドロテーアは生涯独身であったらしいことしか知られておらず、長妹マリア・エリザベートは一七五二年、二十五歳で靴工クレーネルトと結婚したが、六八年四十一歳で五人の子供を持って離別したらしく、この年以来カントの扶助を受けていたし、その次の妹アンナ・ルイーゼはヨハン・クリストフ・シュルツという織物工に嫁したが子供のないまま四十四歳で亡くなった。末妹カタリーナ・バルバーラは一七七二年、四十一歳で鬘職《かつら》工トイヤーに嫁したが一年足らずで夫と死別し、子供もなく、九二年（六十一歳）一月以来、聖ゲオルゲ慈善院で尼僧としてカントの仕送りを受けていた。一八〇三年秋以来はカントの介添え役をなし、カントの没後まで生存した唯一人の妹であった。またすでに度々触れた弟ヨハン・ハインリッヒは、ケーニヒスベルク大学で神学を修め、北方のクールランドで家庭教師、ギムナジウム校長、牧師等の生活を送ったが、兄に先立って没し、カントは後でも見るように、その遺族をもできる限り扶助したのであった。

弟に比べるとカントは、その首都における社交と学究との多忙な生活の故からも、近親との文通は少なかったものと思われ、近親への書簡は殆ど残されていない。カントから弟に宛てたものとしては、既にあげた一七九二年一月二十六日付の弟の妻の甥に託したものの他は、一七九六年十二月十七日付（カント七十二歳、弟六十一歳）、弟から、おそらく長女アマリア・シャルロッテの婚約を報せた手紙に対する返書を兼ねて送った手紙が伝えられているだけである。これには先ず、長妹マリア・エリザベートがこの夏逝去したこと、そのため一七六八年（カント四十四歳、そしてエリザベートが夫と離婚した年）以来彼女に送っていた扶助料を、二倍にして彼女の遺児たちに送ることにしたこと、聖ゲオルゲ慈善院でなお健在な末妹カタリーナ・バルバーラへの扶助料とともに、この扶助を自分は一生涯続けるつもりであることを述べ、姪アマリア・シャルロッテへ、おそらく彼女宛の婚約の祝辞を同封してあったものと思われるが、「くれぐれもよろしく」と添え書きしている。

カントが近親に宛てたその他のものとしては、姪シャルロッテの新夫カール・ウィルヘルム・リックマンがカント宛に送った婚約の挨拶に対する返書として、弟に宛てた手紙と同じ日付でカントが直接リックマンに送った手紙があり、「貴下に対する弟の賞賛と、貴下御自身からの私宛の手紙から拝察する貴下の勝れた御性格からして、貴下と私の姪との婚約を私は心から喜んでいる」こと、「私たちの家系には道徳上の不名誉を負った者はなく、私の姪にもそれを期待できるであろう」ことを述べて、二人の幸福を祈っている。

カントをめぐる書簡の中で、一七九五年（カント七十一歳）八月十九日付で、カントの弟の子供たち四人が連名で、或る青年に託してカントへ送った手紙ほどカント一族の間のほほえましい情愛をうかがわせるものはないであろう。それは次のように認《したた》められたものであった。

「伯父上の手に親しく口づけすることは私たちには叶えられませんから、伯父上を生き生きと想像させてくれるものとして、例えば尊敬する伯父上の灰色の髪の巻き毛がぜひ欲しいのです。……そうすれば私たちはその巻き毛で輪をつくらせて、伯父上を想像しながら伯父上を私たちの身近かに持つことができるでしょう。……このようなそら事でも私たちは本当に幸福に思うでしょう。……愛する伯父上、私たちのこのような一致したお願いをどうか叶えて下さい。……近々私たちの父の友人で牧師であられる方がそのお子さん方を学校に入れるためにケーニヒスベルクへ行かれますが、きっと私たちの父からのよろしくという伝言を持って伯父上をお訪ねになるでしょう。そうしたら私たちが願っているものを持ち帰って下さることと思います。尊敬する伯父上、私たちの両親の温かい敬意をお受け下さい。そして世界のために、また私たちのために末長くお幸せにお元気でお過し下さい」。

カントがこれに答えて、その灰色の髪の巻き毛を送ったかどうかは知られていないが、この書簡の書かれた時のこれら子供たちはそれぞれ、長女アマリア・シャルロッテは十九歳、次女ミンナは十六歳、長男フリードリッヒ・ウィルヘルムは十四歳、三女ヘンリエッテは十二歳であった。

なお一八〇〇年二月二十四日付、弟の妻マリアから、同月二十二日夫ヨハン・ハインリッセ・カントが永眠したことを報じ、残された自分や、まだ衣食の道の立たない子供たちのための援助を乞うてきた。当時、長女シャルロッテは、前に見たようにすでに四年前に結婚していたが、二十一歳と十七歳の二人の娘と、十九歳の長男とが残されていたのである。カントはどうした事情からか、これには返書を書かなかったようであるが、同年五月十六日付、マリアは再度、カントの援助を求めた手紙を出している。それは自分たちの極度の倹約にも拘らず、特に近年の亡き夫の収入が減じていたため、夫は自分たちの生活資金を残さなかったばかりでなく、若干の借財をさえ残し、自分たちの農場を売却して借金を返すほかはないという窮状を訴えたものであった。この手紙を受けとった時のカントの覚え書には、当時のカントの困惑が吐露されている。しかしカントは同年六月十九日に自分の友人である商人コンラート・ヤコービーに宛て、マリア・カント夫人に三ケ月毎に五十ターレルを支払うよう依頼し、マリア・カント夫人からは同年七月十九日付、哲学者カントに宛てて、カントからの援助確約の手紙（おそらく六月中旬に出したもの）と援助の最初の三ケ月分とを受領したことを深謝している。なおその後一八〇三年三月二十日付の、カントの弟の末娘に当たるヘンリエット（一七八三―？）の婚約者フリードリッヒ・スチュアルトからの、カントへの挨拶の書簡に対し、カントは同年四月九日付で、二人の結婚を、「もはや喜びを感ずることの至って少なくなった自分の生活の日々における真の喜びである」とこれを祝福し、カントが、友人ヤコービーを通してこの結婚がカントの姪にとって仕合せである旨を知らされ、益々自分の喜びの深まったことを述べ、「亡き弟に代わる父としての私の祝福をお受け下さい」と書いている。しかしこの書簡はもはや、署名をも含めてヴァジアンスキーの代筆によるものであった。

（4）カントの家計

カントはすでに見たように、もともと貧しく生れ、大学で学ぶことのできたのも伯父の庇護によるものであり、大学卒業後も、勉学にいそしむためには長く貴族の家庭教師を続けねばならず、一七五五年、三十一歳で母校の講師となった時も、聴講生の聴講料に依存する不安定な身分であった。ボロウスキーの伝えるところでは、「広い講義室が最初から、詰めかけて来た聴講生を十分収容しきれない程で、カントはその頃では、もう窮迫した貧困にさらされていたわけではなく、相当の家に住み、贅沢ではないが、自分の必要だけは十分に充たせる生活を送っていた」とされている。しかし、妹たちや弟を援助するまでには裕福ではなかった。

一七五六年四月、カント三十二歳の時、ケーニヒスベルク大学におけるカントの師であった哲学員外教授マルティン・クヌッツェン（一七一三―五一）没後空席であった教授席をカントは希望した。しかしプロイセン政府が、オーストリア、フランス、ロシアとの間にやがて起った七年戦争（一七五六―六三）に備えて大学の経費を削減したためその席は廃止となった。また一七五八年（カント三十四歳）、論理学及び形而上学の講座担当の正教授の没した後は、他の講師がその後任となった。その後、一七六四年（カント四十歳）詩学の講座に空席が生じた時、カントはその後任に擬せられたが今度はカントの方から辞退した。そして一七六六年には王立図書館副司書官を兼任したが、年俸六十二ターレルという薄給であり、一七七〇年四十六歳でようやく、論理学及び形而上学担当の教授が数学の講座に移った後、その講座の正教授の地位を得た。したがってカントが弟妹への扶助を、多少とも余裕を持ってできたのは、一七七〇年以後のことであった。なお図書館副司書官の職は一七七二年に辞職した。

ところでカントの哲学者としての名声が、単にプロイセン国内だけでなく他国にまで知られるようになると、自分もカントの一族であると称してカントの扶助を求めようとする輩が生じた。今日伝えられている『カント書簡集』によると、一七九七年四月十九日付（カント七十三歳の時）で、南プロイセンに住むテオドール・ゴットロープ・マルチン・カントと称する人物から、自分はおそらく放火と覚しい大火に遭って無一文になっているので援助をお願いしたいと言ってきている。また同年七月一日付で、カール・フリードリッヒ・カントなる人物が、「三ケ月前にも貴下に手紙を差し上げ、お会いしてお話しするためにリューベックとキールで待っていたが無駄だった」と言い、「私の父はヨハン・カントと言い、私が五歳の時に亡くなり、叔父もニクラス・カントと言った」として、哲学者カントとの姻戚関係を主張し、「ストックホルムで税関に職を得ようとしたが、そのためには手許に相当の金がなければならないと聞いたので、二、三年間八千乃至一万ターレルの銅貨を利子つきで用立てて頂ければありがたい」と言ってきている。前に触れたカントの家系に関しての、スウェーデンの司教ヤーコブ・リントブロームからの報せに対する一七九七年十月十三日付のカントの返書の中でもカントは、「貴下が私の親戚であると称する人々に対して持たれる人間愛、すなわち、私にこれらの人々を援助させようとなさるお志はよくわかります。実は貴下のお手紙と略《ほぼ》同時に、ラルムから一七九七年七月一日付の手紙を受けとりました」と言って、このカール・フリードリッヒ・カントなる人物からの手紙をあげ、「しかしこのような不当な要求や、また他のこれに類するいかなる要求も、全く容認できないものである」ことを述べている。

なおカントは生涯独身で過ごした。ボロウスキーによれば、「なぜカントが生涯結婚しなかったかという疑問は、カントの生存中にも、上下貴賤の別なく友人たちやその他から何度となく出されたところであったが、カントはその問いを快く思わず、特に晩年にはそうした話題を避けた」由である。そしてボロウスキーはなお「私はカントの心を惹きつけた彼にふさわしい二人の婦人を知っているが、しかしその頃はもうカントも即座に決断するような年齢ではなく、あまりに慎重すぎて、おそらく拒絶はされなかったと思われる申込みを躊躇したため、一人の方は遠い地方へ移ってしまい、もう一人の方は、早く申込んだ他の男と結婚してしまった」と言っている。ヤッハマンは「書信第八」の中で、友人関係に見られたカントの深い友情の数々を語った後で、「次にはカントの恋愛について語りたいところであるが、まことに遺憾ながら私には、その人の性格を非常によく特色づけるこの感情については、この哲学者の生活から何一つ知ることができなかったということしかお伝えできない」と言いながらも、「カントが青年時代に恋愛の経験があったということは、彼の気質や多感な心情から推して、殆ど全く確実だと、あえて主張したい。友情に対してあれほど温かい心を持っていた人が、恋愛に情熱を抱かなかったということがどうしてあり得ようか」とし、「しかしカントの初恋が片思いに終ったのかどうか、或いは彼の体質やひたむきな形而上学的思索と学問的研究への愛着が結婚を断念させるようにしたのかどうか、この疑問は決定することができないままにしておかねばならない」と言っている。そしてなおそれに加えて、「カントは屢々未婚の友人たちに向って、未来の妻を選ぶ場合には、情熱的な愛情よりも、むしろ理性的な根拠に従う方がよいと忠告していた」ことをあげ、しかも結婚一般に関してはまた、「カントは使徒パウロの『コリント前書』第七章第七、第八節〔わが欲するところは、すべての人の我の如くならんことなり。されど神より各々自らの賜ものを受く。此は此の如く、彼は彼の如し。我は婚姻せぬ者及び寡婦に言う。もし我の如くにして居らば、彼らのために善し」と全く同じ考えを持っていた」としている。

要するにカントは、婚姻に関しても、おのずからなるめぐり合わせを尚《とうと》ぼうとしただけであって、特に婚姻を嫌悪したのでも、また必須のこととしたのでもなかったのである。それ故ヤッハマンも、「カントが、良き配偶者によって幸福にしてやりたいと思った友人や、その境遇上結婚した方が望ましいと思った人たちには、もちろん彼の原則に従ってではあるが、結婚を勧めたり、更に進んで好配を世話したこともあった」と言い、事実ヤッハマンの兄がイギリスから帰国する数ケ月前から、カントはB嬢というケーニヒスベルクで最も富裕な娘の一人を捜し出し、兄がカントを訪問した最初の日に、もうこの娘を選ぶように熱心に勧め、自分が媒酌人になろうとまで申し出たが、兄にはすでに意中の人があることを告白され、カントが気嫌を悪くしたことを伝えている。

(5) 社交家カント

カントはがんらい、一方では緻密に事がらを分析する学究肌に加えて、四十年間の教壇生活を通して遅刻や欠席は一度もなく、「時計仕掛けの男」と言われたほどに敬虔主義の厳粛性を身につけていたが、他方ではケーニヒスベルクという当時の交通の要衝に育ちかつ生活してきた影響もあって、きわめて開放的な社交性をも併せ具えた稀れな人物であった。例えばカントがまだ母校ケーニヒスベルク大学に私講師となったばかりの頃の一七五六年（カント三十二歳）に、プロイセンとオーストリア、フランス、ロシアとの間に七年戦争が起り、一七五八年一月から六二年七月に亘ってケーニヒスベルクがロシア軍に占領されていたことがあったが、カントはロシアの士官や将校たちとも打ちとけて交際し、彼らのために私講義を開いてやり、ロシアの寛容な文化政策の故もあって大学教授の待遇は改善され、カントの教え子たちはロシア側に優遇され、後年までカントに対する彼らの敬慕は続いたと言われている。当時のロシアは、ピョートル一世(大帝)(一六七二—一七二五)以来、オランダ、イギリス等西欧先進国の文化や技術を熱心に摂り入れてきており、ようやく勃興したばかりのプロイセンに比べて、一歩先んじた開明国家をなしていたのである。したがって当時のカントの眼は、西方プロイセンに対してよりも、むしろそうした東方のロシアに向いていたという事情も考えられ、またその背景には、カントの家系の由来した北方へのカントの憧憬や親近感も働いていたことであろう。

当時のカントの濶達な社交性を偲ばせるものとして、今日伝えられている『カント書簡集』の中に、一七八九年(カント六十五歳)六月二日付、フランツ・フォン・ディロ

カントの食卓における団欒

ン男爵からのカントに宛てた手紙がある。ディロンは七年戦争の際オーストリア軍の騎兵旗手として従軍したが、一七五九年九月二十一日マイセンの戦闘でロシア軍の捕虜となり、ケーニヒスベルクに抑留されている間に、カントを囲む社交仲間の一人となったもののようで、彼はその後オーストリアに帰還して昇進し、対トルコ戦争に従軍して南欧のバナート・パンゾワに駐屯中、新聞でカントの健在を知り、懐かしさの余り二十七年ぶりに手紙を寄せたのであった。曰く、「私はあの過ぎ去った日のことを喜ばしく思い浮かべます。貴方のパーティで過ごした数々の大へん楽しかった時間を憶い出して、私の心は本当に満足を新たにしています。G氏やC氏と一緒に、否、私たちのクラブの中で、無数の機智に富んだ冗談が飛び交い、学問的な談話には触れられませんでしたが、一人の若者にとっては（当時は私も若かったのでした）この上なく有益でした。一言でいえば、私が受けた好意と、私が出合った親切とは、ケーニヒスベルクを私にとって貴重な忘れがたいものにしています」と。なおカントの社交は単にロシアの占領軍との間においてばかりではなく、ロシア軍が引き揚げてプロイセンの軍隊の駐留が復活した後は、プロイセン軍との間にもこだわりなく行われ、プロイセンの将校たちのためにカントの自然地理学や数学の講義も行われたと言われている。

またヤッハマンは「カントが生涯を通じて最も親しく、最も信頼し合った友人」として、ジョセフ・グリーン（一七二七—八六）というスコットランドからケーニヒスベルクに移住して来て成功した商人を挙げており、ボロウスキーも同じく、ケーニヒスベルク大学の講師となった頃のカントは「当時数年間、最も好んで頻繁にイギリスの商人グリーンの家を訪れた」と言っている。ヤッハマンによるとグリーンの性格は、「厳しい廉直と真に高潔という点で抜きん出ており、しかもきわめて風変りな性癖に富み、真の奇人とも言うべき人物で、狷介不羈《けんかいふき》の節を持して生涯を送った人」と言われている。カントはこのような性格のグリーンとの交際によって、「自分の精神と心情とに多くの糧《かて》を見出し、多年の間、一日のうちの幾時間かは必ずこの人の所で過ごすことにしていたほど」であり、「グリーンの死は（一七八六年、カント六十二歳）カントの生活様式を大きく変えさせ、この友人の死後カントは夜の集りには出席せず、晩餐の招待もすべて謝絶し、その様子はあたかも、かつてはその親しい友情によって神聖であったこの世を、今は亡き親友に捧げる供物として、自分の生の終るまで静かな孤独の中に引きこもって送ろうとしたかのよう」であったと言う。

グリーンと同じスコットランド出身で、グリーンの下で商人として協力していたゾッィウス・ロバート・マザビー（一七三六―一八〇二）もまたカントの親友で、マザビーは一七五二年十六歳でケーニヒスベルクに来ており、おそらくグリーンと同じ頃からカントと交際したものと思われる。ボロウスキーによれば、後年のカントは「日曜日の正午を、もっぱら親友のマザビーのために費した」と言われ、またヤッハマンは、カントが高齢になっても女性の美や魅力に対する感覚を失わなかったとして、友人マザビーの家に、その長男の婚約者A嬢が暫く滞在していた頃、「七十歳を越していたカントがこのA嬢に特に好感を持ち、食卓に着く時にはいつも、自分の健

カントを称して「一切を破砕するカント」と呼んだモーゼス・メンデルスゾーン（1729〜86）

康な眼の方の側に並んで座ってくれるように頼んだものだった。……美の感情こそはカントがその一生を通じて趣味豊かに養ってきたもので、この感情は高齢に達してもなお彼の魂から失われなかった」と言っている。

その往来の地域の狭さにも拘わらず、カントの交友は、学究の仲間にとどまらず、軍人、政治家、商人の間に及び、さらにその範囲は婦人をも含めて広きに亘るものであった。ボロウスキーも、「カントは他人に対して、自分の考え方や行いに一致することを決して求めず、身分、年齢、宗教的信条に少しもこだわらなかった……ただフランス革命に関する限りは自分の見解と全く違う人に出会うのを好まなかったが、概して政治的事件に関する見解の相違にも留意しなかった」と言い、女性についても、「カントは教養ある婦人との交際を楽しんだが、しかしそうした女性からも決して博識を求めず、いわゆる優れた良識、自然さ、快活さ、家庭的であること、それに普通結びついている家政や料理に熱心であることを求めた」と言っている。なおカントの訃を聞いた婦人たちの間の会話を伝えた或る貴婦人の、次のような文章がボロウスキーによって録されている。

「メンデルスゾーンが、一切を破砕するカントと呼んだあの方、私どもの考え方を根底から揺がしたあの方はもうこの世にはいられません。私はあの方を、その著書を読んで存じているのではありません。あの方の形而上学についての思索は、私の理解力の地平を越えているからです……しかし私はこの高名な方と個人的に、楽しく交際させて戴いたお蔭で、美しくて知恵豊かなお話がうかがえたことを感謝しています。私は従兄弟のカイザーリンク伯のケーニヒスベルクにある邸で、この楽しい相手と毎日お話し致しました。あの方はこの邸の三十年来の友で、才知豊かな故伯爵夫人との交際を喜んでいらっしゃいました。私もその邸で、あの方が非常に楽しく話していられるのを度々見受けましたが、よもやこの人が哲学にあのような革命を招来した深い抽象的な思想家でいらっしゃったとは、少しも気づきませんでした」と。

カントの晩年に出された『法律論』（一七九七年・カント七十三歳）、『人間学』（一七九八年）、『教育学』（一八〇三年）等を通して見ると、カントの男女両性にわたっての人間知の広さと深さとは、とうていその生涯を独身で通した哲学者の著作とは思えないものがある。『自然地理学』（一八〇二年）における広い「世間知」と併せて、カントの旺盛な想像力の然らしめるところであろう。

『人間学』は一七七二年（カント四十八歳）頃から毎年講義されていたものであるが、それには、「真の人間らしさと最もよく調和する楽しい生活」として、「よき社交仲間（それも、できれば交代して）とのよき食事」があげられ、また、「その仲間は優雅の女神カリテスの数〔三人〕より少なくてはならず、芸術の女神ムーサイの数〔九人〕より多くてもならない」というイギリスの政治家チェスターフィールド卿（一六九四―一七七三）の言葉が引かれ、また「一人で食事すること（食卓での独居主義）は哲学する者にとって不健康である」という言葉が見られる（『人間学』八十八節）。ヤッハマンによると（「書信十三」）、カントが自分の家を持ったのはようやく六十三歳（一七八七年）の時であり、それまではホテルで昼食を摂るのを常としたが、そこへは著名な政治家や軍人たちも、カントに会うために出かけて行ったし、またカントはそうした知名の士たちの私邸にも度々招かれたという。

家を持って自宅で食事をするようになってからも、食卓に客を招くのを常とし、その人数もチェスターフィールド卿の言葉を原則としており、しかもその客も、できるだけ様々の身分の人たち、官吏、教授、医師、教養ある商人や若い学生等から選んだ。カントの飽くことのない博い好奇心と逞しい想像力とはこのようにして訓練され、かつ発揮されたのであった。

(6) 家庭教師カント

カントは大学卒業後、一七四六年（二十二歳）から五五年（三十一歳）にわたって、順次、三つの家庭で家庭教師をしたが、その中の第三番目の家庭の夫人がカイザーリンク夫人であった。哲学史家クーノー・フィッシャー（一八二四―一九〇七）によると、この伯爵夫人カロリーネ・シャルロッテ・アマリー（一七二八―九一）はヴァルトブルクのトルヒゼス伯爵家の出自で、兄伯爵から東プロイセンのラステンブルクの領地を買いとったヨハン・ゲプハルト・フォン・カイザーリンク伯爵と一七四四年、十六歳で結婚し、カール・フイリップ・アントン（一七四五―九四）と、アルブレヒト・ヨハン・オットー（一七四六―一八〇九）との二人の男児をもうけた。カントがチルジット近郊ラウテンブルクのこの家庭にいたのは一七五二年（二十八歳）から五五年にかけての頃であり、主として七歳から十歳に至る間の長子カール・フイリップ・アントンの教育に当たった。けれどもこの長子は性来精神薄弱児であって、カントの誠実な教育にも拘らず、後に禁治産者となり、精神病院で病死した。カントが後年、自分を良き原則を持ちはしたが悪しき家庭教師でしかなかった、と言っていることの裡には、カント自身の謙虚さと、カントの素質が教育者としてよりも学究としてふさわしかったという事実のほかに、このような事情も伏在していたものと察せられる。

カイザーリンク伯爵夫人の描いた若きカント（1755頃）

伯爵夫人は一七六一年（夫人三十三歳）に夫と死別し、二年後、二人の男児を持つ、ロシア皇帝の宮中顧問官であったやはりカイザーリンク伯ハインリッヒ・クリスチャンと再婚したが、ハインリッヒは先妻の子にラステンブルクの領地を譲り、伯爵夫妻は一七七二年以降ケーニヒスベルクに定住した。夫人は聴明な社交家で、カントが夫人の最初の婚家であった伯爵家の家庭教師であった頃からカントを篤く尊敬し、一七五五年頃の最も初期のカントの肖像はこの夫人の筆によって描かれたものであった。再婚後伯爵夫妻がケーニヒスベルクに定住して以来は、直接にカントと往来して友交を深め、伯爵家に招かれたカントは、いつも夫人の側に席を与えられたと言われる。

なお家庭教師としてのカントの誠実さをうかがわせるものとして、カントが家庭教師をした第二番目の家庭であるフリードリッヒ・ベルンハルト・フォン・ヒュルゼン家の教え子へ送った一七五四年（カント三十歳）八月十日付の手紙が残っている。この年にはカントはすでにカイザーリンク伯爵家へ移っていたはずであるが、ヒュルゼン家では、一七五〇年頃から五二年頃にかけてクリストフ・ルードウィッヒ（一七五〇年には十三歳）、エルンスト・フリードリッヒ（同じく十歳）、及びゲオルク・フリードリッヒ（同じく六歳）の三人の息子たちを教えた。手紙は長兄クリストフ・ルードウィッヒに宛てたもののようであるが、「ヒュルゼン君、この手紙と一緒に歴史とラテン語に必要な二冊の書物をお送りします。フリッツ君が倦むことなく勤勉に努力し、たやすく大学に入学できるようにと願っています。失礼ですが二枚の絵をお送りします。一枚はフリッツ君に、一枚は愛するベーレント君に差し上げます。どうかこの小紳士に対して、いつも良い模範になってあげて下さい。そしてどうか私からよろしくとお伝え下さい。――心から貴君のお役に立ちたいと望んでいるI・カント」とある。ここにフリッツ君とあるのは第三子ゲオルグ・フリードリッヒのことで、ゲオルク・フリードリッヒはその後一七六一年（十七歳）十月八日、ケーニヒスベルク大学に入学し、カントの室に一年ばかり下宿した。後年このカントの教え子が、農民の土地隷属を進んで廃止したプロイセンの最初の地主の一人であったことは大いに注意に価すると、クーノー・フィッシャーはその哲学史の中で言っている。またこの手紙で「ベーレント君」というのは一七五〇年に生れたヒュルゼン家の第四子ベルンハルト・ヴィルヘルムのことであった。

2　カントの勉学と研究

(1)　修業時代

カントはその読み書きの最初の教育を、ケーニヒスベルクの城下町の慈善院付属小学校で受けた。この慈善院はずっと後に、カントの妹カタリーナ・バルバーラが尼僧として生活した所となったのである。次いでカントは一七三二年、八歳で王立フリードリッヒ学院（コレギウム・フリーデリキアヌム）へ入学し、ここで八年間を送るが、入学の翌年、ケーニヒスベルク大学神学教授であったフランツ・アルベルト・シュルツ（一六九二―一七六二）が院長として来任した。も

カントが学んだコレギウム・フリーデリキアヌム（フリードリッヒ学院）

もともとこの学院は、敬虔主義（ピエティスムス）のテオドール・ゲール（一六三三―一七〇五）によって、一六九六年ザックハイム区に、ハルレ孤児院に倣って私塾の形で発足したものが、その後次第に学校として整備され、五年後の一七〇一年、ブランデンブルク選帝侯フリードリッヒ三世から新たにプロイセン国王フリードリッヒ一世として即位した国王によって、王立学校として認可され、一七〇三年、フリードリッヒ学院と命名されたものであった。

来任した院長シュルツはやはり敬虔主義の信奉者で、ハルレ大学でクリスチャン・ウォルフ（一六七九―一七五四）の合理主義の影響を受けた啓蒙的教育家であり、カントの母はいたくシュルツを敬慕し、シュルツもカントの両親の篤信を愛した。カントの母がカントの才能を認めてカントに期待したのもシュルツェの励ましによるものであり、カントは自分の家庭からばかりでなく、この学院の伝統からも敬虔主義の薫陶を受けたのである。シュルツはなお、ケーニヒスベルク大学における神学講義をも続けており、大学時代にもカントはその講義を聴講した。ハルレでシュルツが影響を与えられたクリスチャン・ウォルフとは、ドイツ近世哲学の祖であるライプニッツに学び、その推薦によってハルレ大学に教授となり、三十年戦争後のドイツ語の権威の全く失われていたドイツで、近世以来初めてドイツ語で講義し著作した哲学者であり、これによって今日まで用いられているドイツ語の哲学用語は確立され、ライプニッツとともに近世ドイツ哲学の樹立者とされる哲学者であった。その哲学は一般にライプニッツ・ウォルフ哲学と称されて、ライプニッツ哲学の体系的通俗化と見なされているが、その理論的分析の精密性についてはカントは、後に自分の主著『純粋理性の批判』第二版（一七八八年・カント六十四歳）序（XXXVI）の中で、ウォルフを以て「諸原理を合法則的に確定し、概念を明瞭に限定し、証明の厳密性に努め、推論における大胆な飛躍を防止することによって、学問の確実な歩みが得られるという例証を初めて示した人」「この例証によって、今日もなお消えていないドイツにおける徹底性の精神の創始者となった人」と絶讃している。

しかし他方ではライプニッツやウォルフが人間における「感ずる働き」（感性）と「考える働き」（悟性）とを十分に区別しなかった点で、同じ『純粋理性の批判』の終りの箇所で、人間の「理性〔心の働き〕を批判〔分析〕しない独断論者」の代表にあげてもいる。

ウォルフはこのような合理主義的思想のために、当時有力であった敬虔主義の狂信的な信仰至上主義者たちから反感をかい、彼が中国の思想家孔子を称賛する講演をしたことが彼を無神論者と断ずる口実とされ、一七二四年（ウォルフ四十五歳）にハルレ大学を追放されてマールブルクへ去った。しかしその後一七四〇年（ウォルフ六十一歳）、フリードリッヒ二世の即位とともに

クリスチャン・ウォルフ

再びハルレ大学に迎えられ、四五年にはハルレ大学の学長にもなった。このようにウォルフは、色々の面で合理主義的啓蒙思想家ではあったが、決して誠実な意味での敬虔主義とも相容れない思想家ではなかったので、シュルツの敬虔主義ともよく対立することなく、むしろシュルツの新しい時代への目覚めは、ウォルフによって掻き立てられたのであった。

フリードリッヒ学院ではカントは、その将来のために二つの学問上の収穫を得た。一つはここでの八年間にカントが身につけたラテン文学に対する博識であり、カントの後年の諸著作中に頻繁に引用されるホラチゥス（前六五—前八）、オヴィディウス（前四三—後一七）、ペルシウス（三四—六二）、ユヴェナリス（六〇—一四〇頃）等のラテン語の詩文は、この時期にカントの学んだものであって、カントはその晩年においても、よくこれらのラテン語の詩文を諳《そら》んずることができたと言われている。いま一つは、カントがこの学院で、特に二人の友人と共に、将来への大きな理想を抱いて、互いに切磋琢磨したことである。その友人とはダヴィッド・ルーンケン（一七二三—九八）とヨハンネス・クンデ（一七二五—？）で、ボロウスキーによると、三人はラテン語の初等学校で一緒になり、課外で一緒に古典作家を輪読する集りを持ち、他日自分たちが著述家となった時は、自分たちの学問的著作の表題に、先人に倣ってラテン名を用い、それぞれルンケニウス、クンデウス、カンティウスと署名しようと語り合ったと言われている。この逸話は、当時すでにこの少年たちが、向学心に燃えて将来の学界を目指し、勤勉力行の途にいそしんでいたことを語るものでなければならない。このうちカントより一年年長のルーンケンは、一七四三年（二十歳）にオランダに赴き、一七六一年（三十八歳）にライデン大学の正教授となり、当代随一の古典学者となった。カントと訣れて三十年後の一七七一年（カント四十七歳）三月十日付、ルーンケンはカントと共通の友人であったウィールケスの訪問を受けてカントを追想し、カントにラテン語の手紙を送ってオランダ旅行やイギリス行を勧めたが、当時のカントはすでに理性批判の大著に精魂を傾けていてその勧めに耳を藉《か》さなかった。またカントより一年年下であったクンデは、貧しい材木番の子であったがその才を認められて給費生として勉学し、ボロウスキーによれば「学識にかけてはいつも他の二人に決して劣らなかった」が、大学に学ぶ傍ら義務として母校フリードリッヒ学院の教師となり、学究としてよりも教育家としてその生涯を捧げた。

ボロウスキーによれば、「しかしこれらのことを別にすると」、この学院の「型にはまった敬虔とか、或いはむしろ敬虔そうな身振りに、級友たちはごく卑劣な意図から甘んじてはいたものの、カントはそれには少しも興味が持てなかった」。また「この学院で受けた論理学や数学の授業は、カントが後年になって、学友のクンデに向い、あの先生方は哲学や科学の研究に対する我々の胸中の火花を燃え立たせることができなかったね」と語り、非常に謹厳なクンデですら、「おそらくそれを吹き消し、窒息させることができただけだ」とこれに答えたことを伝えている。

ヤッハマンもこの時代のカントについて、一方では「カントが、この敬虔派の教育について、屢々自分を例に引いて語り、自分の経験から見てこの教育は心情と品行とを悪徳の影響から守るものだと言って推奨するのが常であった」と語ると同時に、他方では、カント自身の言葉として、「私共の先生方は皆、厳格さによって教室内の静粛と秩序を保とうと努めていたが、誤った訓育の仕方ではどうしてもうまくいかなかった」という言葉を伝えている。そしてなお、「無論その頃にはカントがよもや当代随一の偉大な哲学者になろうとは誰しも予想しなかったし、また当時のような学校制度の状態では、カントの精神を適切に形成してゆけるはずもなかった。カントはそれに対してはいかなる教育も不可能であるし、またいかなる教育も必要としないという型の人間であった。カントのすべては、実に自己自身の力によるものであった」と書いている。

こうしてフリードリッヒ学院時代のカントは、学院長シュルツを中心とした学院の敬虔主義から、内面的には強い道徳的性格を養われはしたものの、それが訓育の手段として用いられた形式については、長くカントの心に反感を残したようである。後年カントはジャン・ジャック・ルソー（一七一二—一七七八）の幼児教育論『エミール』（一七六二年）を読んで非常に感動するのであるが、こうしたルソーの自然主義に対するカントの共鳴の原因の一つとして、このフリードリッヒ学院時代の形式主義的訓育に対する反撥は無関係とは思われない。前に引いた一七七一年三月十日付の友人ルーンケンからの手紙にルーンケンは、「三十年が過ぎた。当時私たちは、陰気ではあるが有益で非難することのできない狂信者の訓育のもとに呻吟していた」と書いたが、カントにとってはこの学院の「陰気な狂信者の訓育」は、決して「有益で非難することのできないもの」として弁解する余地のないものであったようである。

このようにしてカントがフリードリッヒ学院を卒業し、学院長シュルツに励まされてケーニヒスベルク大学に入学したのは一七四〇年、カント十六歳の時であったが、カントの母はすでにその三年前に亡くなっていた。またこの一七四〇年は、ちょうどプロイセン王国としては第二代の国王フリードリッヒ・ウィルヘルム一世が没し、その子フリードリッヒ二世の即位した年に当たり、この国王は啓蒙君主として後にフリードリッヒ大王と称されたように、文武両面において優れた理解と能力とを発揮し、即位と同時にかつて無神論者との口実の下にハルレ大学から追放されていたクリスチャン・ウォルフをハルレに呼び戻し、国王七十四歳に至る四十六年間の在位中に、プロイセン王国の近代化を達成してそのヨーロッパ列強の間における不動の位置を確立した。カントが次第に学界において業績を重ね、主著『純粋理性の批判』(一七八一年)や『プロレゴーメナ』(一七八三年)『世界市民的見地より見た一般歴史考』『啓蒙とは何か』(一七八四年)『人倫の形而上学的原理』(一七八六年)等によって揺がぬ位置を占めるに至った時期はちょうどこの君主の治政下に当たり、フリードリッヒ大王在位時代のプロイセンの知名の士の一人にカントは算えられている。

往年のケーニヒスベルク大学風景

ケーニヒスベルク大学で、カントの学問の方向を決定づけたのはマルチン・クヌッツェンであった。クヌッツェンは二十一歳でケーニヒスベルク大学の員外教授となった俊才であったが、三十八歳で没し、その名はカントの師として残されるにとどまった。クヌッツェンも前にあげたフランツ・アルベルト・シュルッツに学び、シュルッツと同様に、一方ではクリスチャン・ウォルフの合理論的哲学を旨としながらも、他方、神学では英仏流の理神論を斥け、敬虔主義の立場に立ち、更に当時学界の注目を集めつつあったニュートン物理学の熱心な研究者で、そうした傾向はそのまま当時のカントのものでもあった。クヌッツェンは、当時次第に学界の問題として興りつつあった「物」と「心」との関係の問題について、それをライプニッツ流の神の予定調和に求める説に従うことができず、それをむしろニュートン物理学に基づいて、物心両者の間の直接的な物理的、機械的な相互関係に求めることができないであろうかと考えたのである。そしてカントもまたこのクヌッツェンの考を継承して、問題を広く物理学の領域に展開させ、その大学卒業論文も『活きた力の真の測定』を考察した自然科学に関するものであった。

カントが大学を卒業したのは二十二歳の夏であったが、カントの父はその年三月、すでに一年半ばかり前から卒中のため病臥したままで六十四年の生涯を終えていた。「一七四六年三月二十四日午後三時半、わが愛する父は聖なる死によって迎えられた。生前彼に歓びを味あわしめること薄かった神よ、彼をして永遠の歓びに与らしめ給え」と、カントは家族簿に記した。

(2) 卒業論文

カントの大学卒業論文は、大学時代に最も影響を受けた師マルチン・クヌッツェンの励ましのもとに書いたもので、『活力の真の測定に関する考察、及びこの論争においてフォン・ライプニッツ氏並びにその他の力学者が用いた証明法の判定。付、物体の力一般に関する若干の考察』という物理学乃至自然科学に関するものであったが、その論述の態度において、私たちはすでにカントがその哲学の精神として目指した冷静な「批判」の精神の萌芽を見ることができる。

論文の序言の冒頭には、先ずローマのストア哲学者セネカ（前五―後六五）の『幸福な生について』からの語が掲げられている。「何よりも大切なことは、家畜のように先を行く群れに盲従して、行くべき所へではなく行かされる所へついて行くことをしないことである」と。

そして序言そのものを書き始めているカント自身の言葉は次のようである。

「本書の公刊によって色々世人の批判を受けるであろうが、私が自由に偉大な人たちに異論を唱えても、それが罪のように見なされることはないと考えて当然だと私は信じている。かつてはそのような不遜な企ては、きわめて恐るべきこととされた時代があった。けれどもそのような時代はもはや過ぎ去り、人間の悟性〔考える働き〕は、かつては無知と驚きとによって縛られていた拘束から、幸いにもすでに解き放たれている。今日ではニュートンやライプニッツの名声といえども、もしそれが真理の発見を妨げるものをなすとすれば、敢えて大胆にこれを無視することが許され、悟性の赴くところ以外には、いかなる他の説得にも聴従すべきではないのである」と。

それに続いてカントは、ライプニッツやウォルフ、更にはスイスの数学者であったヤコブ・ヘルマン（一六七八—一七三三）、力の研究についてすでにその成果を発表していたバーゼル大学のヨハン・ベルヌーリ（一六六七—一七四八）、ウォルフ学派の重鎮で、ペテルブルク大学やチュービンゲン大学の教授であったビルフィンガー（一六九三—一七五〇）等の碩学の名をあげ、「たとい自分がこれらの人々の考を斥けて自分の考えが優れていると主張しようとも、私はそれらの人々が依然として優れた審判者であられることを望むであろう。なぜならそれらの人々の判断が私の考を非難するものであったとしても、何ものをも恐れない自由な私の批判の意図については、これを咎められることはなかろうと私は信ずるからである。これらの人々に捧げ得る最大の賞讃とは、それらの人々の意見は別というのではなく、それらの人々の意見をも含めてあらゆる意見を、憚ることなく非難できることにほかならない」と言い、自分を咎める相手をも、すべての人間のあらゆる自由を尚ぶ立場から非難しない襟度の例として、紀元前四世紀末に出たギリシァのコリントの将軍ティーモレオーンをあげるのである。曰く「この種の襟度は、これとは別の機会においてではあったが、或る古代の偉人について非常に賞讃された。ティーモレオーンは、彼がシュラクサイの自由のために果した功績にも拘らず、かつて法廷に召喚された。裁判官はその告発者の身の程知らずを激怒した。けれどもティーモレオーンはこの不慮の事件を全く別様に考えたのである。自分の祖国をその最も完全な自由のうちに見ることを自分の全き満足とする者にとって、このような企てが不興であるなどということはあり得ない。彼は、彼自身に反抗する自由を行使する人々をすら擁護するのである。古代の人々はすべてこの態度を賞讃の辞を以て伝えた」と。

このティーモレオーンの例を、カントはおそらくプルタークの『英雄伝』から採ったものと思われるが、『英雄伝』での叙述は次のようである。「ティーモレオーンにも二人の民衆煽動家が攻撃を加えた。一人はティーモレオーンに或る裁判に出頭するという保証をさせようとした時、ティーモレオーンはそれに反対して市民たちが騒いだり妨げたりすることを許さなかった。自分が進んであれ程大きな労苦と危険を冒したのは、シュラクサイの市民の誰でも欲する者が法律を行使できるようにするためだったからであった。もう一人は民会でティーモレオーンの軍隊の指揮振りを弾劾《だんがい》したが、彼は一言も返さず、彼がかつてシュラクサイの人々が自由な言論の権利を得るのを自分の眼で見たいと祈った神々に感謝を捧げるばかりだと言った」（河野与一訳、岩波文庫（四）による）。

なおティーモレオーンについては、彼はかつて戦場において、自分の身の危険を冒してまで自分の兄の生命を救ったのであったが、後にその兄が僭主たろうとする野望を抱いたため、同志と共に兄を殺害した。そのため家族から忌まれ、殆ど二十年の間人目に立つ行動を控えていたが、国民からは徳とされており、シュラクサイがコリントに援助を求めて来、コリントの民会で誰を救援軍の指揮者とすべきかが議せられてティーモレオーンの名が挙げられると、誰一人反対する者はなかったと言われる。またその時、民会の代表は、「もし彼が成功したら僭主の排除者だし、もし失敗したら兄弟殺しだ」と言ったともいわれている。ティーモレオーンはまた、外敵からシシリー島を救った後は、シュラクサイの近くに戦功のしるしとして与えられた屋敷に引退し、少しも自らの権力に執着せず、その功績は些《いささ》かも利己的な野望や偏狭な愛国主義に出たものでなく、同じような事業を成しとげた多くのギリシァの英雄たちとは違って、その行為は全く人間としての義務に導かれたものであった。カントはここではその点にまでは触れていないが、ティーモレオーンに見られるこのような「義務からの行為」は、後年カントの道徳説の特徴とも軌を一にするものであり、カントが早くからこのギリシァの英雄の名に惹かれていたことは偶然ではなかったのである。

以下この卒業論文の序言は、言葉を尽くして、既成の学説、特に屢々ライプニッツの名が挙げられて、そのような既成の学説に拘束されて新しい思想の形成が疎かにされてはならないことを縷々《るる》強調しており、若いカントの、これから学界に飛翔しようとして自由を希求する気負いの溢れているのを感じさせ、人によっては、本文以上にこの短い序言におけるカントの大胆率直な自己表明の意義を強調するカント学者もある程である。その主張は要するに、カントがその哲学の本質として目指したところの、すべてに対する「批判」的態度の強調に収約され、それはまさに、カントが後年、主著『純粋理性の批判』の序で「新しい学問の到来の時代」を語った箇所に特に注を付し、「現代は真の意味で批判の時代である。一切は批判のもとにおかれざるを得ない。宗教はその神聖性によって、立法はその尊厳性によって、通常この批判を免れようとする。けれどもその場合には、宗教も立法もみずからに対する当然の疑惑を呼び起すのであり、純真な尊敬を要求することはできない。理性は理性の公明正大な吟味に耐えることのできたものにのみ、この純真な尊敬を捧げるのである」(Ⅵ)と言った精神にまで一貫するものである。

ところでこの卒業論文における批判的精神の具体的構想をカントは、前に挙げたビルフィンガーを引用して原理的には次のように言い表わした。「ビルフィンガー氏がペテルブルク学士院に送った論文のうちに、私がいつも真理探求の際に規則として用いてきている考え方が見出される。すなわち、聡明な人たちが二派に分れて、互いに相手の見解を少しも思いやらなかったり、或いは相互に相手の見解を臆測はしていても、全く相反する意向を主張するような場合には、双方の側に或る程度の正当性を認めるような或る媒介命題に十分注意を向けることが、真理に近づく論理に叶ったことである」と。

そしてここでカントが実際の課題として取り上げた問題は、従来対立して争われてきていた物体の力の測定に関するデカルト説とライプニッツ説との調停の試みであった。デカルト（一五九六―一六五〇）は物体を延長として理解していたから、その立場に立って、一六四四年に出した『哲学原理』で、物体の力の測定をその物体の質量と速度との積 mv を以て表わした。これに対してライプニッツは、物体を力として説明しようとしたから、彼は一六八六年に発表した論文で、物体の力は質量と速度の二乗との積 mv^2 として表わすべきだとした。したがってカントがここで「二派に分れて互いに全く相反する意向を主張する聡明な人たち」と言っているのは、このデカルト派とライプニッツ派との物体の力の測定についての対立を言っているのである。しかし当時はまだ物体の「力」という意味が厳密に規定されておらず、それぞれが勝手な意味にそれを用いて論じていたために、互いに対立の生ずることも止むを得ない事情をなしていた。したがって、この問題については、すでに一七四三年、カントの卒業論文の年よりも三年前に、フランスの数学者ダランベール（一七一七―八三）が『力学論』を出して、デカルト説の mv は物体の運動量を、ライプニッツ説の mv^2 は誤りだが、$1/2mv^2$ は物の活力すなわち仕事の量を表すものであるとして、解決が与えられていたものであった。

カントはこのダランベールの解決を知らなかったために、その緒言における気負った意気込みにも拘らず、論文自体は、物理学上の諸概念の分析も十分でなく、ダランベールに及ばない失敗作に終り、後にレッシング（一七二九―八一）によって、「カントは活力を測ったが、肝心の自分の力を測らなかった」と揶揄されるところとなった。しかしそれにも拘らず、カントがそこで試みた「二派に分れて互いに全く相反する意向を主張する聡明な人たち」の間に立って、単にいずれか一方だけに全面的に荷担するのでなく、両者を共に、それぞれその認められ得る範囲、限界内において認めようとする解決の仕方は、ちょうどダランベールが、従来曖昧のままに論議されてきていた物体の「力」の概念を、明確に区別することによって、それぞれその当てはめ得る場合を明かにしたのと全く同様であって、すべての問題に関してこのような解決の仕方を試みることこそ、カントが「批判」的方法として、後年、彼の哲学の根本的態度としたところのものであり、その明かな萌芽のすでにこの処女作に示されていたことを私たちは注意しなければならない。

この「批判」的態度とは、このようにあらゆる対立した問題に関して、その双方の側にそれぞれ独自の存在理由を探ることによって、いずれの側をも全面的に否定することをせず、何らかの意味において双方の立場をそれぞれ承認しようとする態度であるが、こうした精神はすでにライプニッツが、古くアリストテレス（前三八四―前三二二）の論理学以来思考の根本法則とされてきた同一律（AハAナリ）、或いは矛盾律（Aハ非Aニ非ズ）に対して、そのような思考の法則を直ちには適用できない事実の世界の法則として、「スベテ存在スルモノハ存在ノ理由ヲ有スル」という理由律なる法則を提唱したところに潜んでいたところであった。「スベテ存在スルモノハ存在ノ理由ナクシテ存在シテイルハズハナイ」ものとすれば、この世に存在するものに、その存在を全面的に否定されるべきものはないはずであるから、どんなに対立した間柄の場合でも、それぞれが何らかの程度においてそれぞれ存在の理由を持つものでなければならない。このようにしてカントの「批判」とは、決して相手を全面的に否定することではなく、問題をできるだけ細かく分析して、その分析された一つ一つの要素について、それらがどのような範囲、限界内でその存在理由を有し、したがってまたどのような範囲、限界を越えてはその存在の理由を許されないか、を明かにすることである。そしてそれによって、あらゆる存在にその分を弁《わきま》えさせ、それぞれその所を得しめることである。ドイツ語の「批判」を意味する「クリティーク」という語は、ギリシァ語の「クリノー」(分析する)という語から造られたといわれる。こうした「批判」が人間の知的能力としての「理性」に対して加えられることをこそ、カントは究極においてその哲学の目的としたわけであるから、前にカントの卒業論文『活力測定考』について、「カントは活力を測ったが自分の力を測らなかった」と揶揄したレッシングの言い方は、むしろ反対であって、「カントは活力の測定には失敗したが、自分の力の測定には大きな功績を挙げた」と言うべきであろう。

(3) イギリス経験論とカント

卒業論文で『活力測定考』を書いてから後のカントは、数年間家庭教師生活の傍ら依然として学究としての勉学を続け、一七五四年に、ベルリン学士院がその年の懸賞論文募集の課題として、「地球は地軸を中心に回転して昼夜の交代を生じているが、この地球の回転運動は、その創成の初期以来多少でも変化を受けたであろうか。——もし変化を受けたとすれば、その原因は何であり、また何によってそれを確証することができるか」という問題を掲げた時、「この懸賞論文の問題の研究」を発表して、『宇宙発生論、或いは地球の起源、諸天体の形成、及びその運動の原因を物質の一般的運動法則からニュートンの理論に従って導出する試み』や『物理学的に考えて地球は老衰するか』を書き、その翌年には前述の『宇宙発生論』を完成して『天体の一般自然史と理論、別名、全宇宙の構造とその力学的起源に関するニュートンの原則による研究』を出し、同年『火について』によってマギステルの学位を得、かつ『形而上学的認識の第一原理』という論理学に関する論文によってケーニヒスベルク大学私講師となった。続いて一七五六年には、その前年十一月一日、この日はキリスト教徒にとってすべての聖人たちを祭る日であり、信者たちが教会に集って礼拝していたその折りに、突然リスボンで大地震が起り、何万という信者が惨死するという大惨事となったため、全ヨーロッパのキリスト教徒の間に神の恩寵についての疑惑を生じたのに対し、カントは地震に関する三篇の論文を、この時だけは、論文の全部を書き上げてから印刷させるという彼のいつもの主義を破って、逐次《ちくじ》発表して、地震の自然科学的原因を論じ人心を啓蒙しようとした。

この大地震は、ヨーロッパでは西紀七九年にイタリアのポンペイ及びヘルクラネウムを滅ぼしたヴェスヴィアスの噴火以来の大惨事で、ヴォルテール（一六九四—一七七八）はその詩で神意を詰《なじ》り、ルソーは人間が自然を忘れたことに対する天譴《てんけん》であるとした。ヴォルテールは更に『カンディード』（一七五九年）を書いて一切を神の善意に委ねる目的論的楽天観を諷刺した。この間にあってカントのとった態度は、あくまで理論を以て迷妄を啓《ひら》こうとする哲学者の本領を示したものであった。その他同年に『自然学的単子論』『風の理論』など、卒業論文以降カントが発表した論文や著作は、数学、物理学、論理学に関するものに限られていたが、やがてカントに転機が訪れる。それはイギリスやフランスの哲学思想から受けた新しい影響であった。

ボロウスキーによれば、「私がまだ学生の頃、カントはハッチスンとヒュームとを、前者は道徳の領域で、後者はその深い哲学研究において特に重視していた。特にヒュームのために、カントの思索力は全く新しい飛躍を遂げた。カントは私共に向っても、この二人の著述家を最も綿密に研究するように奨励した」と言われ、またカントは「ジャン・ジャック・ルソーの著書はことごとく読んでいたが、『エミール』が初めて出た時、カントはそのために数時間、いつもの散歩をよしたほどである」と。ボロウスキーの学生時代をボロウスキー二十歳の頃とすれば、カントは三十六歳前後の頃に当り、『エミール』の出版は一七六二年（カント三十八歳）であった。

ハッチスン（一六九四―一七四六）はアイルランドの生れで、スコットランドのグラスゴー大学に学び、同大学の道徳哲学の教授であったが、すでにイングランドのケンブリッジ大学でカッドワース（一六一七―八八）を中心としてケンブリッジ・プラトニスト（プラトン主義者）と称された人たちが主張し、シャフツベリー（一六七一―一七一三）によって発展せしめられていた道徳感官説、すなわち、善悪の区別は直覚的に知られるとする情的直覚説を受けて、スコットランド学派を開いた人であり、ヒューム（一七一一―七六）は人間の知識の成立する根拠を求めて、イギリス経験論を徹底させ、人間の知識は外から得られるその時その時の印象の束にすぎず、原因、結果の関係も、単に時間的に接近して繰返し生ずる物事について、人間が習慣として、両者の間に関係があるかのように思い込むにすぎないのだとして、経験的知識の確実性に対する懐疑論を唱えた哲学者であった。カントは今まで、ウォルフ流の論理的必然性をニュートン物理学の根底にもおいて、理論的知識の確実性に基づいてあらゆる学問を考えていたので、新しくこのようなイギリス哲学に触れて、人間における感情の働きを重要視する倫理学説や、もっぱら経験に基づいて因果の必然性をすら否定する考のあり得ることにあらためて激しい衝撃を受けた。ハッチスンの『美と徳とについての我々の観念の起源の研究』は一七二五年に、『情念と感情との本性と行為の論』は一七二八年に、『道徳哲学体系』は一七五五年に、ヒュームの『人性論』は一七三九年に、『人間知性論』は一七四八年に出ており、それらは間もなくドイツにも翻訳されて出された。

カントは後年、『純粋理性の批判』の受けた世間からの誤解を解くために出した『プロレゴーメナ、学として現れ得べきあらゆる将来の形而上学のための序説』(一八八三年、カント五十九歳)を出した時その「まえがき」に当たる文章の中で、「ロックやライプニッツの試み以来、或いはむしろ形而上学の起って以来の歴史において、デヴィッド・ヒュームが形而上学に加えた攻撃ほど、この学の運命に対して、より決定的になり得たであろうような事変はなかった。ヒュームは形而上学的な認識に光明をもたらしはしなかったが、しかし閃光《せんこう》を生ぜしめた。そしてもしそれが燃え易い火縄に触れ、その微光が注意深く保持され拡げられたら、おそらくこの閃光によって光明が点ぜられ得たであろう」として、ヒュームが主として、形而上学の因果連結の概念を問題とし、およそ「理性が先天的に成立する認識と自称するものはすべて虚偽の烙印を押された普通の経験にほかならないであろう」と主張したことをあげ、「かくの如きはまさしく形而上学を否定するもの」であり、「ヒュームの推論はきわめて早計かつ不当なものであったけれども、しかしそれは少なくとも攻究に基づくものであったから、もし優れた頭脳の人たちが、解決に努力する十分の価値あるこの課題と取り組んでいたら、学の全面的な改革が必ず起ったに相違ない」としている。そしてヒュームに反対した多くの哲学者たちとして、スコットランド学派の常識哲学者や唯物論的な必然論を説いたプリーストリ（一七三三―一八〇四）を引き合いに出し、彼らはいずれも提出した問題を本当に解決するためには、人間の理性の働きの緻密な分析によらねばならないことに気づかなかったとし、「私は明かに告白するが、デヴィッド・ヒュームの警告こそ、数年前、初めて私の独断的なまどろみを破って、思弁的哲学の範囲における私の攻究に、全く別の方向を与えたものである」と言って、カントの「理性の批判」の哲学が、「経験の批判」を含むものでなければならないことの自覚された事情を語っている。

なおここにはボロウスキーによって挙げられてはいないけれども、カントが後年の主著において自分の哲学に大きな影響を与えた哲学者としているイギリスの哲学者として、フランシス・ベーコン（一五六一―一六二六）とジョン・ロック（一六三二―一七〇四）とを逸することはできない。ベーコンは直接には実験的方法の導入によって自然科学の躍進的進歩をもたらした哲学者として、また間接にはその哲学的志向がすでに経験と理性との折衷にあったと察せられる点で、次のロックが初めて人間の知識の成立を分析的方法によって明かにしようとしたことと共に、カントの先駆者であった。けれどもカントにとっては、ベーコンは時代の未熟のために実験的方法の提唱に終り、ロックはその向った帰結は経験論にとどまってやがてヒュームの懐疑論を生ぜしめるに至った限りにおいては、共になお知識の問題についての「批判」的方法に目覚めなかったものとされたのである。

(4) ルソーとカント

ルソーはイギリス経験論から大きく影響されたフランスの百科全書寄稿家(アンシクロペディスト)の一人であり、一七五〇年(三十八歳)『学問・芸術論』がディジョンのアカデミーの懸賞論文に当選して一躍有名になってから、多くの劇作のほかに思想上大きな影響を世に与えたものとして、『人間不平等起源論』(一七五五年)、『新エロイーズ』(一七六一年)、『社会契約論』(一七六二年)を、そしてボロウスキーが挙げている『エミール、別名教育論』を『社会契約論』と同年に出した。

カントはルソーの『エミール』の出た翌年に出した『美と崇高の感情についての考察』のための『覚え書』の中に、「私自身は生れながらにして一学究である。私はただ知りたいという渇望と、もっと知りたいという好奇的な焦燥と、或いは一つ一つ知ることができた時の満足を感じて

ジャン・ジャック・ルソー

いる。私には知ることだけが人間の誇りであると信じ、何も知らない民衆を軽蔑していた時代があった。ルソーが私を正道へ戻してくれた。今までの盲目的な思い上りは消え、私は人間を尊敬することを学ぶ。もしこういう考えこそが他のすべての人に、人間としての権利を回復する価値を与えるものであることを私が信じなかったら、私は平凡な労働者よりも無用となるだろう」と書いていることは広く知られているが、カントよりも二十歳年下で一七六二年から六四年にかけてのカントの講義を聴いたヘルダー（一七四四―一八〇三）が、後年『人文主義促進のための書簡』（一七九三―九七年）の中に書いているカントへの回想も見逃すことはできない。「私は私の師としての一人の哲学者を知る幸運に恵まれた。彼はその最も華々しい年齢にあって青年のような快活な元気を持っていた。それはどんな高齢になっても彼から失われることのないもののように私には思われる。思索のためにできているような彼の広い額には、不壊《ふえ》の明朗さと喜びとが輝いており、思想豊かな談論が彼の唇から流れ出、その講義は最高の楽しさのうちに進められた。彼はライプニッツ、ヴォルフ、バウムガルテン、クルジウス、ヒュームを検討し、ケプラー、ニュートンその他の物理学者の自然法則を追究したと同じ精神で、当時現われたばかりのルソーの諸著作、エミールと新エロイーズ

ヨハン・ゴットフリート・フォン・ヘルダー

を取り上げ、更に彼に知られたすべての自然の発見を取り上げ、それらを高く評価し、そしていつも自然のとらわれぬ知識と人間の道徳的価値へと帰っていった」と。

ここにヘルダーが、カントの講義の中で、ニュートン等の自然法則の追究と同じ精神でルソーの諸著作が取り上げられたと言っていることは、カントが、やはり『美と崇高の感情についての考察』のための『覚え書』の中で、「ニュートンは、彼以前には無秩序と乱雑な多様性しか見出せなかった所に、偉大な単純性と結びついた秩序と規則性とを初めて見た。そしてそれ以来、彗星は幾何学的軌道を描いて走っていることになった。ルソーは人間のさまざまな仮りの姿の間に、深く隠された人間性と隠れた法則とを初めて発見した。そしてこの法則に従いこれを守ることによって神の摂理が是認されるのである。それ以前はまだアルフォンソやマーニーの異説が認められていた。ニュートンとルソー以後、神は是認され、今ではポープの命題は真である」と言っていることと照応するものであろう。

アルフォンソ十世（一二二一—八四）とはイスパニア半島のカスティラ国王であり、学芸を奨励し賢王と称されたが、世界の単一性や調和を認めなかった人として屢々引き合い出された人物であり、マーニー（二一六―二七七）はペルシャのマニ教の開祖で、一方に善と光、他方に悪と闇を立てる二元論を説いた人であった。またアレキサンダー・ポープ（一六八八―一七四四）はカントが敬愛したイギリスの詩人で、カントは『天界の一般自然史と理論』（一七五五年）の中で、六ケ所にわたってポープの詩を引用しているが、その最初にこの書の第一篇の表題の下に掲げられた句、

「かの偉大な驚異の鎖を見よ
それはこの宇宙のすべての部分を
結びかつ繋《つな》いで
大いなる全体を保つもの」

というのが、ここで「ポープの命題」としてカントの念頭におかれていたものであろう。なおポープの詩は一七四〇年、バルトホールト・ハインリッヒ・ブロッケス（一六八〇―一七四七）によってドイツ語に訳されており、カントの引用はそれによったものであった。

ここにカントがルソーを挙げて、「人間のさまざまな仮りの姿の間に深く隠された人間性を、彼が初めて発見した」としていることは、カントの少年時代のフリードリッヒ学院における規則づくめの形式的教育への反撥を思い出させる。『人間学講義』や『教育学講義』にはルソーの『エミール』からの引用や影響と思われるものが随所に見られるが、例えばカントの「自然が幼児のために定めた飲物は母乳であるから、母親が病気でない限り、母親が自分で授乳すべきであ

り、昔は出産後、初めて母親から出る乳精を含んだ乳は有害であり、母親はまずそれを捨てなければならず、その後で初めて授乳できると信じられていたが、ルソーは、自然の企てたことに無駄はないのだから、この最初の乳は幼児にとっても為めになるのではなかろうかということに、医師の注意を向けさせた初めての人であった。そしてこの乳は、生れたての幼児の体内にある胎児便と呼ばれる汚物をよく取り除き、この上なく為めになることが実際にもわかったのである」（『教育学講義』）という言葉は、ルソーが『エミール』の中で、幼児の教育が自然に従って為されねばならないのに、当時のヨーロッパの上流社会において、どんなに自然に反して、乳児を乳母委せにし、子供に対する母親としての心づかいが無視されていたか、「女性の義務は疑う余地がないのに、人々はそれを軽んじて、子供を自分たちの乳で養っても他人の乳で養っても、同じではないかなどと議論している」（第一篇）と言って辛辣に揶揄していることを受けていることは誰の目にも明かである。

またカントは、体罰によって幼児を躾けようとする教育を非難して、「幼児の意志が堕落したのでない限り、その意志を挫《くじ》いてはならない。……なるほど幼児が黙っているようにすることはできるが、幼児は心の中で癇癪を押え、それだけ益々内に憤りを抱く。私たちはこれによって、幼児に外を偽り、心の動きを内に隠すという癖をつける」（同上）と言っているが、『エミール』でもこれと同じような文章に出合う。「子供が泣く時には彼は気分が悪いのだ。何か欲求を感じているのだがそれを充たすことができないでいるのだ。だから人々は調べ、その欲求を探し、それを見つけて充たしてやる。欲求が見つからないか、またはそれを充たしてやれないと、いつまでも泣き続けて、うるさくてたまらないほどになる。そこで人々は子供を黙らせようとしてあやしたり、眠らせようとして揺《ゆす》ってやったり、歌を歌ってやったりする。それでも子供がしつこく泣けば、人々はいらいらして子供を脅《おど》す。乱暴な乳母は時には子供をぶったりする。これはまた人生の門出に当たって、何とも奇態な教訓である」（第一篇）と。

カントはまた『教育学講義』で、子供の体育に関して、「体操も自然を意のままにすることに限られるべきで、殊さら優美ということを目指させていけない」ことを説き、ルソーの名前を挙げて『エミール』から「諸君は先ず腕白小僧を持たなければ有能な人間を陶冶できない」（第二篇）という言葉を引く。

このようにルソーは、イギリス経験論の哲学者たちと共に、三十歳代後半以降のカントの思想に大きな影響を与えたが、しかしカントはあらゆる点でルソーに心酔したのではなかった。カントの『美と崇高の感情についての考察』の『覚え書』に、私たちはまた次の言葉をも見出す。「考えるのに好みがはいってくるのは考える邪魔になる。私はルソーのものを読む時は、その表現の巧みさが私の考えの妨げにならなくなるまで読まなければならない。その時初めて、私は正しい考えを以てルソーを研究することができる」と。

カントは平衡感覚の優れた哲学者であった。或いはむしろ、真の哲学とは優れた平衡感覚を求めることであると言えるかもしれない。カントは先ずその家庭において、厳しい道徳的性格を信条とする敬虔主義の信仰を身につけた。しかしその敬虔主義が、フリードリッヒ学院において、徒らに形式に囚われた厳格な規則として強制される一面を示した限りにおいては、それに対する反撥と軽蔑とを感じざるを得なかった。またその大学卒業論文に現われていたデカルト学派とライプニッツ学派との間に両者の媒介命題を探ろうとした態度も、いわばカントにおける平衡感覚の然らしめたところと言えよう。

かくて大学時代以来自分を支配してきたウォルフ流の合理主義やニュートン物理学の理論的実証主義の影響の後に、イギリスの経験主義やルソーの主情主義に接して、カントの平衡感覚が、今までの自分の主知主義への偏りに気づき、大きく主情主義へと傾いたのも不思議ではなかったとすべきであろう。したがってまた、その新たに傾いた主情主義への方向も、決して一定の平衡を失うまでに偏ることなく、「思考」と「好み」との、理論と美感との、適正な平衡こそカントのつねに見失うまいとした目標であった。

ルソーと言えば誰しも「自然に帰れ」という標語を思い、そして一般にはそれは端的に、『社会契約論』第一章の冒頭「人間は生れながらにしては自由である。しかるに人間は至る所で鎖につながれている。自分を他人の主人であると信じている人も、何ぞはからん、却って自分が支配している人よりも一層奴隷なのである」という言葉や、『エミール』の同じく第一篇の冒頭、「造物主の手を出る時はすべての物は善であるが、人間の手に移されるとすべての物は悪となる。人間は或る土地に他の土地の産物を生じさせようと強いたり、或る樹に他の樹の実を結ばせようと強いたりする。気候も、風土も、季節もごちゃごちゃにしてしまう。人間は一切のものを顛倒《てんとう》し、一切のものを不具にしておいて、その畸形を喜んでいる」という言葉がその標語の示すところを表わすものとされている。そしてまたこれらの言葉ほど、種々の意味で社会的拘束の下にあって「鎖につながれた」不満の鬱積《うっせき》を感じている人たちに対して、そうした拘束、そうした鎖からの自由を求める精神を鼓舞する力強い言葉はない。ルソーにおけるこうした側面が十八世紀のフランスの絶対君主制に対する攻撃を暗に示唆するものと受けとられれば、これがフランス革命への導火線となったことは不思議ではない。

しかしルソーの『社会契約論』は、あたかも「人間を至る所で鎖につないでいる」一切の社会組織を否定しようとするかのような自由の礼讃に続けて、「ところが社会組織は神聖な法であり、この法が他の一切の法の基礎をなしており、しかもこの法は決して自然から生ずるものではないから、規約の上に築かれているものでなければならない。そこでこの規約が何であるかを知ることが問題なのである」として、各個人が社会的に制約されながら、同時に自分自身の自由を保持することを本質とする社会契約を説くのである。このような、社会と個人との統一という或る意味ではそれ自身一種の矛盾を含んだ『社会契約論』は、社会や政治の実際を論じたものというよりは、その原則を、すなわちそのあるべき理念を説いたものといわねばならない。

『エミール』についても同様であって、冒頭から自然に対する人間の冒涜を非難するかのように言う反面、ただちにまた、「しかもなおそうしなければ、万事がもっともっと悪くなっているだろう。それに人類は中途半端に造られるのを望んでいない」と言って、人間が自然をいつまでも自然のままに放置しておくことを、必ずしも良しとするのではない。また子供の教育における、あらゆる不自然な加工や強制を排除することを繰り返し強調しながらも、「ゆきすぎた厳格と同時に、ゆきすぎた寛大もあって、両方とも避けなければならない」とし、「もしあなた方が子供を苦しむままにほおっておけば、子供の健康、子供の生命を危険にさらし、彼らを実際に不幸にすることになる。しかしもしあなた方があまりに気を使いすぎて、子供たちからあらゆる種類の不快をとり除いてやるとしたら、あなた方は将来彼らに大きな不幸をもたらすことになる」（第二篇）と言って、やはり単に野放図な無干渉主義としての自然主義を主張しているのではない。

カントが「ルソーのものを読む時は、その表現の巧みさが私の考えの妨げにならなくなるまで読まなければならない」と言っているのは、おそらくこのようなルソーの表現の、特にそれが自然を讃えるような情緒的表現である場合の情熱の激しさが、本当にルソーの全体として言おうとしているところを見失わしめる危険を含んでいることを警告したものであろう。したがってカントはその『人間学講義』で、「人類が自然状態から脱却しようと敢えて試みていることについて、ルソーはそれを非難めいて書いているけれども、しかしそれは人間に再び自然状態へ、すなわち森林の中へ戻れと奨めるのが真意と思ってはならない」と言い、「人類が自然から文化へと進んだことが私たちの力を弱めたとし、文明が不平等と相互の抑圧を生ぜしめたとし、道徳化と称するものが自然に反した教育と心の持ち方という誤りをもたらしたとして、要するに、自然状態を無邪気純真な状態であるかのように説いたルソーの『学問芸術論』『人間不平等起源論』『新エロイーズ』の三書は、彼の『社会契約論』や『エミール』や『サヴォアの副牧師』を読む際に、人類が自分自身の罪によって陥いっている悪の迷いから脱け出すための手引きとして役立つべきものであったのであり、ルソーは究極において人間が自然状態へと再び戻ることを欲したのではなくて、人間が現在立っている段階から、自然状態を振り返って見ることを欲したのである」と言っている。

カントにとって、人間は本来、善ではあるけれども、人類が自分自身の罪としての根本悪（原罪）を免れていない限り、カントが『教育学講義』の「序説」の冒頭に述べているように、「人間は教育されねばならない唯一の被造物であり、教育とは、つまり、養護、教授並びに陶冶を意味し、したがって人間は、乳児であり、生徒であり、弟子」なのである。かくて「人間は教育によってのみ人間になることができ、人間とは教育が人間から造り出したものにほかならない」。もちろん「教育は、一部は人間に何かを教えるのであるが、また一部は人間の中から何かを発展させることであって、人間の自然の素質がどこまで伸びるかを予め測る」ことはできない。カントにとって、「教化されない人間は未開であり、訓練されない人間は野性」である。しかし教化といい訓練といっても、それは今まで人間に全く無かったものが無理に外からつけ加えられることではなくて、まさに「悪は人類が自分自身の罪によって」生み出すものにほかならないのであるから、そうした悪のまだ生み出される前の「自然の無邪気」を、絶えず「振り返って見る」ことによって、自らが持つ悪への傾向性を抑制するための知識と行動とを身につけることにほかならない。カントがルソーから学んだものは、このような意味での人間における自然の善性であった。

それにしてもルソーとカントほど、その書いているところとその実際の生涯の歩みとの隔たりにおいて対照的な例は稀れであろう。ルソーはその多産な諸著作の中で、美しい社会や人間の理想的な姿を描いて見せて、当時の、また後代の多くの人たちに大きな感動を与えた。その影響の最も大きく社会的、政治的変動として現われたのは言うまでもなくフランス革命であった。けれども彼が生きた実際の生涯そのものは、決して彼がその諸著作で書いたように美しいものではなかったと言わねばならない。フランス革命自身についてさえ、少なくともそれが伴なった悲劇的部分に関する限りは、おそらくルソー自身が描いた美しい夢とは遠いものであったであろう。

ルソーには有名な自伝『告白』がある。「私はかつて例のなかった、そして今後も模倣する者はないと思う仕事を企てる。自分と同じ人間仲間に、一人の人間をその自然のままの真実の姿で見せてやりたい。そしてその人間とは私である」という書き出しでそれは始まっているが、そもそも人間にとって「自然のままの真実の姿」とは何なのであろうか。もし人間がそれぞれの立場から、それぞれ自分の考え方、物の見方に従ってしか何ものをも見ることができないものとすれば、しかもそれが自分自身についての『告白』であるような場合であればなおさら、その「自然のままの真実」というのも、自分自身の立場からの自然であり真実以外のものではあり得ない。

「自分のことは自分が一番よく知っている」と言われ得る一面は確かにあるとしても、しかしそれを他人に向って「告白」する場合となれば、自分について自分の知っているすべてを告白できるかどうかはまた別とも言えようし、更には逆に、「自分のことは自分には一番わからない」と言わねばならない他の面のあることも否定できない。自分の顔は誰にも自分で直接に見ることはできないのである。だからこそゲーテ（一七四九—一八三二）も、六十二歳で書き初めたその自伝を『虚構《きよこう》（こしらえごと）と真実』と題したのであった。

それはそれとして、ルソーの『告白』によれば、ルソーが単にその記憶違いから後人によって訂正されている事実上の若干の誤りは別として、少なくとも彼の『学問・芸術論』がディジョンのアカデミーの懸賞論文に当選して彼の名声が一躍世間に高まるまでの彼の生涯は多難を極めたものであった。もちろんその後の彼の名声の絶頂期においても、時には貴族、文人の社交界の寵児となるかと思えば、忽ち政府当局の逮捕令に追われて逃走、亡命の悲境に陥るなど、またその変転常なき友人との間の確執なども加わって、ルソーの一生の変転起伏は、とうていこれを、ケーニヒスベルクを殆ど出ることなく一生を大学の講壇で過ごしたカントと同一に見ることはできない。

ただその生れについてはルソーもカントに似て、スイスのジュネーヴで貧しい時計工の次男として生れた。しかし生後間もなく母と死別し、父方の叔母に育てられたが、もの心のつくと同時に、牧師の娘であった母が遺した多くの蔵書に読みふけり、早くから彼の知識や情操はこれによって開発されたようである。おそらく父親から受けた純情と母親譲りの聡明とがルソーの天才となってあの大きな業績を残させたのであろう。しかし七歳年長の兄は、ルソーに対する父の偏愛の故もあってか、父の仕事を継ぐべく徒弟奉公に出されていた先から家出して行方不明となり、父も或る将校との喧嘩がもとで町を去り、ルソーは叔父の後見のもとで従兄弟と共に教会で教育される。しかし牧師になりたいと思いながら学資もなく、彫金師の徒弟にやられ、仕事そのものは面白かったのに親方の圧制に耐えられなくなり、虚言、怠堕、窃盗等、本来ならばルソーの嫌いなはずの悪習に染って行く。

十六歳の時、奉公先をも見捨てて放浪の旅に出、たまたま訪ねた牧師を介して貴族夫人の庇護を得、改宗者の救済院等を渡り歩き、貴族の家庭に雇われながら有為転変を重ねるが、いつもよくルソーの前途を打開してくれる力は、ルソー自身の純情と、その幼い頃から身につけた博識とである。やがて三十歳の夏にルソーはパリに出、やはり貴族の屋敷へ出入りしているうちに、ヴェネチァ駐在大使の秘書に推薦され、大いにその才気を発揮するが、却って無能な大使と衝突して罷《や》めさせられ、「他人にすがることの不都合を痛感し、もうそのような生き方は決してすまい」と決心する。そして一度そう決心してみると、「自分が今まで自分の力をあまりに低く評価していた」ことに気付き、旅館にこもって、今まで中断していた歌劇の制作に専心する。そしてこの旅館にオルレアンから針仕事に雇われて来ていたテレーズ・ルヴァスール（一七二一―一八〇一）を知り、一七四五年（ルソー三十三歳、テレーズ二十四歳）彼女を生涯の妻とするが、その翌年と翌々年とに相次いで生れた子供をいずれも育児院に託してしまう。一七五〇年（ルソー三十八歳）には懸賞論文の当選を知るが、この年にもテレーズは三度目の妊娠をする。「三番目の子供も、初めの二人同様、育児院に入れられた。その後の二人も同様である。つまり私には全部で五人の子供があったのである」とルソーは書いている（『告白』第八巻）。

私はルソーについて長く書き過ぎないよう抑制せねばならない。ちょうどカントがルソーの『エミール』を読んで厳格な散歩の時間を忘れたように、私はルソーの『告白』に惹かれて、私の筆の均衡を失いそうになる。しかし五人の子供の一人をも自分で育てようとしなかった人間が、どうして『エミール』の作者となり得たのか。そしてカントのような謹直な哲学者によって崇拝される人間たり得たのか。ルソーとカントとを語るについては、これに触れないわけにはゆかなかったのである。

カントももちろん、「意志することが直ちに行為することとはなり得ない」（『純粋理性の批判』第二版序）ことをその哲学の基本とした哲学者であったが、しかし意志と行為との間の振幅の、少なくとも外から見て、最も少ない哲学者であったと言えるであろう。これに対してルソーの場合は、彼が『告白』の中で、彼なりの苦衷を吐露し、苦渋に充ちた弁明を綿々と開陳していると はいえ、それはおそらく彼が『告白』を書くに至った動機が、一つには出版者からの勧めによったと言われるほかに、なおヴォルテールが「一七六五年一月一日を期して中傷的なパンフレット『市民の感情』を投げつけたことによるのであって、そこには『エミール』の著者が子どもを次々と捨てたことが暴露されていた。ルソーは最初事実を否定しようと考えたといわれるが、やがて思いなおし、むしろ自叙伝を執筆して、すべてを告白することによって対決しようとし、ここに『告白』執筆の決意が確立したとされる」（桑原武夫訳『ルソー・告白』岩波文庫版（下）解説三一四頁）ことの現われであろう。さすがにその告白の率直さと素直さとは、万人の感銘を誘うところではあるにしても、その行うところとその説くところとの振幅の大きさについてはこれを否定することはできない。『エミール』はおそらく、ルソーが自ら捨てた子供たちに対して捧げた「鎮魂歌」であったのであろう。そしてカントが、そこに籠められたルソー天来の純情に打たれたことを、人はみずからに照して不思議とはしないであろう。

第Ⅱ章　知識の問題——『純粋理性批判』の世界

1　何を知ることができるか？

(1) 自然

哲学、或いは学問の初まりは「知りたい」という人間の要求からであった。何を「知りたい」というのか？　誰でも先ず、自分の前に展開されるさまざまな、いわゆる自然が何なのか？　それが色々に展開される理由が何なのかを知りたいと思う。なぜ雨が降るのか？　なぜ風が吹くのか？　なぜ太陽が昇り、また沈むのか？　人間もまた自然の一部分であるから、なぜ人間が病気になるのか？　なぜ人間は死ぬのか？　そしてそれらを理解する一番単純な考え方は、これらの自然の現われをそのように展開させている大きな力を想像することであり、そしてその大きな力を、自分たち人間と同じような喜怒哀楽の感情を具えた力として、その喜怒哀楽の現われが自然のさまざまな展開なのだと考えることである。それは一般に「神」と呼ばれ、雨には雨の神が、風には風の神が、というように、自然のそれぞれの部分的な現われに応じて、さまざまな神を考えるいわゆる多神教が生じたり、或いは一つの統一的な神を考える一神教が生じたりする。しかしこれらは言わば、「知ること」の難かしさのあまり、「知りたい」という要求を放棄して、すべてを神頼みにするもので、まだ哲学と言うわけにはいかず、原始宗教の立場と言うべきである。

そうした原始宗教の立場を離れて、先ず誰もが持っている感覚によって知覚できる、いわゆる自然界の物質によって自然のさまざまな展開を説明しようとする時、初めて自然哲学としての多元論や一元論が生ずる。哲学をも含めて広い意味の文化の発生と発達とは、もちろん一方には、人間であれば誰もが共通に持っている性質に基づいて、どういう時代、どういう地域にも、広くかつ、必らず見られる普遍的必然性を持って発生し、かつ発達するが、他方ではまた、気候や風土が相互に違っていたり、交通がまだ十分に発達しないために社会が孤立していたり、人々の素質や個性に相違があったりして、その生活環境が一様でないために、それぞれの地域や民族の相違によって異なる特殊な発生や発達の仕方を持つ面も免がれ得ない。例えば和辻哲郎（一八八九―一九六〇）の『風土』（一九三五年）によって広く知られているように、東洋の「モンスーン」、中近東の「沙漠」、ヨーロッパの「牧場」という、それぞれ異なった風土の下での文化が、自然を畏怖と慈愛という矛盾の中に見る東洋の文化と、自然をもっぱら畏怖の対象と見る中近東の文化と、自然を人間に対して極めて従順なものと見るヨーロッパ文化という、それぞれ異なった文化を生み、かつ発達せしめたとされる場合のようである。西周《あまね》（一八二九―九七）が明治の初期に、フィロソフィというヨーロッパの学問を日本に紹介するのに、中国の古典から適当な文字を探して、新しく「哲学」という日本語を作らねばならなかったこと、明治十九年に東京帝国大学へ明治天皇が行幸なさった際に、当時の東京帝国大学総長渡辺洪基（一八四八―一九〇一）が、天皇から日本古来の思想を研究する学科について訊ねられ、「日本には古来哲学はなかった」旨答えたこと、更には中江兆民（一八四七—一九〇一）がその『一年有半』（一九〇一年）に「我日本《わが》、古より今に至る迄、哲学無し」と書いていること等は、ともすれば知的要求としての哲学のなかった日本文化の後進性を意味するように解されがちである。しかし和辻風土論によってこれを解するとすれば、ギリシァに発生してヨーロッパへと発達していった「哲学」は、「自然を人間に対して従順なものと見る牧場的風土」の中で、自然の単一性や斉合性を容易に洞察して、自然の明晰な分析を求めた文化の一形態であったのであり、「自然を畏怖の対象と見て超自然的な力を願望した沙漠的風土では一神教的宗教」が、また「自然において畏怖と慈愛とを見るモンスーン的風土」の下においては多神教的文学が、というように、それぞれ違った風土の中で、それぞれ別種の形態の文化が生れ発達したのであると見ることができよう。

そのようにしていわゆる「哲学」は、自然が何であるかについて、自然が人間によって容易に分析され得る単一的、斉合的なものと見なされることのできた牧場的風土の下で、ギリシァにおいて先ず誕生したと見ることができる。ギリシァの自然哲学は、水や空気や火など一つの元素を以て自然を説明することができると考えた一元論から始まって、数とその比例関係によって世界を説明しようとしたピタゴラス学派を経て、水と空気と火と土との四つの元素の比例関係によって自然界を説明した多元論に至った。更に、これ以上は分割できない無限に多くの元素を説く原子論に至って多元論の極に達した。

他方ではペルシャの侵攻を撃退して意気大いに揚がったギリシャ人たちの間に、都市国家の繁栄とともに共同社会の理法の学としての倫理学が求められたが、ソクラテス（前四七〇—三九九）の悲劇的生涯が示したように、倫理学はまだ十分に自然哲学から区別された独自の意味を以て理解されるに至らず、ギリシャは共同社会の理法を失って滅亡し、ソクラテスの弟子プラトン（前四二七—三四七）やプラトンの弟子アリストテレス（前三八四—三二二）によって壮大な哲学体系は築かれたが、しかしそれらも当時のギリシャを救うことはできず、単に後世への遺産として残されたにとどまったのであった。

（2）神

ギリシャ滅亡後の地中海世界を救ったのは、すでに長い政治的混乱と経済的困窮とのうちに人々の心を捉えていた宗教的要求に答えて、東方から伝わって来たキリスト教の超自然的唯一神の信仰であった。それは或る意味で、ギリシャ的自然の従順さへの甘えに満足できず、むしろそれとは正反対の超自然的な神の厳しさへの憧憬であったとも言えよう。しかし長い中世的、キリスト教的世界の発展の間に、次第に神の権威を私《わたくし》する教会の腐敗が生じた時、人々の心は超自然的な神を離れて、再びかつての自然の世界へ復帰しようとした。しかしひと度自然的な「神」を知った後の「自然」への復帰は、「神」と「自然」との中間に介在するものとしての「人間」の発見をもたらし、「人間」中心の考え方が新しい時代の思想を形成するに至る。

（3）人間

「人間」の発見は先ずイタリア・ルネッサンスとして興り、「人間」における情意の力を礼讃強調したイタリア文芸復興期という一時代をなした。それは古代ギリシァの「自然」を、南欧イタリァ民族らしい仕方で、「人間」における情意の力として復活せしめようとした運動であった。

しかし情意の発見のみで「人間」の発見が尽くされるのでなく、やがて、より恒常的な人間の力として知性の発見の時代が登場する。いわゆる啓蒙時代がそれで、ここに至って人間の「知性」が、何を、どこまで知ることができるのか？　が哲学の根本問題として自覚されるに至る。言わば古代ギリシァの自然哲学も中世におけるキリスト教的宗教哲学も、自然、もしくは神という対象について、人間の知性が果してそれらを知ることができるのかどうか、知ることができるとしても、どこまで知ることができるのか？　その知ることのできる範囲、限界がないのかどうか、等の問題を抜きにして、ただ最初から、自然の全体を、また神そのものを、知ることができるという独断の下でその哲学を求めてきたために、問題はいつも曖昧のままにとどまり、人々は焦燥と挫折のうちに絶望するか、さもなくば哲学に対する敬遠と無視とのうちにやがては哲学を軽蔑するかに至ったからである。

人間本来の要求であるはずの哲学的要求が、このようにしてその危機に直面せしめられたのであるから、この危機を救うべく当然啓蒙哲学者たちが登場しなければならない。それは先ずイギリスにおいて、私たちの知識の源泉を私たちの経験から説明しようとしたフランシス・ベーコン（一五六一―一六二六）、トマス・ホッブズ（一五八八―一六七九）、ジョン・ロック（一六三二―一七〇四）、ジョージ・バークリー（一六八〇―一七五三）、デヴィッド・ヒューム（一七一一―七六）として現われた。次いでちょうどイギリスにおけるトマス・ホッブズと同時代に、フランスではルネ・デカルト（一五九六―一六五〇）が、有名な「吾れ思う、故に吾れ在り」（コギト・エルゴ・スム）というラテン語でよく知られている言葉によって、「思う（考える）」という人間の心の働きとしての「理性」がすべて「在るもの」の基であるという理性論の哲学を唱え、フランスでは当時は、デカルトの流れよりも、むしろイギリスの経験論からの影響に動かされる風潮が強かったので、デカルトの理性論はオランダのスピノザ（一六三二―七七）に受け継がれて『幾何学の方法によって証明された倫理学』（エチカ）が書かれ、その根底におかれた永遠無限の唯一の「自然、すなわち実体〔本当の存在体〕すなわち神」の思想は、更にドイツのライプニッツの『単子論』の哲学へと、すなわち、「考えるという理性の働きによって、全宇宙を、それぞれ明瞭の度《ど》を異にして写し出している無数の単子（モナド）」によって世界を説明しようとする一種の多元論の哲学へと発展したのであった。

　このように近世に入ってからのヨーロッパ哲学は、知識の起源を探ろうとする、いわゆる認識論の哲学として、大まかにはイギリスの経験論とヨーロッパ大陸の理性論との、対立した二つの流れとして展開したのであったが、しかしそれぞれの立場は必ずしも全く違った考え方として互いに相容れないものと見るべきではなく、等しく人間の知性を重んずる点で種々共通した考え方の潜んでいることを見逃すべきではない。

例えばイギリス経験論の祖と言われるフランシス・ベーコンの言葉に、「学を扱ってきた人たちは経験派の人か合理派の人かのいずれかであった。経験派は蟻のように、ただ集めては使用する。合理派は蜘蛛のやり方で、自分のうちから網を紡《つむ》ぎ出す。しかし蜜蜂のやり方は中間で、庭や野の花から材料を吸い集めるが、それを自分の力で変形し消化する。哲学の真の仕事もこれと同じである」（『ノーヴム・オルガーヌム』〔新しい方法論〕第一巻）と言われているように、ベーコンの本来の立場が決して単なる経験論にとどまるものではなく、むしろ経験論と理性論とを統一する道であったことが示されているし、また「最良の証拠は経験であるが、しかしそれが順序正しく行われない限り誤りを生ずることになる。正しい経験の行路においては神の英知と秩序とが私たちの手本でなければならない。神はその創造の第一日にはただ光だけを創造し、一の物質的実体も造らなかった。それと同じく、私たちもまたあらゆる種類の経験から先ず原因と、真なる公理の発見とを求めるべきであり、成果を与える経験をでなく、光を与える経験を求めなければならない。けだし正しく発見された公理は、これを応用する時、道具を一つづつではなく一挙に与え、次々に成果をもたらすから」（同七〇頁）と言って、経験を導く手本としての「神の英知と秩序」を説き、神がその創造の第一日において創った「光」を「物質的実体」以上のものとし、「光を与える経験」として「公理の発見」を説いていることは、ベーコンがすでに理性論者でもあったことをうかがわせるものと言うべきであろう。

同じく経験論的認識論の祖とされているジョン・ロックについても、彼は一方の側には物それ自身を、他方の側には心をと、両者を対立させ、物それ自身が、白紙としての心に働きかけて、種々の色を染めたり模様を描いたりして生ずるのが私たちの知識だとする限りでは経験論者であるが、しかしやがてロックは、このようにして知識の成立する過程のうちに、外から与えられる経験或いは知覚すなわち「感覚」と、内から生ずる経験或いは知覚すなわち「反省」とを区別し、自分が単なる感覚一元論者ではないことを示すのである。そうなると、この「内から生ずる」働きについて、これを単に経験或いは知覚と同一視して、そういう働きをその内から生ぜしめる「心」を白紙だと言ってすませないはずである。したがってこれらの「感覚」や「反省」から、更に両者から生ずる観念の分類についても、形式の上からは一見整っているように見えても、そこにはもはや、すべてを経験からのみ説明しようとする点で甚だ曖昧な問題を残す結果となった。カントはロックが知識の源泉としての人間の心を知性と呼んで、初めてその分析を試みた烱眼《けいがん》はこれを高く評価するが、しかしその結論が依然として、経験という、人により場所や時によって異なることのあり得る特殊性と偶然性とを免れ得ないものにその拠り処を求めたことをロックの誤りだとし、いわばロックが曖昧のままに残した未解決の問題を、カントは徹底的に理論化しようとして彼の批判哲学を樹立したのであった。その限りにおいて、フランシス・ベーコンやジョン・ロックはカントの批判哲学に関して、その先駆者であったと言うことができる。このような関係があったればこそカントは、その主著である『純粋理性の批判』の第二版を出した時、その巻頭にフランシス・ベーコンが計画した『大革新』という未完に終った大著の序の中の言葉を掲げて、自分の哲学上の仕事が、フランシス・ベーコンの試みた仕事を継ぐものであることを示したのである。

他方、理性論の祖としてのデカルトについても、彼は決して単に「吾れ思う」世界にだけ閉じこもっていた観念論者ではなく、フランシス・ベーコンの場合と同じように、新しい時代を開こうとする哲学者として、自然の研究をも含めて実に多方面な、なお未開の世界へ旺盛な関心を持った哲学者であった。デカルトの名声に憧れて彼を訪ねた客が、彼にその蔵書を見せてほしいと言った時、彼は部屋の一隅に垂れ下っていたカーテンを引いて、「これが私の蔵書です」と言って見せたのは、解剖しかけたままの仔牛の屍体であったという逸話があるほどで、この逸話は、むしろフランシス・ベーコンについての逸話であっても不思議ではないものである。経験論、理性論という対立は一応無視できないにしても、ほぼ同じ時代に出て、ともに新しい哲学を目指した優れた哲学者たちの間には、経験であれ理性であれ、人間が自らの手でのみ真理を探求すべきであるという能動的積極性において変りはなかったのである。

2　知る働きと知られる対象

(1) 経験

知識の成り立ちを明かにする第一歩は、私たちの知る力と、それによって知られるものとの相互の対立を前提することでなければならない。この対立は、前にも見たように、イギリス経験論においてジョン・ロックのすでに示したところであった。ロックは一方には知られるものとしての「物それ自身」を、他方には知るものとしての「心」を対立せしめたのであるが、しかしロックはこの知るものとしての「心」を、全く白紙だと考え、したがってそれはただ、知られるものをそのままに自分のうちへ写しとり、全く受容的に知られるものにすべて依存するだけのものだとしたから、それは何ら積極的、自発的な意味での知るものを意味しなかった。そしてイギリス経験論の流れにおいては、ロックを受け継いだジョージ・バークリーになると、ロックが前提した知られるものとしての「物それ自身」については、そういうものが私たちの外に存在しているかどうか、私たちにはそれを知ることができないと考えてこれを否定し、ただ、知るものとしての「心」だけを、いかにも聖職者らしく、これを「精神」と名付けて前提した。したがってこの

「精神」の知覚するものだけを私たちは、存在すると見なすにすぎないことになる。

こうして「存在するとは知覚されることである」という、有名なバークリーの言葉が用いられることになる。しかしこれはとりも直さず、「知覚されないものは存在しないものである」ことを意味して言われたのであり、目を開けば見えるすべてのものは存在するが、目を閉せば今まで見えるものとして存在するとされたものも、一挙に存在しなくなることになり、このような自分に感覚されるものだけを存在するものとして認める感覚的観念論、或いは主観的観念論と称される考え方は、誰にとっても承服しかねる考え方である。それでバークリーは、自分の言う「知覚される」という意味は、「自分にとってだけ知覚される」というのではなく、「多くの人々によって知覚される」ことであると言い、更に「無限なる精神によって知覚される」ことだというようにその範囲を無限に拡大した。そうなればそこに前提された「知覚する精神」とは「神の精神」と同じであって、一人一人の人間を越えた「精神」であるから、誰かが一度「知覚した」以上は、その知覚は永遠に存在するものでなければならなくなり、誤った知覚と、正しい知覚とを区別する基準がない以上、存在しないものを存在すると知覚する幻想と、正しい知覚とが区別されなくなる。

このバークリーの考えを更に発展させたデヴィッド・ヒュームは、バークリーとともに、知られるものとしてのロックのいわゆる外界の「物それ自身」を認めないと同時に、バークリーの前提した知るものとしての「精神」をも否定し、ただ認めることのできるのは我々がその時その時に持つ「印象」だけだと考えた。しかしそうなると、もはや私たちの外に予想される知識に対する必然的な支えも、私たちの内に前提され得べき普遍的な基盤も、ともに失われて、私たちの知識の確実性を保証すべき客観的にして共通、普遍な規準はどこにも得られなくなる。こうしてヒュームの、一切の経験的知識に対する懐疑論が、イギリス経験論の徹底の結果として生ずることになった。ただヒュームの場合においても、形式的学としての論理学と数学との確実性は疑われなかったが、実質的学としての自然科学や倫理学に関しては懐疑論に帰着するほかなく、したがってこのような経験科学の普遍性を基礎づけるものとしては、単なる習慣という心理的な働き以外には何もなくなったのである。

(2) 理性

こうしたイギリス経験論における経験の分析の曖昧さに対して、カントの場合には、先ずジョン・ロックに従って、一方に知られるものとしての「物自体」を前提するとともに、他方に知る働きとしての「理性」を前提する。カントのこの「物自体」は、おそらくジョン・ロックが英語で「物それ自身」と言ったところのものを、ドイツ語でそのまま表わしたもののようで、ここにカントに対するロックの強い影響を見ることができる。しかしこれに対して、カントが知る働きとして前提した「理性」は、一応はロックの「心」或いは「知性」に当たるものではあるけれども、すでに見たように、ロックの「心」や「知性」は白紙に譬えられ、単に外から与えられる

「物それ自身」をそのままに写しとるだけの受容的なものと考えられていた。これに反してカントの「理性」は、そのうちに、外からの刺激に対してこれに反応し、積極的にその刺激に答える能動的自発性を本来含んでいる働きであった。またその働きは、単に知る働きというだけにとどまらず、いやしくも人間の心が持つすべての働き、想像する働きや行なう働きなどをも含めて一切の働きの源泉を意味して用いられたものであった。したがって「知識の問題」が先ず当面の問題である限り、カントの「理性」は、先ずその理論的に使用される側面から、理論理性として取り上げられることとなるが、やがて「行為の問題」が取り上げられるに至ると、「理性」の実践的使用の面から実践理性として論じられることとなるのである。カントの著わした主著の順序から言えば、先ず『純粋理性の批判』(一七八一年)、次で『実践理性の批判』(一七八八年)となっているが、こうした書名と順序とに誤られて、カントが純粋理性と実践理性とをその哲学の体系において対立させたかのように解してはならない。カントが前提したのは、知られるものとしての「物自体」に対して広義の知る働きとしての「純粋理性」ただ一つであって、その唯一つの「純粋理性」が、理論的に使用される場合には理論理性と呼ばれ、実践的に使用される場合には実践理性と呼ばれるのである。したがって対立するのは「純粋理性」と「実践理性」とではなく、「理論理性」と「実践理性」なのであるから、「純粋」という説明語は、「まだ外からの経験的影響を受けていない」という意味として「理論理性」に対しても「実践理性」に対しても付けることができる言葉であることを理解しなければならない。

（3）批判

カントにおいて「理性」とは、先ず最も広い意味では、いやしくも人間の心の働きのすべてをこの語によって表わそうとしたのであった。カントは『純粋理性の批判』という書名の下で、まだ経験的な影響を受ける以前の、したがってすべての人間に共通な本来的な人間の心の働きを細かく分析して、それらの諸要素の一つ一つについて、それぞれの持つ力の範囲、限界を明かにし、その役割を定めようとしたのである。「批判」とは、前にカントの卒業論文に関して述べたように、ギリシァ語の「分析する」という語から生じ、カントは更にこれに加えて、ライプニッツの唱えた「すべて存在するものは存在の理由を有する」という理由律に拠り、この分析された諸要素について、それぞれが持つ存在の理由を明かにしようとしたのである。これがカントにおける「批判」の意味であり、そしてそれがまたまさに哲学の精神にほかならないのである。

ところで広義の知る働きとしての「理性」については、それは私たち自身の心の問題であるから、これを私たちは十分に「批判」することはできる。ただそこには、批判されるものが「理性」であると同時に、批判する働きもまた「理性」そのものであることから、「理性」が「理性」を批判するという一種の自己撞着が生ずる。それは理性を働かせる前に、理性の働きを調べようというのだから、「水に入る前に泳ぎを習おうとするようなものだ」と後年ヘーゲル（一七七〇―一八三一）はその『小論理学』（『エロチクロペディ』第一〇節説明、第四一節補遺）の中でカントを揶揄した。これから批判されねばならない「理性」そのものが、みずからその批判をかって出ようというのでは、正当な批判を期待できるはずはないではないかという非難は、確かに形式的にはもっともな非難である。ヘーゲル自身は、泳ぎを覚えるためには初めから水に入らねばならないというのであり、ヘーゲルが他の個処（『大論理学』有論、『法の哲学』第二節補遺）で言っているように、「哲学とは初めを終りとし終りを初めとする一個の円環であって」、「理性」は、「理性」自身を批判することによって次第に「理性」の本来性に目覚めてゆくのであるというのである。

カントも、「理性批判」の意味が「理性が理性を批判する」理性の自己批判であることは、これを当然認めているが、しかしヘーゲルの意味する批判の対象が、理性における純粋（先天的）なものと経験的なものとの区別をしていないのに対して、カントの場合は、批判されるのは純粋理性のみであり、その純粋理性の中から、経験構成のための条件をなす諸要素、すなわち「規準」（カノン）を分析してその能力を明かにするのであり、すでに構成された経験を組織する「方法」（オルガノン）は、これを経験的諸科学に委ねるのである。これを先きに挙げたヘーゲルの「水泳の例」について言えば、我々は先ず水に入る前に、我々の心的肉体的能力について、水泳を行なうための「条件」（カノン）の有無を調べ、条件が具わっていたら水に入って、水の状態に応じて泳ぎ方（オルガノン）を学ぼうというのである。

(4) 物自体

次に、この知る働きとしての「理性」に対立せしめられる知られるものとしての「物自体」については、カントはそれが我々の知る働きの外なるものである限り、我々には知られないものであり、単に知られるものとして前提されざるを得ないというだけのものとして、それ以上にはこれについて我々は何ごとをも語り得ないとする。そうなると、知られずかつ語り得ないものは無と同様でなければならず、そして、無を前提するなどは、およそ無意味というほかはない。このようにして、カントにおける「物自体」を否定して、ただ知る働きとしての人間の「理性」だけをすべての知識の源泉と見ようとする哲学が、カント哲学を受け継いでそれを発展させた哲学者たちの間に輩出する。フィヒテ(一七六二―一八一四)はカントの生前に、カント哲学に共鳴してカントを直接訪ね、カント哲学を勉強した成果としての自分の論文をカントに提出し、カントも大いにそれを褒めて出版の世話まででした。

それによってフィヒテは一躍学界に名を知られて、間もなくイェナ大学の教授に招かれたのであったが、フィヒテも、このように「物自体」を否定した最も重要な代表者であった。フィヒテは「我れ」という知る働きの根源からだけ一切を出発せしめる自我の哲学を説き、晩年のカントからは、フィヒテの哲学はカント哲学を正しく受け継いだものではなく、単なる論理学だと言われた。フィヒテ、シェリング(一七七五―一八五四)、ヘーゲルと順次発展したいわゆるドイツ観念論の哲学は、その源をカントに発するものであるが、カントが前提した「物自体」と「純粋理

フィヒテと語るカント

性」とのうちの、前者を否定して、後者だけを哲学の出発点としたもので、その故にこそ観念論の哲学と呼ばれるのである。

これに対比すると、カントの哲学は単に一方的な観念論ではなく、「物自体」と「純粋理性」という、経験に先立つ対立者を前提した上で、両者の相合するところに、現象としての感覚や、経験的知識の成立を主張する観念論であるから、カントは自分の哲学をみずから先験（超越論）的観念論（トランツェンデンタール・イデアリスムス）と称し、その創見を強調した。また経験を作る私たちの「理性」の働きは単に形式の役割を果たすだけであるという意味で、形式的観念論とも称し、更に、私たちの経験という感覚される世界から見れば、私たちの知識の対象はまさに実際に存在すると見ることができるから、その面からは経験的実在論と呼ばれてもよいと言って、自分の哲学が単に知る働きだけを唯一の出発点とするいわゆる独断的、或いは実質的観念論とは異なるものであることを強調した。しかしカントの「物自体」をどのように解するかは、カント哲学最大の問題である。

それが私たちに認識されないということは、それが範疇の適用を受けないということである。

したがって、それが私たちの感性を刺激して私たちに認識の内容をなす「現象」が与えられるとすれば、「物自体」に原因の範疇が適用されることになり、「物自体を前提しなければカント哲学に入ることができず、また物自体を前提してはカント哲学にとどまることはできない」という有名なヤコービーのカント批判が生ずることになる。この批判を避けるためには、「物自体」は「現象」の原因ではなく、根拠であると見なければならない。原因は感性の形式である時間と結びつくものであるが、根拠は純粋に思考の原理であるからである。

また「物自体」は被制約者に対する無制約者として、被制約者の限界概念を意味するとも言われる。しかしこの場合の限界とは、あくまで異質的なものの間の限界であって、今は無制約だがやがて制約される可能性を持つものと、現に制約されているものとの間のように同質的たり得るものの間の限界ではない。カントは後者のような場合には制限という語を用いるのである。したがってその関係は言わば、ものの「表」と「裏」との関係にも譬えることができるであろう。

なおカントは「物自体」を複数で表わしている場合が多いが、それはおそらくジョン・ロックがその「物それ自身」を複数で表わしているのをそのまま継承したものであろう。しかしカントはそれを単数でも表わしており、その表現にこだわってはいない。

今はカントが、「物自体」は批判の対象とはなり得ず、「純粋理性」だけが批判の対象たり得るとしたことを指摘し、カントの「批判」の仕方の問題へ入ることとする。

3　感ずる働き

（1）物自体と現象

純粋理性の批判すなわち分析は、先ず「純粋理性」と対応する「物自体」が、「純粋理性」のうちの感ずる働きである「感性」に刺激を与えて、経験的直観を作らせる段階から始められる。知る働きとしての「純粋理性」は、先ず感ずる働きとしての「感性」と、考える働きとしての「悟性」とに分析されねばならないが、そのうちの「感性」が先ず取り上げられるのである。カントによれば、「人間の知識には二本の幹がある。それはおそらく一つの共通の、しかし私たちには知られていない根から生ずるもので、それはすなわち感性と悟性とである。感性によって私たちに知識の対象が与えられ、悟性によってそれが考えられるのである」。そして「人間の知識の対象は、先ず与えられて、それから考えられるという順序をとるものであるから、先ず感性の論から始めねばならない」（『純粋理性の批判』緒言の末尾）のである。「私はものを考える前に先ず感じた。これは人間の通有性であろう」とルソーも『告白』（第一巻）で言っているように。

そこで「経験的」とは、「感性」が外の「物自体」から刺激を受けてつくったものについていう言葉であって、まだそのような刺激を受ける以前のものについては「純粋」とか「先天的」とか「超越的」とか「超験的」等と称されるのと対立せしめられる。したがって「経験的」は、また「後天的」「内在的」とも言い表わされる。また「直観」という言葉は、いうまでもなく観るという言葉からつくられているが、しかしここでは観る働きによって、聴く、触れる、味わう、嗅ぐ等、すべての感官の働きを代表させているのであり、したがって「経験的直観」とは、すでに「物自体」からの刺激を受けて「感性」がつくった色、形、音、硬軟、味、匂い等の、心理学的には感覚と称されるものに当たる。カントは「感性」によってつくられたこの「経験的直観」の対象（対象と言っても我々人間にとっては、それは経験的直観そのものを意味するにほかならないが）を総括して「現象」と称し、「物自体」と対応させるのである。

カントは「我々が対象〔物自体としての〕によって刺激される時、その対象が我々の感性に及ぼす働きが感覚である。感覚を通して対象〔現象としての〕へ関係する直観は経験的と称する。経験的直観の特に規定されていない対象を現象と称する」と言う。ここには、まだ感覚の生ずる以前に言われている「物自体」と、ひと度感覚が生じてから言われている経験的対象としての「現象」とが、同じ「対象」という言葉で言い表わされながらも、異なった意味を持って対応せしめられていることに注意しなければならない。「物自体」という、前提として考えられざるを得ないというだけの対象が、感覚を媒介として、感覚されたまた感覚され得る対象としての「現象」へと転化されるという、知識の成立過程における対象の微妙な転換が存することになる

（『純粋理性批判入門』一九七九年、論創社刊、一〇九頁参照）。

なお「直観」という言葉は、日本語では通常、洞察とか洞見という語と同じように、「ものの本当の姿を、鋭い感覚で、直接に見抜くとか、見通すとか、見破る」という優れた心の働きを意味して用いられる場合が多いので、カントの場合の「直観」が、単に「感ずる」だけで、なお「考える」働きが加わらなければ知識をつくるには至らない低い段階の心の働きを意味する限りでは、或いは日本語としてのこの訳語は不適切だと言われるかも知れない。しかしまた、「感ずる」働きと「考える」働きとを区別しないで、最初からどちらともつかない働きに、直ちに「ものの本当の姿を見抜く」高貴な働きを安易に帰せしめてしまうとすれば、おそらく「本当の姿でないものを本当の姿であるかのように思い込む独断」との区別がつかない場合を生ぜしめることともなり、そうなると、やはり「直観」なるものをどこまで信ずることができるかという、「直観」に対する不信を生ぜしめる結果となるであろう。そして事実、そのような曖昧な「直観」を絶対視する独断的形而上学が生じたために、哲学や道徳や宗教に対する不信が一般の人たちの間に生じたというのが、まさにカントが出なければならなかった当時の思想界の歴史的状況であったのである。

（2）空間と時間

カントは更に「現象の中で感覚に対応するものを私は現象の質料と名づけ、これに対して、現象の多様な在り方に一定の秩序を与えるものを現象の形式と名づける」と言い、「この感覚的質料に秩序を与える形式は、それ自身これまた感覚であることはできないから、感覚が物自体からの刺激によって生ずるのに対して、現象の形式は我々の心の中に先天的に具わっているものでなければならず、それ故、一切の感覚とは区別されて考察できるものでなければならない」と考えるのである。

ここに、あらゆる問題について、内容（質料）と形式とを対応せしめ、内容は後天的すなわち経験的に与えられるものであるけれども、形式は先天的すなわち超経験的という意味で純粋であるという、カント独特の考え方が示され、感性がつくる経験的直観についても、それは確かに経験的につくられたものではあるけれども、それが経験的につくられるためには、内容としての経験的なもの（質料）とは別に、そのような内容としての「現象のあらゆる多様が、それによって一定の関係において直観されるための形式は、私たちの心（感性）の中に先天的に見出だされる」とし、「感性のこの純粋形式はまた、それだけとして純粋直観と称される」と言う。

したがって、もし私が或る物体という知識から、先ず考えるという働きによってそれに付け加えているもの、すなわち、そのようなまとまった物が存在しているということ、それが他の物と関係を持つということ、それが分割され得るものであるということ等を取り除き、更にそれに伴なっている感覚に属するもの、例えばそれの存在している場所には他の物は同時には存在できないこと、その物の硬さや軟かさ、その色等を分離するとしても、なお残るものがあるとする。カントは「すなわち拡りや形が残され、これは純粋直観に属するものであり、そしてこの純粋直観とは、感官或いは感覚の実際の対象が与えられる前から、先天的に、感性の単なる形式として、私たちの心の中にあるものである」とする。

かくて「感性論」の仕事は、第一には、すでに考える働きとしての「悟性」の力が加わってできている私たちの知識から、「悟性」の力による要素を除去して「感性」だけを残し、次に、「感性」のつくった経験的直観から、更にその内容である感覚に属する一切の要素を分離して、純粋直観だけを残すことである。そしてこれこそが経験的現象を直観として私たちが捉える場合に、私たちの感性が先天的に現象に対して与えることのできる唯一のものであり、カントはこのような純粋直観を「空間」と「時間」とであるとする。したがって前にカントが「物体という知識から悟性がそれに付け加えるものや、感覚に属するものを分離すると、なお後に拡りや形が残され、これは純粋直観に属するものである」と言ったのは、拡りや形が「空間」に属するものであり、「空間」を前提せずしてはあり得ないことを言ったのである。

このように「感性」は、私たちにとっては先ず経験的直観をつくるものとして取り上げられるが、しかしそれを吟味して分析してみると、それがその本性上は先天的に、純粋直観としての「空間」と「時間」という形式を具えているものであることが発見されるのである。「我々にとって先きなるもの」と、「本性上先きなるもの」とを分けて、それぞれを研究の出発点とする学問研究上の対照的な区別を立てることは、古くアリストテレスによって言われたところ（『分析論後篇』）で、「我々にとって先きなるものから」とは、私たちの感覚によって知られる「経験的」「後天的」な知識から出発して研究を始めることを言い、「本性上先きなるものから」とは、逆に、我々にとっては後から気付かれ発見される「先天的」な形式や原理から出発して、「経験的」「後天的」なものを「先天的」なものによって基礎づけようとする研究の方法を言うのであり、この関係は、私たちのあらゆる学問研究について見られるところである。カントの今の場合について言えば、「経験的直観」は「我々にとって先きなるものから」知られるものであり、これに対して、「純粋直観」としての「空間」と「時間」という形式は、「本性上先きなるもの」に、したがって「我々にとっては後なるもの」に当たり、この「先天的」なものによって、経験的直観が「経験的」でありながら、すべての人間に共通な基礎を持つものであることを示そうとするのが、「本性上先きなるものから」の研究の方法にほかならない。しかし経験的直観も純粋直観も、前者は「感性」のつくるものである点で、後者は「感性」が本来持つものである点で、共に「感性的直観」と称される。ところでこのように、私たちが実際に持っている知識から、「悟性」の考えるという働きによる要素や、感覚に属する要素を次々に除去して純粋直観だけを残すなどということは、もちろん全く頭の中だけで考えられることで、そのように分析したら忽ち知識が知識でなくなるだけのことである。形式としての純粋直観として、「空間」「時間」が残る、と言っても、それが無内容な「無」にすぎないとすれば、何の意味があるであろうか。

古代ギリシァの栄えた時代に、イタリア半島のギリシァ植民地であったエレアに興ったエレア学派のパルメニデス（前五世紀）が、「有るもの」だけを探究できるものとし、「有らぬもの（無）」は知ることも言い現わすこともできないとして以来、空間や時間も「無」としては学問の対象とはされず、何かの形で取り上げられるとすればそれは「有るもの」としてでなければならないとされた。そして「無」としての空間・時間を前提しなければ物の運動を説明することができないのに、それに気付かなかったために、特にエレア学派のゼノンによって運動を否定するさまざまな詭弁が弄された。詭弁とは、一見正しいように見えて実は誤っている議論のことである。その最も有名なものは、英雄アキレスといえども、自分より先きに出発した亀を追い越すことはできないという詭弁であった。アキレスが亀の出発した点へ着くまでには亀はすでに幾分か進んでおり、すでに亀の幾分か進んだその距離をアキレスが走り終えるまでにはすでに亀はまた幾分か進んでいる、というようにして、アキレスは永久に、亀に近づくではあろうが、亀に追いつくことはできない、というのである。アキレスが忽ち亀を追い越す事実を誰一人疑う者はないのに、この「までには」が繰り返される限り、誰もこのゼノンの詭弁を反駁することができなかった。それは「無」としての空間・時間の意味を理解することができず、それをあたかも何か有るものと同じに考え、しかも無限に分割できるという頭の中だけで考えられるにすぎないことを、実際の行為としても実行できるかのように考えた議論であることを誰も見抜けなかったからである。

その後、同じ古代ギリシァの哲学者デモクリトス（前四六〇頃―三七〇頃）は、物の生成と消滅や運動を説明するためには「有るもの」と同様に「有らぬもの」としての空虚を認めなければならないと考え、また物の重い軽いや、堅い柔いの違いも、物が含んでいる空虚の含み方によって生ずるのだと考えた。ここに初めて「有らぬもの」として空虚、すなわち「無」としての「空間」の有ることが認められた。アリストテレスも「場所（トポス）というものが有ることは、物が互いに入れ替えられることから明かであるように思われる。例えば容器に入っている水が、その容器から出れば、その同じ所へ空気が入れ替わって入る。そうすると、その同じ場所は水とも空気とも違った或るものであり、それが場所（トポス）或いは空間（コーラ）である」（『自然学』）と言った。

「時間」についてもアリストテレスは、「時間は至る所に一様にあり、あらゆる物とともにある。すべて運動には速い遅いがあるが、時間にはない。速い遅いは却って時間によって決められるから。速いとは、少しの時間に多く動くこと、遅いとは、多くの時間に少し動くことである。だから時間そのものが運動でないことは明かである。……とは言うものの、運動がなくては時間はない。我々の意識そのものに何の変化（運動）もない時、或いは変化があっても我々がそれに気づかない時には、我々には時間の経過は認められない。……かくて時間は我々が運動を「前」と「後」とに区別して知覚した場合に我々によって認められるものである」（『自然学』）とした。

また中世におけるキリスト教界の指導的な聖者アウグティヌス（三五四―四三〇）は、「時間とは何であるか。誰も私に問わない時、私は知っている。しかし誰か問う者に説明しようとすると、私は知らない」という有名な言葉から出発して、「しかもなお私は、確信を以て次のことを知っているということはできる。すなわち、何物も過ぎ去るものがなければ、過去という時間は存在せず、そして何物も到来するものがなければ、未来という時間は存在せず、そして何物も存在するものがなければ、現在という時間は存在しないであろう。……しかしそれでは、過去はもはや存在せず、未来はまだ存在しないのであるから、どうして存在するということができるのであろうか。しかしまた現在も、もしそれが常に現在であって過去に移り行かないなら、もはや時間ではなくて、永遠であるだろう。それ故、現在は、ただそれが過去に移り行くことによってのみ時間であるなら、我々はどうして、それの存在するための原因が、それの存在しないことにあるようなものを、存在すると言うことができるだろうか。すなわち、時間は、ただそれが存在しなくなろうとするが故にのみ、存在する、と言って間違いないのではなかろうか」(『告白』第一一巻、第一四章)と言った。

その後ニュートンも「外なる何ものにも無関係に、それ自身の本性に基づいて、みずから等しく流れている絶対時間」と、同じく「外なる何ものにも無関係に、それ自身の本性のままに、常に同一不動にとどまる絶対空間」(『自然哲学の数学的原理』定義注)とを前提したが、ライプニッツは空間それ自身の存在は認めず、それを物と物との関係であるとした。このようにカント以前においても、幾多の優れた思想家たちは、「空間」と「時間」とについて、その有り方の独自性にすでに深い洞察を示していた。しかし「有るものだけが有り、有らぬものは有らぬものである」というエレア学派に初まり、アリストテレスによって整備されたいわゆる論理学の第一法則

「AハAナリ」に従う限り、こうした「空間」と「時間」との独自の有り方は、依然として不可解きわまるものとされざるを得なかったのである。それをカントは、人間理性における「感性」が含む純粋直観という、単なる形式と見たのである。

(3) 先験的あるいは超越論的

いま「空間」と「時間」とについて見たような、みずからは「無」でありながら、経験としての「有」を「有」たらしめるためには欠くことのできないその基礎をなすような「無」について、カントはこれを、「先験的（或いは超越論的）」（トランツェンデンタール）という新しい言葉で名づけて、ここに新しい考え方を提唱した。今まで知識の成り立ちを説明しようとした人たちは、先ず人間の知る心の働きと、知られる対象とを対立させた点ではカントと同様であったが、しかし或る人は、知識とは知られる対象が知る心にそのまま映るのだと言い（経験論、素朴実在論、唯物論、模写説等と呼ばれる考え方）、また他の人は、知識とは人間の心がつくり出すものだと言い（理性論、観念論、唯心論等と呼ばれる考え方）、互いに決め手のないままに水掛け論に終っていた。カントはこのように知る働きと知られる対象とを対立させる考え方を、ちょうど中世のキリスト教で、神と人間との関係を、神は人間を創った者として、創られた人間を超越した（トランツェンデント）存在だと見た考え方になぞらえて、超越的な知識論だと見なし、自分の考え方をそれから区別しようとしたのである。

カントは、一応は知る心の働きと知られる対象とを対立させはするが、しかし私たちの物を知る知り方は、それらのうちのどちらか一方だけによってなされるのではなく、両方が共力してなされるのであり、その場合、知られる対象はさまざまなものとして私たちの心の外から与えられるが、知る心の働きの方は、全く私たち自身が先天的に具えているものであるから、これは人間共通のものでなければならない。そしてこの、知る心が具えている先天的な働きは、それが単に先天的にとどまっているのでなく、外から与えられて私たちによって知られるべき経験的な対象に働きかけて、それを私たちの知識たらしめることをその本性とするものとして先天的に具わっているものであるから、それを単に「先天的」と呼ぶだけでは、今までの「超越的」(トランツェンデント)と何ら変ることのないものになってしまう。それが「経験に先立って」私たちに与えられているものであるとともに、感覚を通して外から与えられるものに働きかけて知識や経験をつくる役割を持つものであることを現わすために、カントは、従来「超越的」(トランツェンデント)と特に区別せずに用いられていた「トランツェンデンタール」という言葉に、新しく、「超越的」であるとともに「経験をつくる役割を持つ」という二重の意味を与えて、「トランツェンデント」(超越論)と区別することを提唱したのである。

このカントが新しい意味を与えた「トランツェンデンタール」という言葉は、明治中期以来わが国では、上に述べたような意味を日本語で表わすために「先験的」と訳されて来た。しかし昭和初期になって、「トランツェンデント」が「超越的」と訳されるのに対して、「トランツェンデンタール」は「超越論的」と訳すのが適わしいだろうという説が現われて、今日では「先験的」は古い訳語になり、新しい人たちの間では「超越論的」と訳している人が多いようである。いずれにしても、経験の世界にある私たちにとっては、「経験的なもの」だけが有るものであって、「先天的」すなわち「超越的」（トランツェンデント）なものは私たちの経験を越えたものであるから、無と言わねばならない。「トランツェンデンタール」が、一面では先天的すなわち超越的（トランツェンデント）として無でありながら、しかも他面ではそれが、経験的なものすなわち有るものを有るものたらしめる役割を持った無であることを表わそうとして、カントがこの語に与えようとした新しい意味を理解することが大切なのである。

カントは私たちの知識が成り立つための第一段階として、先ず感ずる働きとしての「感性」のつくる内容、すなわち「有」としての経験的直観について、それを「有」たらしめる基礎でありながらみずからは「無」である純粋直観としての空間と時間とを形式として示すことから始めて、同じように、今度は第二段階として、考える働きとしての「悟性」（すなわち理論理性）がつくる知識についても、更に行なう働きとしての狭義の「理性」（すなわち実践理性）の行為についても、次第に規模を広げながら、それぞれこの内容としての「有」に対する形式としての「無」の問題を展開させてゆくのである。そしてこのような「有」と「無」、内容と形式との無限の連関を展開させてゆくのがカント哲学の全貌であると言うことができる。カント哲学が「先験的（或いは超越論的）哲学」と呼ばれる意味を私たちはそこに見なければならない。

(4) 空間と時間との関係

カントは「空間」を、「外部感官によって、対象を我々の外にあるものとして受けとらせる形式」だとし、また「外的直観の根底に存する必然的な先天的受けとり方である」とする。これに対して「時間」についてはそれを、「内部感官によって心の内部状態を直観させる形式」とし、また「時間はあらゆる直観の根底に存する必然的な受けとり方である」とする。ここには「外部感官」としての視、聴、触、味、嗅の五官の外に、「内部感官」としての内的な意識作用が区別されており、また「空間」については「外的直観の根底に」と言われているのに対して、「時間」については「あらゆる直観の根底に」と言われているように、「内部感官」は「外部感官」から独立して働くことができるけれども、「外部感官」は結局は「内部感官」に支えられねばならないことが意味されている。したがってまた、「内部感官」の形式である「時間」は、「外部感官」の形式である「空間」をもみずから支えるものとして、「空間」よりも一層根源的な意味を持つものと解されていると察せられる。言わば、たとい見えず、聞こえず、触覚や味覚や嗅覚を欠いて「空間」的に物を受けとることはできない場合があっても、心の内に意識の働きの存する限り、「時間」の意識を欠くことはあり得ないとされるのである。

しかしまたカントは「時間」について、「この内的直観は何らの形をも与えないものであるから、我々はこの欠陥を類比によって補おうとして、時間継続を、無限に進みゆく一本の線によって受けとろうとする。……あらゆる時間関係は外的直観に訴えて表現される」と言って、「時間」が「空間」に依存してのみ表現されることを指摘している。「空間」と「時間」とのどちらを、より根源的なものと見るかは簡単には決められない問題であろうが、カント自身は後の論述から見ても、「空間」よりも「時間」により深い根源性を認めているし、カント以後のヨーロッパ哲学においても、ベルグソン（一八五九―一九四一）やハィデガー（一八八九―一九七六）等に見られるように、「時間」の根源性を認める考えは、ヨーロッパ哲学の伝統をなしているように思われる。

カントにおける純粋直観としての「空間」は、三次元を持つ空間として、従来のユークリッド空間と同じものを意味していた。そして、「時間」を「空間」との類比によって表現する時、それは「無限に進みゆく一本の線」として、「一次元のみによって存する一系列を構成する」とされた。カントは『純粋理性の批判』の中ではこれ以上に「空間」と「時間」との関係について直接触れていないが、もし「空間」と「時間」との総合が考えられるとすれば、「四次元の空間」として構想されるであろうことについて、カントは二十二歳の時に書いた大学卒業論文『活力測定考』の中で、「法則が変れば拡がり（空間）も違った性質と次元数とを持つことになるだろう。もしこのようなあらゆる可能な種類の空間の学問ができれば、それこそ我々人間の考える働きによって企てられる最高の幾何学というものであろう。我々にあっては三次元以上の空間を表わすことのできないことを認めざるを得ないけれども」（第一章第一〇節）と言っている。

なお「空間」と「時間」とは、感性が経験的直観をつくるに際して、感覚を内容とし、それに適用する形式であるから、直観をつくる感性の側から言えば直観をつくるための感性の形式と言われ、つくられる直観の側から言えば直観のつくられる形式と言われる。そして経験的直観とは、感覚されない「物自体」が、「感性」を通して、感覚されるものとして現われた「現象」であるから、経験的直観のつくられるための感性の形式としての「空間」と「時間」とはまた、現象のつくられるための形式とも言われる。「感性の形式」「直観の形式」「現象の形式」、これらはすべて右に述べたような意味で、いずれも「空間」と「時間」とに対して用いられる言い方である。

4　考える働き

(1) 悟性

知識の成り立つためには、第一には「感ずる」ことがなければならないが、それだけで知識になるのではない。そうした感ずる働きに、なお考える働きが加わらなければならない。考える働きをカントは「悟性」と名づける。これは広い意味の心の働きとしての「理性」の中の、特に筋道を立てて理論的に考える働きであるから、その使用を「理性」の理論的使用と称し、その働きを「理論理性」とも呼ぶ。

カントによってこのような「感性」と「悟性」という区別のなされる以前は、この二つの動きは同じ知る動きの単に強弱の程度の違いにすぎないとして、特に区別されず、「知性」という言葉で一括して表わされていたのである。カントとしては、なるほど単に生理学的に人間の心の働きをその発達の順序から見るなら、感ずる働きが初めに現われ、次第に考える働きへと発達してゆくと言えるであろうが、すでに発達した人間の心の働きを分析してみると、やはりその中にこの二つを区別する必要があると考えられたのである。今までは感じられたものは考えられたものでもあり、考えられたものは当然感じられもするものとして、特に区別の必要など認められていなかった。考える場合の法則が特にはっきりと示されたのは、前にも挙げた古代ギリシァのエレア学派が真理の道として挙げた「有るものは有る」「有るものは有らぬものではない」という法則であり、これはやがてアリストテレスによって組織された「論理学」でも、同一律、矛盾律として、真理の規準とされた。しかしそれは単に私たちが「考える」場合の法則であって、「感ずる」場合の法則ではない。この「考える」場合の法則をそのまま「感ずる」場合にも適用できるかのように取り扱って議論を組み立てたために、アキレスが亀に追いつけないという、エレアのゼレンの詭弁が生じた。その後、近世でもスピノザ(一六三二—七七)は、「幾何学の方法」(考えられるだけの方法)によって「倫理学」(感ずる働きをも含んだ学)を証明しようとし、そこでは「有りかつ考えられる」と言って、「感覚されて有る」こととと、「考えられるだけのこと」とを同じに見なす言い方が繰り返された。ライプニッツも、感ずることと考えることとを、同じ一つの知る働きの中の、低い段階から高い段階へと連続的に移ってゆく単に明瞭の度の違いにすぎないと見なした。そのためにスピノザの場合も、ライプニッツの場合も、感覚と理性との関係を説明するのに、大へん苦しい説明をする結果になった。

(2) 人間の有限性

しかしカントにとっては、感ずる働きと考える働きとを区別しなくてもよいのは「神」の場合のことであって、「人間」の場合には残念ながらこの区別を免れることができないことを謙虚に認めることから出発しようとするのである。それ故カントは『純粋理性の批判』の第一版の序文の始めの部分で、「かつては形而上学が万学の女王と称された時代があった。そしてもし意志することが行為することと見なされるなら、形而上学の意志する対象はすぐれて重要な対象であるから、もちろんこの尊称は形而上学にふさわしいものであったろう」と言う。ここで形而上学というのは、「考えられる」ものをそのまますべての存在と見なす学を言っているのであり、そしてその「考えられる」ものの中の最も重要なものは、完全無欠な「神」のような存在として考えられるものであるという意味で、「形而上学の意志する対象はすぐれて重要な対象であるから」と言っているのである。しかしカントにとっては、「意志することは行為することとは見なされない」のである。ここで「意志する」とは考えた通りを行おうと思うことであるが、人間は残念ながら必ずしも「意志する」ことをそのまま感じられる形で「行為の上に現わす」ことができるとは限らない。こうして人間の知る働きを吟味する場合にも、必ず「感ずる」働きから始まって、それは「考える」働きによって総合されねばならないが、しかし「考えられただけのもの」が、直ちにその通りに「感じられる」かどうかは、神ならぬ私たち人間にとっては大きな問題であることにカントは気付くのである。そしてここにカントが、今まで感ずることと考えることとを区別する必要のない無限者としての神と同じに見なされていた人間を、考えることと感ずることとを必ずしも一致させることのできない有限者として捉えねばならないことを指摘した哲学者であると言われる意味があるのである。

(3) 考える働きの形式(範疇)

感ずる働きとしての「感性」が、「物自体」から刺激を受けて経験的直観をつくるに場合に、感覚という内容に対し、「感性」が先天的に具えている純粋直観、すなわち空間と時間という形式を適用せねばならないように、考える働きとしての「悟性」に関しても、今度は「感性」がつくった経験的直観を内容として、これを知識たらしめるべき形式が「悟性」のうちに先天的に具わっていなければならない。カントはこの私たちが知識をつくるために必ずそれに依らなければならない「悟性」の形式を見出すために、私たちが日常、知識を表現している「SハPデアル」とか「SハPデナイ」という判断の形式を手引きとするのである。

判断の諸形式は、すでにアリストテレスの論理学に基づいて、中世の論理学者たちによって整理されていたものであるが、カントは自分独自の知識論の立場からそれを敷衍した上で、量の面からと、質の面からと、関係の面からと、様相の面からとの四つの綱目を定め、更にそれぞれについて三つの種類の判断を区別し、合計十二個から成る判断表を体系的に整理し、それに対応せしめて十二個の「悟性」の形式を導出した。この形式は先天的に私たちの心の働きに具わっているものであるから「純粋」と呼ばれ、またそれは、すでにまとまった知識をつくるための役割を持つもので、「感性」の形式のようにまだ知識以前の単なるばらばらのままの経験的直観をつくるだけの役割を持つものとは違うから、「純粋悟性概念」と呼ばれる。「概念」とは、思考の法則に従って一応まとまった一つの意味を表わし、知識の単位を構成するものを言うからである。しかしまたカントは、かつてアリストテレスが知識を完全に整理して文章に表わすために必要な綱目を十個挙げてそれを「カテゴリアイ」と呼んだのに倣って、この「純粋悟性概念」を「カテゴリー」とも名づけた。これはわが国では明治の初めに、西周によって「範疇」と訳され、今日でもこの訳語はそのまま用いられている。これは中国の古典『書経』に出ている「洪範九疇」、すなわち自然と人事にわたる法則を九綱目に分けたものを表わした言葉から採ったものであった。先ずそのカントによって体系化された「範疇表」を示し、それぞれが導き出された判断との関係を説明しよう。

量	質	関係	様相
単一性	実在性	属性と実体	可能性と不可能性
数多性	否定性	原因と結果	存在性と非存在性
全体性	制限性	相互性	必然性と偶然性

ここで「量」というのは言うまでもなく、ものを「一つ」として単数で捉え、「コノSハPデアル」と判断させるか、「多数」として複数で捉え「若干ノSハPデアル」と判断させるか、更に「多数」を「一つ」にまとめて「全体」として捉え、「スベテノSハPデアル」と判断させるかの別であり、「質」とは、論理学上の意味で、判断の質、すなわち「SハPナリ」という形で肯定するか、それとも「SハPニ非ズ」という形で否定するかのことで、肯定される場合を「実在性」、否定される場合を「否定性」、更に或る制限内で肯定されもし、否定されもする場合を「制限性」として区別するのである。また「関係」については、その第一の範疇は「実体があれば、必ずそれに属する性質がある」ことであり、第二の範疇は「何ものも何かの原因をなさないものはなく、また何かの結果でないものはない」ことである。そして第三の範疇は「ものは必ず相互の間に自分が他へ影響を与えたり、他から影響を受けたりし、決して相互に無関係ではあり得ない」ことである。最後に「様相」とは、カントが範疇表を導出するのに先ずその手引きとして体系化した判断表の説明によると、「判断の様相とは、判断の全く特殊な働き方で、何ら判断

の内容に寄与するものではない。量と質と関係のほかには、もはやそれ以上、判断の内容を構成するものはないからである。様相とは単に、そこに下されている考えを表わすのに、肯定される程度を表わすだけという特異な性質を持つのである」と言って、「SハPデアルダロウ」という蓋然判断、「SハPデアル」という実然判断、「SハPデアラザルヲ得ナイ」という必然判断を挙げているように、ものについての私たちの知識の確実性の程度を言うので、「可能性」とは現在はそのように現われていないけれども、何時かは、或いはそうしようと思えば、そのように実現させ得る見込みがあることであり、「存在性」とは現にそのように現われていることであり、「必然性」とは常にそのように現われることである。例えば眼前の机について、その「可能性」とは、それが踏み台にも防壁にも使用され得ることであり、「存在性」とは机として現につくられていることであり、「必然性」とはそれが一つの実体として不可侵入性を持つこと等を意味する。

なお私たちの知識は一般に、それが経験的直観を内容とする限り、経験とも呼ばれるが、しかしまだ知識ないし経験の内容にとどまって、「悟性」の形式としての「範疇」の適用を受ける以前の単なる経験的直観と、すでに「範疇」の適用を受けて構成された知識ないし経験とは区別されねばならない。言い換えれば、カントにあっては、「経験的」（エムピリッシュ）ということと、「経験」（エルファールング）とは区別されるのである。したがって、「すべての経験判断は経験的である。……しかし逆にすべての経験的判断は経験判断ではない」と言われる。ただここで、「判断」の語が経験的と結びつけられているのは、原始的判断の意味に解すべきであろう。「判断」は原則的には、すでに悟性のつくったものであるから、「範疇」の適用によって成り立っていなければならないからである。

（4）数学的範疇と力学的範疇

先ずこの範疇表について注意すべきことは、カントがこれら範疇の四つの綱目のうち、「量」と「質」との範疇を数学的範疇と呼び、「関係」と「様相」との範疇を力学的範疇と呼んで、両者を区別すべきだとしていることである。そしてその区別の理由として、「量」と「質」との範疇は、「直観（純粋直観と経験的直観と）の対象」に向けられるものであり、これに対して「関係」と「様相」との範疇は、「直観の対象の実際の存在」（対象相互の関係か、それとも悟性に対する対象の関係かについての）に向けられるものであることを挙げている。同じ「範疇」と称しながら、それらの間にこのような区別を設けていることはきわめて重要なこととしなければならない。なぜなら、「範疇」は総じて、考える働きとしての「悟性」が先天的に具えている形式であって、「感性」が持つ、或いは「感性」がつくった直観を内容として、それに適用される時、私たちの知識が構成されるはずのものであったが、ここではその範疇の向けられる対象が、「直観の対象」と「直観の対象の実際の存在」とに区別されているからである。

ここに「直観の対象」と言われているものは、単に「直観」と言われても同じことで、どんな対象も、先ず私たちの「感性」の直観として与えられるより外には私たちに与えられることはあり得ないはずだからである。したがってここに数学的範疇と称されている「量」と「質」との範疇こそが、今までカントが「範疇」について語ってきた当のものでなければならない。しかしここでこれら「量」と「質」との範疇が向けられる対象とは区別されて、「直観の対象の実際の存在」と言われているものは、もはや単なる感性的直観にとどまるものを意味するのでなく、すでに「直観ないし直観の対象」に向けて数学的範疇が適用され、私たちの「知識として構成された存在」を意味しているように思われる。かくて「力学的範疇」と呼ばれる「関係」と「様相」との範疇は、すでに「数学的範疇」としての「量」と「質」との範疇が感性的直観に適用されて構成された「知識」に向けて、その「知識」を更に組織するために適用されるべき「範疇」として、今まで述べられてきた「範疇」の意味とは異なった別種の「範疇」の意味を持つものとなる。

カントは後に、「悟性」が範疇という規則を含む能力であるのに対して、更にこの規則の下に何が包摂され何が包摂されないかを弁別する能力として「判断力」を取り上げ、概念として示された「範疇」を、更に「概念と概念との間の包摂関係」を表わす判断の、したがって、判断の文章化された「原則」の体系として示すが、その際にも、「量」と「質」との原則を数学的原則、「関係」と「様相」との原則を力学的原則と呼んで区別している。そしてその説明に当たって初めて、数学的原則を構成的原則と呼ぶのに対して、力学的原則を統整的原則と称して、その機能についても区別している。ここでカントは、構成的と統整的との区別を説明するのに、数学における比例と哲学における類推とを挙げ、数学における比例では、比例の三つの項が与えられれば、第四項はそれによって直ちに与えられるが、しかし哲学における類推はそのような数学的に計量し比較できる量的関係ではなく、したがって三つの項が与えられても第四項そのものを直ちに知ったり、先天的に導出したりはできない。しかしそれによって、その第四項に当たるものを経験中に探索するための指標は与えられる。これが統整的の意味として比喩的に説明されているところであるが、おそらく今ここに「範疇」に関して数学的範疇と区別されている力学的範疇についても、これは当てはめ得るところでなければならない。

しかしカントはまた、知識ないし経験の全体を体系的に統一せずにはおかない「理性」の究極的要求から生ずる「理性概念」、すなわち「理念」を論ずる段階で、「理念」の作用についてこれを「統整的」と言っている。この場合の「統整的」が、「理性」をして経験界を無限に遡源して超経験的世界にまで超出せしめようとする場合の指標としての意味を持つのに比較すると、まだ理論的な知識の範囲内でそれを体系的に組織しようとする「悟性」の機能に関して言われている「統整的」は、むしろ類比的な使用以上のものと見ることはできない。カント自身、『純粋理性の批判』の「理念の統整的使用」を説明した個処で、「我々は前に、悟性の原則のうちに、力学的原則と数学的原則とを区別した。前者は直観の単に統整的な原理としてであり、後者は直観に関して構成的な原理としてであった。この区別にも拘らず、いわゆる力学的法則は、経験に関してはもちろん構成的である。というのは、この法則は、経験の成立に欠くべからざる概念を先天的に可能ならしめるものであるからである」と言って、力学的原則が持つ統整的原理の意味が、

「悟性の原則」について言われる場合と「理念」について言われる場合とでは同じでないことを注意している。言わば経験を成り立たしめるという意味での構成的に対し、経験の範囲内での経験の組織を意味する統整的と、更に経験の範囲を越えてまで経験組織のための指標としての「理念」を求めようとする意味での統整的とを、それぞれ区別することが、これらカントの「統整的」についての言葉から察知すべきもののように思われる。そして力学的範疇のみが相関者を持つ形で示されるところにも、それが数学的範疇とは違って、すでに数学的範疇によって構成された「経験」に対して向けられる範疇であることを現わしていると見るべきであろう。

(5) 三分法の問題

範疇表について第二に注意しなければならないことは、カント自身も注解を付して言っていることであるが、「通常は概念(思考の法則に従って考えをまとめること)による先天的な分類は二分法でなければならないのに、この範疇表では各綱目が一様に三分法に拠っていること」である。カントが「概念による先天的な分類は二分法でなければならない」と言っているのは、前にも挙げた古代ギリシァのエレア学派の主張以来、「有るものは有る」から「有るものは有らぬものではない」が導き出されて、そこに初めて、「有るもの」と、それに対する「有らぬもの」、すなわち「有」と「無」との二つが対立せしめられることが、思考の第一過程であることを言っているのである。

したがって、「有るか」「無いか」という対立は、およそ多少なりと考えるという働きを持つものには誰にも意識される対立である。こうしてここから、「有」を一とし、それに対する他者としての「無」を二として捉える自然数の基本が出発する。しかし一を記憶に残したまま、二のほかに更に新たな他者として三を発見することは、人類の思想の発展の過程においても、容易ではなかったと言われている。英語の thrice（スライス）が「三度」の意味のほかに「多数の」という意味を持っており、フランス語の trois（トロア）「三」と trés（トレィ）「非常に多く」や、ラテン語の ter（テル）「三」と trans（トランス）「越えて」が語源を同じくしていることなども、未開社会においては、三以上になると、すべて一括して「多くの」としか捉えることができなかったことを示している。今日でも未開種族の間で生活した人の話によると、「肉とオレンジを買ってこい、と言えば買ってくるが、肉とオレンジとアスピリンとなると、もういけない」ような人種があるという。私たちにしても、ともすれば「右か左か」「敵か味方か」というように二つの対立としてしかものを見ないで、第三や第四……の在り方の有り得ることを無視しがちであるが、それは一と二との区別の意識から出発してその対立をしか捉えることのできない未開人の名残りが、今なお私たちの間に残っていることを示すものであろう。

ともあれカントは、その範疇表について、「各綱目が一様に三分法に従っていること」を注意し、更に「第三の範疇がいずれもその綱の第一の範疇と第二の範疇との結合から生ずることも注意を要する」として、「例えば全体性とは数多性が単一性として考察されたものであるし、制限性とは実在性が否定性と結合されたものであり、相互性とは一つの実体と他の実体とが互いに原因となり、結果となって規定し合うことであり、必然性とは存在性が可能性によって与えられた場合である」としている。すなわち、私たちがものを量的に「全体」として捉えるということは、「多くのもの」を「一つ」にまとめて捉えることであり、質の上から「制限」的に捉えるとは、それぞれ一定の範囲に制限して、この制限内では「存在を肯定し」、他の制限内では「存在を否定」することである。例えば喫煙について、年齢に一定の制限を設けて、喫煙の「認められる」年齢と、「禁じられる」年齢とを区別したり、年齢上は「認められる」場合でも、更に「喫煙室」と「禁煙の場所」とをそれぞれ制限するような場合である。また関係の上から「相互」関係ということは、関係の綱目の第一の範疇では「或る物が存在していれば必ずそれには何らかの性質が属している」という「実体と属性」との同時存在の関係を現わしているのに対し、第二の範疇では物と物との間の「原因と結果」という時間の先後を含んだ関係を現わしているが、第三の範疇ではこれら二つの範疇を結合して、相互が同時的存在をなしながら、しかも互いに原因となり結果となるという継時的関係をも含んでいることを現わしている。

最後に、様相の上からの「必然性」とは、第一の範疇である「可能性」が未来についての存在を認めるものであるにすぎず、第二の範疇である「存在性」も現在における存在を認めるものであるにとどまるのに対して、第三の範疇は、単に特定の時における存在のみでなく常時の存在を認めるものである。

そしてカントは、第一と第二の範疇に対して第三の範疇が持つこうした特徴を説明して、「第三の概念〔範疇〕を生み出すための、第一の概念〔範疇〕と第二の概念〔範疇〕との結合は、悟性の特殊な活動を要するものであり、この活動は第一及び第二の概念〔範疇〕において行なわれる活動と同じものではない」と言っている。しかし「同じものでないというだけだから、第三の範疇が単に派生的概念であって純粋悟性の基本概念でないとは決して考えてはならない」と言うだけで、その「第三の範疇を生み出すための、第一の範疇と第二の範疇とを結合する悟性の特殊な活動」といわれるものが、「第一及び第二の範疇において行なわれる悟性の活動」と、どういう点で、「同じものではない」とされるかについては、それ以上理論的な説明をしていない。ただ「例えば」と言って、「量」の範疇については数多性と単一性とを、「関係」の範疇については原因と実体とを挙げて、それぞれ第二の範疇を第一の範疇と結合せしめても、そこにカントのいわゆる「悟性の特殊な活動」が働かなかったら、「量」については全体性の範疇は成立せず、したがって全体性の範疇によってのみ成り立つ或る一定のまとまりとしての数の概念は得られず、ただ一の多数としての無限が表象〔思い浮かべられる〕されるだけであり、「関係」については、「影響、すなわちどうして一つの実体が他の実体内の或るものの原因となり得るかは理解できず、この事情は他の範疇の綱〔質と様相〕についても同じである」と言っているにすぎない。

しかしカントの考えを推察すれば、おそらくカントは、第一の範疇と第二の範疇、すなわち「量」については単一性と数多性、「質」については実在性〔有〕と否定性〔無〕との対立を、論理学の根本法則である矛盾律に基づくAと非Aとの対立に相当するものと見、これらの範疇の用いられる場合の「悟性」の活動が全く先天的かつ論理的であるのに対して、これら二つの範疇を結合せしめる第三の範疇の場合の、すなわち「量」については全体性、「質」については制限性の範疇の場合の「悟性」の活動は、第一と第二の範疇に見られる先天的かつ論理的な、頭の中だけでの思考の対立にとどまるのでなく、すでにそれらの形式を内容としての「感性的直観」においで総合し、知識へ構成しようとする接点に立つ活動と見ようとするものと思われる。それ故「量」の範疇における全体性の範疇は、すでに感性的に与えられた直観の多様性を内容とし、それを単一性の形式へとまとめる働きであり、また「質」の範疇における制限性も、これまたすでに感性的に与えられた直観の多様について、その中に実在性（有）と認められる範囲と否定性（無）と認められる範囲とを、それぞれ一定の制限を設けることによって規定する働きであるから、単なる思考の法則としての矛盾律にとどまるものではないのである。

「量」の範疇と「質」の範疇とに関してはこのように、「第一及び第二の範疇において行なわれる悟性の活動」と、「第三の範疇を生み出すための悟性の特殊な活動」との「同じものではない」ことを理解できるが、「関係」の範疇と「様相」の範疇とについてはこれと同様に解することはできない。そしてこの事情はすでに、カントが「範疇表」についての第一の注意として、「量」と「質」との範疇を数学的範疇と名づけ、「関係」と「様相」との範疇を力学的範疇と称して両者を区別したことのうちに示されたところであった。すなわち、数学的範疇は「直観の対象」に向けられるものであるのに対して、力学的範疇は「直観の対象の実際の存在」に向けられるものであった。

したがって力学的範疇における「悟性」の活動は、すでに数学的範疇の第一及び第二の範疇、すなわち「量」については単一性と数多性、「質」については実在性と否定性の場合のように、これらを矛盾律におけるAと非Aとに該当せしめて、その場合の「悟性」の活動を先天的かつ論理的と見なすのと同様に解することはできない。また数学的範疇の第三の範疇、すなわち「量」に関しては全体性、「質」に関しては制限性の範疇も、それらは第一及び第二の範疇が持つ先天的論理性を、感性的直観と結合せしめる接点に立つものであるが、この接点を以て、直ちに力学的範疇の向けられるべき「直観の対象の実際の存在」と同一視することはできない。したがって力学的範疇における「悟性」の活動は、数学的範疇の第一及び第二における「悟性」の活動とも、また第三における「悟性」の活動とも異なる活動と解さねばならない。

先ず「関係」の範疇における第三の範疇、すなわち相互性に見られる「悟性」の活動が、第一の範疇、属性と実体に見られる同時性ないし無時間性と、第二の範疇、原因と結果に見られる継時性ないし時間性とを結合せしめて、同時的であるとともに継時的でもある相互（影響）性を生み出すと見ることができることは前にも述べたところであった（本書一一五頁）が、しかしここに問題なのは第一の範疇、属性と実体と、第二の範疇、原因と結果とにおける「悟性」の活動である。

これについても、敢えて推測すれば、第一の範疇、属性と実体が、無時間性を本性とする限りでは、「感性」の形式である空間・時間に係わる以前の、まさに「純粋悟性」の原理を現わしているが、しかしその属性がいかなる属性でなければならないかの必然性を意味するものではない。例えば「いかなる属性を持たない馬」を考えることはできないが、しかしその属性は必ずしも白とか黒とかでなければならないという必然性を要求するものではなく、さまざまな色であり得る偶然性を許すものである。それ故にカントはこの場合の「属性」を「偶有性」とも称したのであり、またそこにこの範疇が数学的範疇とは区別されて、力学的範疇とされた理由があったと思われる。

これに対して第二の範疇、原因と結果は、もちろん「原因は必ず結果を伴なう」というその必然性に関しては、第一の範疇、属性と実体における「存在するものにして属性を有しないものはない」という必然性と同様であり、いずれも私たちが何かについて知識を得る場合の先天的前提である。しかし原因と結果の関係が含む継時性ないし時間性の示すように、この第二の範疇はすでに「感性」の形式としての時間と結合した範疇であり、その意味でまさに「直観の対象の実際の存在」に向けられる力学的範疇でなければならない。ところで、もしこの原因と結果の関係から、「感性」の形式としての時間を除去するとすれば、そこに残るのは理由(根拠)と帰結という純粋に論理的な無時間的関係である。例えば「三角形の存在」は、それ自身を理由(根拠)として、何ら時間関係を必要とはしないで、直ちに「三角形の内角の総和の二直角に等しいこと」、及びその他、三角形が含むさまざまの性質を帰結する。そして少なくともその無時間性という本性に関する限りでは、この理由と帰結の関係は、「属性と実体」という第一の範疇と、その本性を一にすると言える。しかし「属性と実体の範疇における属性がさまざまであり得るという偶有性」であるのとは違って、理由と帰結における両者の関係には一つの理由に対して、その帰結がさまざまであり得るという偶然性は許されない。このように理由と帰結の関係が第一の範疇「実体と属性」の関係に対比される時、その無時間性の点では両者は共通するが、前者が含む必然性と後者が含む偶有性においては対立し、それが第二の範疇「原因と結果」の関係に対比される時、その必然性の点では両者は共通するが、前者の無時間性と後者の継時的時間性においては対立する。

かくて第一の範疇である「属性と実体」においては無時間性とともに偶然性が、第二の範疇である「原因と結果」においては必然性とともに時間性が、それぞれ「悟性」の活動を規定するのであるから、これらの範疇は力学的範疇と呼ばれねばならない。

最後に、「様相」の範疇について注意されねばならないことは、すでに述べたように、「様相」とは何ら知識の内容そのものをつくるのに寄与するものではなく、単に知識をつくる私たちの「悟性」の知識の内容そのものとの関係を表わすものにすぎないことである。したがってその関係が単に未来に関してである場合が可能性であり、現在に関してである場合が存在性であり、この両者が結合されて常時である場合が必然性である。それらはいずれも、すでにつくられた知識としての、いわゆる「直観の対象の実際の存在」に向けられるものであるから、その場合の「悟性」の活動を規定する範疇は、当然、力学的範疇と呼ばれねばならない。

(6) コペルニクス的転回

カントの考え方の基本は、すでに見たように、一方には知られるものとしての内容を私たちの感ずるという受け身の働きである「感性」に対して外から与えられるものとして前提し、更にこれに対して私たちの考えるという自発的な働きである「悟性」が、その本来具えている自分の形式を適用して、そこに初めて私たちの知識が成り立つとすることである。カントは、今まで経験論者たちが、知識の成り立ちを説明するのに、私たちの外にある物そのものを主体として、それが白紙のような私たちの心に色々の模様を描いて、それが知識になるのだとしたのに対して、この私たちの「悟性」の自発性を発見し、「悟性」が積極的に「感性」的直観という内容に対し「悟性」の形式を以て働きかけるのであるとした自分の新しい考えを、今まで天体が地球の周りをめぐるのだとしていたプトレマイオス（二世紀の人）の天動説に対して、新しく地球が太陽の周りをめぐるのだと説明したコペルニクス（一四七三―一五四三）の地動説に例えて、自分の考えをコペルニクス的転回と称した。

カントは数学や自然科学の今までの発達してきた歴史をふり返って、それらの学の発達は、決して私たち研究者が研究の対象に引きずられていてなされたのではなく、むしろ反対に、私たち研究者が自発的、積極的に、研究しようとする対象の中へ、私たち自身の考えを投げ入れてみることによってであったとする。例えば「数学は長い間、エジプト人の間で暗中模索の状態を続けていたが、その新しい発達は、或る人が試みた幸運な着想によって成功した革命のおかげであり、この思考法の革命は、あの喜望峰をめぐる新航路の発見よりも重大な革命であった」とし、「二等辺三角形の両底角は等しい」ことの証明に当たって、ただ二等辺三角形を眺めているだけであったり、二等辺三角形という概念を頭だけで考えているのでなく、その頂角の二等分線に添ってその三角形を折り畳めば、両底角は全く重なり合わないだろうかと着想して、それを実際に二等辺三角形に適用してみてそれを証明するという例を挙げ、自然科学についても、フランシス・ベーコンの実験的方法の提唱、ガリレイ（一五六四—一六四二）の落下の法則の実験、トリチェリー（一六〇八—四七）の気圧の測定の実験、シュタール（一六六〇—一七三四）の燃素説の仮説等を挙げて、それらがいずれも、「理性が、一方の手には自分自身の原理を持ち、他方の手には自分がその原理に従って工夫をした実験を携えて、自然に立ち向い」、自然科学を発展させた実例だとする。

そして今、知識の成り立ちを明かにしようとする知識哲学の場合にも、同じくこれら数学や自然科学の場合の例に倣って、カントはこの「対象に対する投げ入れ」という実験的方法が役立たないかどうかを試みようとするのである。しかしここに私たちの注意しなければならないことは、数学や自然科学の研究において研究の対象へ投げ入れられるものは、私たちがすでに思考や経験によって得ている知識に基づいての着想であり仮説であるのに対して、そうした知識そのものの成り立ちにおける先天的な根拠を探ろうとする知識哲学の場合には、その対象としての経験的な内容、ないしは感性的直観に対して投げ入れられるものは、私たちの知る働きとしての広義の「理性」が本来具えている先天的形式でなければならないことである。

したがって、数学や自然科学の進歩を促がしたその実験的方法における着想や仮説の投げ入れは、カントの知識哲学における批判的方法に対しては、あくまで一種の類比以上のものではあり得ず、批判的方法における投げ入れは、広義の「理性」について、そのうちの先ず「感性」に関しては、経験的直観をつくるための感覚という内容に対する、純粋直観という「感性」の形式の投げ入れであり、次に「悟性」に関しては、感性的直観という内容に対する、純粋悟性概念すなわち範疇という「悟性」の形式の投げ入れである。

なおコペルニクス的転回という時、コペルニクスは地球中心のプトレマイオスの天動説を、太陽中心の地動説へと転回せしめたのであるから、これをカントの転回、すなわち今までの「外界の物」中心の考から「私たちの理性」中心の考への転回と対比せしめると、むしろ地球中心のプトレマイオスの天動説がカントの「私たちの理性」中心説に当たり、太陽中心のコペルニクスの地動説が今までの「外界の物」中心説に当たるとも見られ、コペルニクス的転回と言うよりもむしろ逆に、プトレマイオスへの転回と言うべきだと考えられないわけではない。しかし転回がこの場合重要なのであって、転回の仕方はカントの問うところではなかったとも言えようし、或いはまた、カントの転回が、今まで「外界の物そのもの」を写すだけで自らは全く受容的にすぎないとされた「私たちの理性」を、すなわちその限りではみずから動こうとはしない地球中心説に当たるとも言えるプトレマイオスの天動説を、自発的、積極的な「理性」の活動へと、すなわち自らが太陽の周りを回転するという地動説へと転回せしめたという意味で、やはりコペルニクス的転回であったとも言えるであろう。

(7) 分析と総合

コペルニクス的転回とは、「理性」の側からの積極的な働きかけを強調して言われたカント哲学の特徴づけであるが、その基本的性格はむしろ、外から与えられる内容と、内に先天的に具わっている形式とを対立させて、両者の総合によって知識の成り立ちを説明することにある。その内容は外から与えられるという意味で、経験的とか後天的（ア・ポステリオリ）とか呼ばれ、これに対してその形式は知る働きとしての私たちの心のうちに本来具わっているものとして、純粋とか先天的（ア・プリオリ）とか、或いは超越的（トランツェンデント）とか呼ばれた。そしてこの経験的な内容へ先天的な形式が働きかけて知識をつくる場合のその形式の働き方について、先験的或いは超越論的（トランツェンデンタール）という新しい呼び名がカントによって初めて提唱されたのであった。

カントはこの事情を説明するために、私たちが知識をつくる手続きとして先ず行なう判断について、分析判断と総合判断とを区別する。判断とは一般に、「SハPデアル」という形で表現されるものであるが、分析判断とは、主語Sのうちに、もともとすでに含まれているものを分析して、それを述語Pに用いているにすぎないもので、カントの挙げている例に従えば「物体はすべて拡りを持つ」という判断などは分析判断に当たると言う。「拡り」という述語は、もともと「物体」という主語概念の中に含まれていたものを、その概念を分析して取り出して見せたものにすぎないからで、したがってまたこのような判断は説明判断とも名づけられる。これに対して総合判断とは、主語Sの中には含まれていない新たな別の意味を、述語Pとして、主語Sに結びつける判断で、カントの挙げている例によれば、「物体はすべて重さを持つものである」という判断などは総合判断であるとするのである。「重さを持つもの」という述語は、「物体」という主語概念のうちには最初からは含まれておらず、私たちが経験を通して後から発見し、あらためて主語概念に結合せしめたものであるからだと言うのである。したがって総合判断はまた拡張判断とも呼ばれる。このようにしてカントは、私たちが経験を通して知識をつくる場合の判断はすべて、経験的なものとしての内容と、先天的なものとしての「理性」の形式との総合による総合判断であるとするのである。そしてその総合が先天的な形式の自発性によって行なわれるものであるから、これを「先天的総合判断」と呼ぶ。したがってカント哲学が、私たちの知識の成り立ちについて、それが先天的な要素に基づいて成り立つものであることを証明し、知識の根底にすべての人によって共通して理解され得る普遍性と客観性と、したがってまた必然性が存在しなければならないことを示すにある限り、その課題は、「先天的総合判断はいかにして可能であるか」にあったのである。

こうしてカントは先ず「数学的判断はすべて総合的である」ことを主張する。これを説明するためにカントは7＋5＝12という算術計算の例を挙げ、この計算の過程で私たちは7及び5という数をそれぞれ「感性」の働きによって直観的に心に思い浮かべ、この二つの直観像を総合して12という数の直観像を得るのであるとする。また「直線は二点間の最短距離である」というユークリッド幾何学の命題についても、「直線」という主語概念の中には線の性質は表わされているけれども、述語概念が示す「最短」というような量は何ら表わされておらず、これを総合する働きはやはり「感性」の形式としての純粋直観でなければならないとする。こうしたカントの説明にも拘らず、すでに当時、一七六二年（カント三十八歳）から二年間ケーニヒスベルグ大学でカントの講義を聴いたヘルダー（本書、五五頁参照）は、数学的判断は分析判断である、としてカントに反対したし、後年、オーストリアの美学者ロバート・フォン・ツィンメルマン（一八二四―九八）もこの点に関してはカントの反対者であった。またドイツに生れ、ウィーン大学で、ウィーン学団という論理実証主義の哲学の研究団体の指導者となり、後にアメリカのシカゴ大学に招かれ、わが国の哲学界にも大きな影響を与えたカールナップ（一八九一―一九七〇）なども、同志ライヘンバッハ（一八九一―一九五三）の『空間・時間の哲学』（一九五八年）の英文版の序で、「カントの用語法によれば、数学的幾何学はカントの主張する通り、実際、先天的に適用される。

しかしそれは数学的幾何学が分析的（圏点は引用者）であるからである。物理的幾何学は実際に総合的である。それは経験に基づいており、したがって先天的には適用されない。〝幾何学〟と呼ばれる科学のこれら二つの分科のいずれにおいても先天的総合判断は生じない。かくてカントの理説は棄てられねばならない」と言った。

しかしこれらの反対論は、経験的なものと先天的なものとを別々のものとして分離したままに見、両者を総合する理性の働きを認めないもので、カント以前の、イギリス経験論を徹底させて懐疑論に陥ったデヴィッド・ヒュームと同じ考えである。ヒュームは学問の中に形式的学と実質的学とを分け、形式的学としての数学と論理学とには必然性は認められるけれども、実質的学としての物理学と倫理学とには必然性はないとして、形式的学と実質的学とを区別したままにした。これに反してカントは、論理学だけはこれを純粋に思考の法則の学として、その形式的学としての必然性を認め、したがって論理学は分析判断を持つのみで一切の総合判断を持つことはできないとしたが、しかし数学となると、カントの立場からすれば、それはすでに「感性」が持つ純粋直観としての空間・時間に対して、純粋「悟性」概念である範疇が適用されて、そこに直観と概念との総合がなければならない以上、数学もやはり先天的総合判断によって成り立つとしたのである。

このようにして数学的知識の成り立ちが、先天的総合判断によることを理解できるとすれば、もはや「自然科学が先天的総合判断を原理としてみずからのうちに含むものである」ことは明かであると言えるであろう。自然科学の成立は内容としての経験的直観と、形式としての純粋悟性概念すなわち範疇との総合であることはすでに幾度か繰り返し述べたところであるから。むしろここで注意せねばならないことは、数学の場合の「先天的総合」において、「悟性」の形式がそれに適用されるべき純粋直観としての空間・時間は、これまた、本来、「物自体」の刺激を受けた「感性」が経験的直観をつくる場合の、その刺激によって生じた感覚を内容としてそれに適用されるべき形式であることである。すなわち数学の成り立つ場合の「先天的総合」では、適用を受ける内容が「感性」の形式である純粋直観であるから、「感性」の形式を「悟性」の形式が規定するのであり、いわば「形式と形式との総合」である。そして数学におけるこのような先天的総合の特異性が、数学的知識の普遍性、客観性、必然性を、したがって確実性を保証するのであり、またその故に屢々、数学的判断が論理学の判断と同じく分析判断であるかのような誤解を生じさせることともなるのである。

これに対して自然科学の場合の「先天的総合」は、あくまで経験的なものと先天的なものとの総合である。そしてそこに先天的なものが形式をなしているということは、すなわちそれが論理学や数学の適用を受けることができ、したがって自然科学的知識の普遍性、客観性、必然性を、したがって確実性を基礎づけることができるということを意味するのである。しかしまた他面では、その内容が経験的なものとして、「物自体」という私たちの外にあって私たちの認識を越えた世界から、私たちの感性に涯てしなく継時的に与えられるものであるということは、私たちが先天的形式という確実性の規準を携えながら、現象に向って無際涯に知識構成の努力を続けてゆかねばならないことを意味するのである。

今ここに「知識構成の努力」と言ったが、真実には知識「構成」とは、単に知識の「内容と形式との統一」という、知識の成立するための原理に関して言われた言い方にすぎず、今も述べたように、数学的知識についての場合以外には、内容も形式もともに先天的形式をなしていて、真の意味で「知識の成立するための原理」に合致している場合はあり得ないのである。さればこそカントは、範疇表の体系についても数学的範疇と力学的範疇とを区別しなければならなかったのである。数学的範疇としての「量」の範疇と「質」の範疇とは知識を構成できる範疇であったが、力学的範疇としての「関係」の範疇と「様相」の範疇とはそれと区別された。知識の構成は厳密には、その先天的総合が「感性」の形式と「悟性」の形式との総合である場合以外には遂行されず、その先天的総合が、内容と形式との総合である限り、内容は常に無際限に与えられるものであるから、私たちはそれを形式と総合するために涯てしなく知識を組織してゆく以上に出ることはできない。この働きをカントは構成と区別して統整と言ったのであった。

さてこのように、数学や自然科学の判断がすべて先天的総合判断でなければならないとすれば、前にカントが分析判断と総合判断との区別を明かにするために例示した二つの判断について、あらためてこれを振り返って吟味し直す必要が生ずる。カントはその際、分析判断の例として「物体はすべて拡りを持つ」という判断を挙げ、総合判断の例として「物体はすべて重さを持つものである」という判断を挙げた。しかし今や純粋な分析判断とは、全く「感性」的直観の関与を必要としない思惟法則として論理的判断以外にはないことが明かとなった。かくて同一律「AハAデアル」の分析から「Aハ非Aデハナイ」という矛盾律が導出されたと見ることになる。そうならばカントが分析判断の例とした「物体はすべて拡りを持つ」も、総合判断の例とした「物体はすべて重さを持つ」も、視覚や触覚を通しての感覚内容に、私たちが「感性」の形式を適用して経験的直観をつくり、更にそれを内容として、「悟性」の形式である範疇を適用してつくった判断にほかならないから、やはりすでに先天的総合判断以外のものではあり得ないのである。

カントがこれらの判断を分析判断や総合判断の例として用いたのは、単に通常の目の見える人を対象として分析判断や総合判断の形式上の意味を理解させようとしたものにすぎない。だから、偶々カントが特殊の条件の下で、理解を容易にするための便法として用いたにすぎない譬喩を、常に正しい分析判断そのもの、また総合判断そのもののように誤解してはならない。したがって、もし目の見えない人を対象として説明すれば、カントの引例はむしろ逆になって、「物体はすべて拡りを持つ」という判断の方が、「拡り」は触ってみて初めて知られるものである故で、総合判断の例となり、「物体はすべて重さを持つ」という判断の方が、目の見えない人にとっては日頃から物体を重さを持つものとして知り慣れているということの故で、「分析判断」の例となり得るとも言えるであろうからである。

フランシス・ベーコンはかつて、「学を扱ってきた人たちは経験派の人か合理派の人かのいずれかであった。経験派は蟻のように、ただ集めては使用する。合理派は蜘蛛のやり方で、自分のうちから網を紡ぎ出す。しかし蜜蜂のやり方は中間で、庭や野の花から材料を吸い集めるが、それを自分の力で変形し消化する。哲学の真の仕事もこれと同じである」と言った。今カントの主張する「先天的総合判断」は、それが先天的である限りにおいて、その先天的なものを分析して表わす先天的分析判断を含んでおり、またそれが総合判断である限りにおいて、経験的なものを総合して表わす経験的総合判断を含むと言える。そして先天的分析判断は、最初から先天的に具わっているものの外には、一歩も出るものではなく、したがって学の内容を持たず、いやわん学の内容を増大できるものではない。それはフランシス・ベーコンのいわゆる合理派として「蜘蛛のやり方」にほかならない。これに反して経験的総合判断は、学の内容に関してはこれを次々に際限なく拡大するが、それを一定の形式の下に組織して確実な学としての普遍性や客観性を与えることはできない。それはフランシス・ベーコンのいわゆる「蟻のようなやり方」である。

カントはこれらのやり方に対して、真の学とは、一面においては学としての普遍性や客観性を含むとともに、他面においては学の内容を次第に拡大し得るような学でなければならないと考え、そのような真の学は、「先天的総合判断」によってのみ基礎づけられ得るとしたのであった。こうして、「先天的総合判断はいかにして可能であるか」とは、「蜜蜂のやり方」を課題とするものであった。そしてそれは、その解決を私たちの広義の「理性」の先天的形式のみに求めるものでもなければ、「理性」のうちの「感性」が外なる「物自体」から刺激されてつくる経験的内容にのみ求めるものでもなくて、このような先天的形式と経験的内容との総合において私たちの知識の成り立ちを見ることに求めるものだから、このような総合は「先験的」（「超越論的」）と呼ばれ、カント哲学は「先験的」（「超越論的」）哲学と呼ばれるのである。

もし先天的形式を、それが私たちの「感性」によって感覚され得ないという意味で「無」と見なし、これに対して経験的内容を、それが感覚され得るという意味で「有」と見なすなら、カントの「先天的総合判断」は、「無」でもなければ「有」でもなく、また「無」であるとともに「有」でもあり、まさに東洋流の「有無相即」にほかならない。そして「先験的」（「超越論的」トランツェンデンタール）の意味もまたそれにほかならないのである。

（8）「私は考える」という純粋統覚

カントは私たちが知識を構成するに当たって、知識の内容としての「感性」的直観に「悟性」が適用する形式としての十二個の範疇の根底に、更にそれらを統一する意識として、「私は考える」という働きを見、これを根源的統覚とか純粋統覚とか名づけ、またそれが先天的であることによって経験を基礎づけるものであることから、先験的（「超越論的」）統覚とも呼ぶ。しかしこれは、「考える」という働きそれ自身であるから、「考える働き」の対象とされることはできず、単に前提されざるを得ないというのみのものである。その意味では、批判の対象とされる私たちの「純粋理性」に対立せしめられ、それ自身は知られず、前に、私たちの「理性」のうちの「感性」を刺激して「感性」につくらせた経験的直観としての現象だけを私たちが知るのだとされた、あの「物自体」と共通の性質のものと言うことができる。したがってカントは、「物自体」を先験的（超越論的）客観と呼ぶのに対して、「純粋統覚」を先験的（超越論的）主観と呼ぶのである。

言わば内容の側における究極的存在と、形式の側における究極的存在とが、それぞれ先験的（超越論的）客観、先験的（超越論的）主観と呼ばれて、いずれもその究極的存在ないし先験的（超越論的）存在という、「感ずる働き」を越えた存在領域において、「無」として同一化されると見ることができる。そしてこの「無」は、そこから内容としての「有」と、形式としての「無」とが、有無互いに相即しながら流れ出るような「根源的無」と考えることができるであろう。

（9）構想力

ところでカントが知識の構成において見た「感性」のつくった内容と「悟性」の持つ形式との総合は、「感性」の働きによるとのみ言うことはできず、また「悟性」の働きによるとのみ言うこともできない。この両者を含んだ私たちの心全体、すなわちカント的には広義の「理性」全体の働きによるとせねばならないが、そう言ってすませるのでは、折角のカントの分析的ないし批判的方法を放棄することになり、議論を後戻りさせるだけで、前進させることにはならない。カントはそれを構想力の働きとして説明するのである。構想力はカントによれば、「対象が現存していなくとも対象を直観において表象する能力である」と言われる。「表象する」という言葉は哲学上盛んに用いられる言葉であるが、一般には最も広く、何かを私たちが頭に、（心にと言ってもよい）思い浮かべることである。すなわち、「そこに無いものでも思い浮かべる」のであるから、私たちが通常「想像力」と呼んでいるものに当たる。

ここでは「直観において表象する能力」と言って、構想力が「感性」の能力であることを示しているが、しかしまた「対象が現存していなくとも」ということによって、構想力が、「感性」のように外から刺激を与えられて初めて働く受動的なものではなく、自発的、能動的に働く力である点で、「悟性」に類する力であることをも語っている。

構想力についてはまた、「総合は一般に構想力の働きであり、それは魂の欠くことのできない働きであるが、盲目的な働きである。これがなくては我々は知識をつくることはできないが、我々のほとんど気づかないものである」と言い、「しかし構想力の総合を知識として概念たらしめるのは悟性の働きである」と言って、構想力がなお、根源的統覚の統一作用によって知識を構成する「悟性」のために、感性的内容と悟性的形式との総合を用意するにとどまるものであることを示している。ここには、外から与えられる対象の刺激によって規定される感性の経験的直観の能力とは違って、「盲目的」とさえ言われるほどの奔放自在な構想力の自発的な直観的総合の能力の一面と、それが私たちの知識の構成に役立つためには、「悟性」の厳正な統一作用の下で、秩序づけられねばならない形式的な他の面とが語られている。

しかしカントは、この構想力が「感性」と「悟性」とを媒介するために生み出すものとして

「図式」なるものを立てるが、「図式」とは例えば、私たちが「円い皿《まる》」という知識を得る場合、予め、純粋直観としての空間に基づく幾何学図形としての「円」という形式を通して持つところの、大小さまざまであり得る「円さ《まる》一般」という表象のことで、私たちはこれを「図式」として持っていて、それが偶々知識の内容として与えられた特定の皿という感覚の対象によって「一定の大きさの円さ」に規定され、「円い皿」という知識を得させるのだと考えるのである。

また私たちが特定の三角形の知識を得る場合も、私たちが予め、さまざまであり得るあらゆる三角形をそれに当てはめ得る三角形一般のための「図式」を思い浮かべ、三角形という点でそれと同種性を持つ特定の感官の対象が与えられると、この「図式」はその特定の三角形へと適用されるのである。「数」についても、私たちは予め「数一般」という「図式」を思い浮かべ、どのような特定の数も、この「数一般」としての「図式」の限定されたものとしてのみ特定の数であることができるのである。そして構想力はこのように、悟性の形式に基づいて、特定の感性的直観が与えられると同時に、それを限定して悟性の統一作用へと媒介すべく、「円さ一般」、「三角形一般」、「数一般」という「図式」を産むものであることによって産出的構想力と呼ばれ、すでに得られた知識を再現するだけの再生的構想力とは区別される。再生的構想力は、ただ経験の事実を説明する心理学に属するもので、知識としての経験そのものの成り立ちを先天的なものと経験的なものとの総合から説明しようとする先験的哲学に属するものではない。

このようにして構想力は、「悟性」の形式に規定されながらも、感覚の与える特殊な内容をその下に包括すべき一般的なものとしての「図式」を産出する働きとして、先天的形式と経験的内容との「総合」に欠くことのできない働きであり、いわゆる「先天的総合判断はいかにして可能であるか」という、カント哲学の基本的課題を解くべき鍵を私たちに与えるものである。

(10) 判断力

カントは初め、私たちの知識の成り立ちを説明するために、私たちの知る働きとしての広義の「理性」を分析した時、感ずる働きとしての「感性」と、考える働きとしての「悟性」(理論理性)と、行なう働きとしての狭義の「理性」(実践理性)とに三分したが、今や考える働きにもっぱら重点がおかれるに至ると、それを「悟性」「判断力」「理性」(最狭義の)という三分法に依って説明しようとする。これは一般論理学の体系が、先ず一定のまとまった意味をなして知識の単位をなす「概念」から出発し、次に概念と概念との関係を規定する「判断」へと進み、最後に判断と判断との関係を規定する「推理」に至って終ることに従ったものである。

それ故この場合の「悟性」は、特に純粋悟性概念という知識をつくるための基本的形式にかかわる働きを言うのであるから、考える働きの中でも最も根源的な意味を持つものである。そしてこの問題はすでに、今まで取り上げてきた範疇の説明で取り扱ったところであった。これに対して「判断力」は、「SハPデアル」という判断の形式の示すように、Sという特殊、すなわち知識の内容としての感性的直観を含む広義の概念が、Pという普遍、すなわち知識の形式として範疇と呼ばれる純粋悟性概念の下に「属するか否かを判定する」働きである。最後にここでの「理性」とは、大前提、小前提という二つの判断から、第三の判断を、新しい知識としての結論として導き出す「推理」、一般に「三段論法」と呼ばれている思考の働きを意味する。

ここでは「判断力」が問題なのであるが、それが判断の形で関係づける概念は、先ず感性的直観を含む広義の特殊的概念Sから出発し、次に普遍としての純粋悟性概念Pを経、更にこの場合の最狭義の「理性」がその本質とする推理の求める最も普遍的な概念にまで亘るものである。このような働きを通して「判断力」は、概念の立場に立つ「悟性」と、推理の働きをなす「理性」とを媒介するものとなる。それはちょうど、「感性」的直観という内容を、「悟性」の形式である範疇と総合するための図式の産出者と見られた「構想力」の働きに通ずるものを、「悟性」と「理性」との間において果たすのである。「構想力」の産出する図式は、一方では感性的直観ないしその一般化としての現象と同種性を持ち、他方では範疇と同種性を持つことによって、範疇を現象へ適用できるようにする第三者であり、したがって一面では感性的であり他面では悟性的である。ということは、このような図式の産出者としての「構想力」は、感性的直観においてはそのままには与えられないものを、感性的直観において与えられるものからの類比であることを免れないにしても、もっぱら考えるという「悟性」の働きによって表象する機能を、そのうちに秘めているということである。「判断力」についても、おそらく「悟性」と「理性」との間にあって、同様の機能を見ることができるであろう。

カントは後に、広く私たちの心全体の働きとしての「理性」の中の、ものを筋道を立てて知ろうとする理論的使用としての広義の「悟性」が、やがて当面せざるを得ない弁証的（＝飛躍的）推理を解決するものとして、広義の「理性」の実践的使用、すなわち狭義の「理性」を取り上げるのであるが、その段階に至ると、感ずる働きである「感性」が、考える働きである「悟性」のために、感性的直観という多様な内容を与えるのと同じように、「悟性」は、行なう働きである「理性」のために、多様な知識ないし経験を構成し、それを行為の内容として与えることになる。その場合行なう働きとしての「理性」というのは、私たちが自分の行為を決定する「意志」の働きを言うにほかならない。そしてそうした「意志」の決定とは、できるだけ多くの知識ないし経験を集めて、それらを全体として体系的に統一し、そこに何らか一つの行為の目標を決定することである。

したがって、ちょうど「悟性」の任務が、感性的直観ないし現象の多様を範疇の下に結合して、経験的法則を見出すことにあるように、あらゆる知識ないし経験を統一して、一つの体系たらしめることがこの場合の「理性」の任務である。そして「悟性」のこの統一活動が図式を必要としたと同じように、「理性」の統一作用もまた「図式に類するもの」を欠くことはできない。かくて「理性」の統一作用のためには、やはり、直接に感性的直観のうちにそのままでは見出だせないけれども、構想力の産出する図式の「類比物」は与えられ得るし、また与えられねばならないとされる。ここに、一面では感性的、他面では悟性的とされた「構想力」の機能の、拡大された姿を、「悟性」と「理性」とを結ぶ「判断力」においてもうかがうことができるとすべきであろう。

カントは『純粋理性の批判』で主として論じた「理論理性」と、『実践理性の批判』で取り扱った「実践理性」との媒介者としての「判断力」を、『判断力の批判』（一七九〇年、カント六十六歳）で論じた時、「判断力」に「規定的判断力」と「反省的判断力」とを区別した。「規定的判断力」とは、普遍的な形式や原理を前提して、その下に特殊な直観や経験概念を包括する働きであり、「反省的判断力」とは、逆に、特殊な直観や経験概念から出発して、それが包括されるべき普遍的な形式や原理を探求する働きである。したがって、「理論理性」としての「悟性」が、範疇という普遍的形式を具えていて、その下に直観の特殊的多様を包括して経験を構成しようとするのは「規定的判断力」の働きによるものであった。そして「構想力」の機能はこのような「悟性」の構成作用に寄与するものであった。しかし狭義の「理性」、すなわち「実践理性」が、その統整作用のために、経験の特殊的雑多が全体として体系的に統一されるべき普遍を探求する場合には、「反省的判断力」が働かねばならない。そしてその時やはり、かの「構想力」の産出する図式の「類比物」が「理念」という形で不可欠なものとされる。そうとすれば、「反省的判断力」もまた「構想力」の「類比物」であると言うことができるであろう。「反省的判断力」が、「規定的判断力」の枠内から離れて、自由な天地に普遍者としての「理念」を構想するものである点で、「構想力」に類比されるのである。

(11)「推理」の問題

先ず「悟性」が、純粋悟性概念としての「範疇」を含むものとされ、次に「判断力」が、普遍としての「範疇」の下に包括されるべき特殊的直観を弁別するための「原則」を含むものとされ、そして最後に最狭義の「理性」が、既に知られた判断相互の関係から未知の新しい判断を導出する三段論法としての「推理」をそれぞれ含むものとされた。一般論理学では「推理」のうちに、なお、一個の判断を変形して、その意味を変ずることのない別の形の判断を導出する「推理」を「直接推理」と名づけ、三段論法はこれに対して、大前提と小前提との二個の判断を前提するものであるから「間接推理」と呼ばれる。カントは「直接推理」を以て、「むしろ悟性の推理と名づけたい」と言って、これを「理性の推理」から排除している。「直接推理」は与えられた判断の範囲から一歩も出ないものだからである。概念（範疇）、判断（原則）、推理というこれら三者の、次第に高度化されてゆく思考の発展的推移のうちに、カントは私たち人間の知識の完成への過程を見るのであるが、今その最後の段階である「推理」に至って、私たちは「知識の問題」の究極的限界に当面するのである。

このようにカントの思考の根底には、いつも一般論理学の体系がおかれており、カントにとって一般論理学の体系は、あくまで私たちの思考の形式を完全に体系化したものと信じられていた。ただそれを、単に思考の形式のみにとどめておかず、私たちの知識の構成に係わる先験的論理学としてカントは相当の補修を加え、例えば「範疇表」を導出する手引きとして「判断表」を体系化するに当たっては、一般論理学の挙げていない「量」における単称判断、「質」における無限判断を補って、「範疇」における単一性と制限性とを根拠づけたのである。

今「推理」の問題に関しても、カントがその根底におくのは、一般論理学における定言的推理、仮言的推理及び選言的推理という三種の推理の体系である。これらの推理の三種は、それぞれその三段論法の大前提をなす判断が、定言判断、すなわち「SハPデアル」という断定を表わす判断であるか、仮言判断、すなわち「モシSナラバPデアル」という仮定を前件とする判断であるか、或いは「SハPデアルカP、デアルカデアル」という幾つかの選言肢の中から一個の選言肢を述語として選ばしめる判断であるかによって区分される分類である。そして「理性」は、その本性の然らしめるところとして、これらそれぞれの三段論法の根源を求めて、それぞれの推理における大前提を結論として導出する「前三段論法」を求めて、無限に遡ってゆかずにはおれない。「理性」をしてこのような無限の遡源へと駆り立てる原理は、

「(大前提)もし何らかの条件の下におかれているものがあるなら、その条件を次々に遡って、それらの諸条件の全系列をなす無条件的なものがなければならない。(小前提)然るに何らかの条件の下におかれているものは存在する(結論)故に無条件的なものは存在する」

という仮言的三段論法に基づく要請である。

しかし実はこの仮言的三段論法の大前提は、「何らかの条件の下におかれているもの相互の間

の諸条件の全系列」という、あくまで経験界の事象を、「無条件的なもの」という超経験的なものへと飛躍させており、すでに論理的には認められないものをなしている。ここにカントが、『純粋理性の批判』の第一版の序文の冒頭から「人間の理性はその知識の或る段階において奇妙な運命を持っている。すなわち、それが理性に対して、理性そのものの本性によって課せられるのであるから拒むことはできず、しかもそれが人間の理性のあらゆる能力を越えているからそれに答えることができない問いによって悩まされるという運命である」と言っていることが思い出されねばならない。序文で「その知識の或る段階で」と言っているのは、広義の「理性」が、先ずそのうちの「感性」と「悟性」とによって、経験的知識の内容と形式とを与えられて、いわゆる知識を構成しながらも、更にその構成された知識の雑多を、全体として体系的に統一することを求めずにはおれなくなる段階をいうのであり、しかもそうした統一は、まさに「理性そのものの本性によって課せられるのであるから拒むことはできない」が、しかもそれが「無条件的なもの」という、人間の理性のあらゆる能力を越えたものに求められねばならないとすれば、それは「理性にとって、とうてい答えることができない問い」にほかならない。そしてカントは、「理性がこの困惑に陥るのは」理性が怠慢であることから生ずるのではなく、人間の理性が本来、有限性を免れていないことから生ずることなのだから、これを以て「人間の理性を責めることはできない」と言うのである。

このようにして、「知識の問題」の出発点において「感性」と「悟性」として登場した広義の

「理性」は、その「推理」の段階に至って、もはや一歩も前進できず、さればといってその前進を断念することもできないという「奇妙な運命」に当面する。この運命の打開のためには「純粋理性」の実践的使用が登場せしめられねばならないのであるが、カントは決して安易に理論的使用の断念を「理性」に許そうとはしない。「理性」の理論的使用はここに、最後の悪戦苦闘を演ずることになるのである。

5　不死と自由と神

(1) 仮象

一般論理学における三種の三段論法に基づいて、それぞれの無条件者を求める「理性」の要請は、経験の領域から超経験的領域への飛躍であって、論理的には許されない推理であった。カントは、かつてアリストテレスが、「ひとしく哲学者の姿を装《よそお》っている者に弁証家（ディアレクティコス）と詭弁家（ソフィステス）とがある」（『形而上学』）と言って、運動を否定したエレア学派に始まる誤まった、或いは真偽不明の前提からなされる推理を弁証術（ディアレクティケィ）と呼んだのに従って、このような「理性」の要請から生ずる飛躍的な推理を、「弁証的推理」と呼ぶ。したがってまたこのような不当な推理から導出された結論は、本当にはありもしないものをあるかのように思わせるだけであるから、これを「仮象」（シャイン）と称する。「物自体」が私たちの「感性」を刺激して、私たちに、知識の内容を与えるものとして現われるカントのいわゆる「現象」（エルシャイヌング）を、この「仮象」と混同してはならない。「現象」は決して「本当にはありもしないもの」ではなく、「現象」の背後には、私たちに知られはしないけれども、前提されざるを得ない、したがって考えられざるを得ない「物自体」がそれを支えていて、私たちの「感性」を刺激して感性的直観として現象を現象たらしめているのであるが、「仮象」の背後には、それを支える何ものもないからである。

(2)「理念」

カントは「感性」の与える単なる知識の内容に対して、自らが具えているこれまた単なる知識の形式を適用し、内容と形式とが相伴った知識を構成する「悟性」、すなわち「理論理性」の立場に立って、広義の「理性」の理論的使用を徹底的に追究しようとする。そして「概念」「判断」「推理」と、その理論的展開の過程をひたすら誠実に辿ってきたが、ついに「推理」という究極の理論的段階に至って、「弁証的推理」という飛躍的推理に当面せざるを得なくなる。したがってそれが一般論理学の上から許されない推理であること、同時にまた、それによって得られる究極的な統一的無条件者というようなものが単なる「仮象」にすぎないこと、私たちがそのような不当な推理に欺かれてはならず、そのような仮象を信じてはならないことを、カントはあらゆる言葉と論証とを尽くして強調するのである。

しかも人間の理性は、どんなにこのような推理が不当な推理であり、したがってそれの導出するものが単なる仮象にすぎないことが理解されても、なおかつそのような「仮象」を「仮象」であるからといって否定し去ることはできず、何らかそのような究極的な統一的無条件者の存在を信じ承認することなしには、「知識」の形式と内容とを一致させて「知識」を完成すべき目標を、いわば経験を全体として組織したいと願う私たちの願望の拠り処を、得ることができないことに気付くのである。こうしてカントは、それが私たちの経験を支え導くための指標として要求されざるを得ないものであるならば、たといそれが「仮象」であるとしても、それは「理性」の実践的使用の立場からは、まさに「先験的（超越論的）仮象」として、人間の理性にとって前提されざるを得ない根源性を持つものでなければならないとするのである。そしてひと度それがそのような根源性を有するものとして肯定された以上は、もはやそれは「仮象」というような、否定的な、むしろ不吉な名称を以て呼ばれるべきではないとされ、「理性」が究極的立場において、その要請によって生み出した概念であるから、「先験的理性概念」、すなわち「先験的理念」（イデー）と呼ばれるに至る。「理念」（イデー）とはまさに、かつてプラトンが哲学の最高概念として名づけた「理想」（イデア）に因んで名づけられた名称であった。

(3)「先験的理念」の体系

カントがおそらく最初からその哲学の根底におき、その哲学の目標としたものは、「魂の不死」と「意志の自由」と「神の存在」という、カントにとって道徳と宗教との成り立つためには欠くことのできないものと思われた三つの概念であった。これらをカントは、人間の単なる思いつきから生じた概念ではなく、知識を求める人間の「理性」の本性から、必然的に、生ぜざるを得ずして生ずる概念であることを、一般論理学という人間の思考の法則の完全な体系とカントにとって信じられていた体系から引用された三種の間接「推理」に基づいて論証しようとするのである。

第一種の、定言的三段論法の前三段論法を遡源してゆくことによって求められる無条件者についてのカントの論議は次のようである。

(大前提)「MハPナリ」

(小前提)「SハMナリ」

(結論)「故ニSハPナリ」

という定言的三段論法はこれを図で表わすと、それぞれの判断の主語は、自分よりも広い外延(範囲)を持つ述語のうちに含まれるのが原則であるから、全体として上の図のように表わされる。

この「(大前提)MハPナリ」を結論とする前三段論法は、

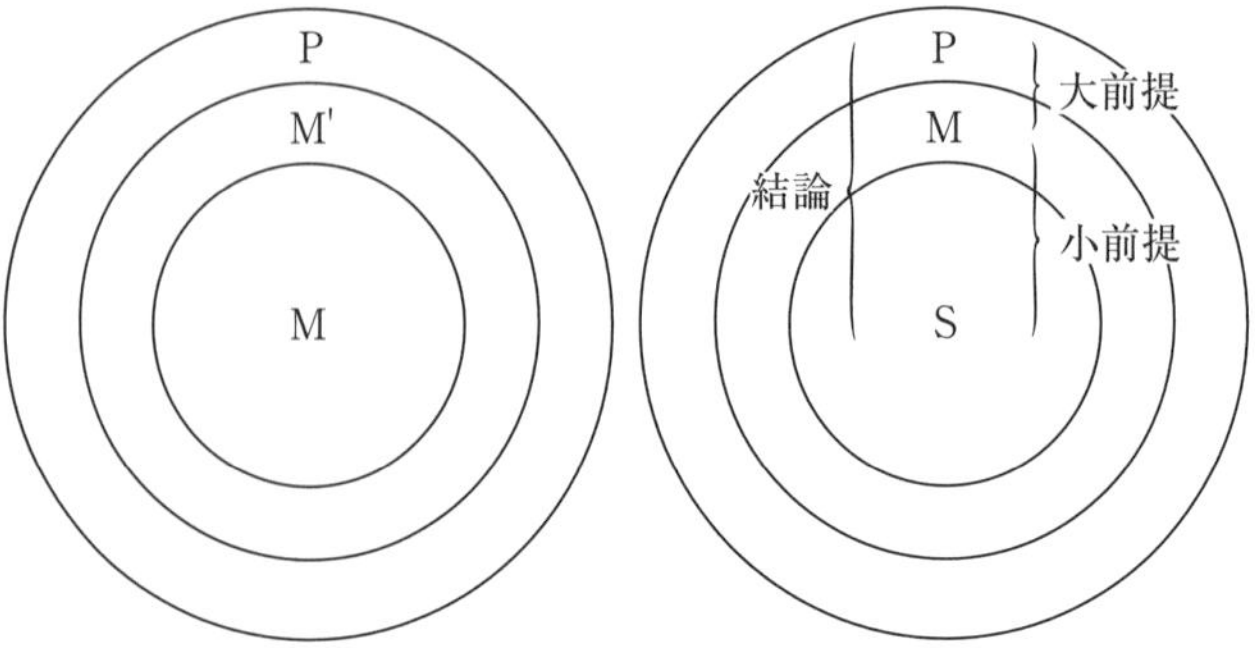

（大前提）「M'ハPナリ」

（小前提）「MハM'ナリ」

（結論）「故ニMハPナリ」

となるが、これをやはり前のように図で表わすと上のようになる。これを前の場合の図と比較すると、前のSよりも外延の広いMがSの位置におかれて、一層その外延を拡げていることが見られる。すなわち定言的三段論法の前三段論法を遡源してゆくことによって得られる無条件者とは、最初の三段論法における結論「SハPナリ」の、主語概念Sの外延が無限に拡大されてゆく極限を意味するわけであるから、それはもはや自分をさらに包括する、より広い外延としての述語を持たない主語に当たる。カントはこれを「それ自身としてはもはや述語をなさない」と言ったが、むしろ「述語を持たない」と解すべきであろう。いずれにせよカントがここに求めたものは、最大の外延を有することによって、ただ「考える」というだけの最小の内容を持つ絶対的無条件者であり、それは純粋統覚の実体化されたものであるが、カントはそれを「不死なる魂」として「心理学的理念」と称した。

次に仮言的三段論法に関しては、大前提「モシSナラバ、Pナリ」の前件「S」について、更に「モシS'ナラバSデアル」として「S」を後件の位置におく仮言判断を求めて無限に遡るなら、その極限においてはもはや「それ以上は何ものも前件として前提しない絶対的無条件者」に至るであろう。それは自分自身が自分の条件をなすものであるから、カントはこのような無条件者において、自律としての「自由」という、これまた単なる働きの実体化を見、これを「宇宙論的理念」と称するのである。

最後に選言的三段論法の大前提「SハPナルカP'ナルカP''ナルカ……イズレカデアル」については、Sに代表されるあらゆる概念について、それぞれがあり得ると考えられる一切の選言肢P・P'・P''…等々を完全に網羅し尽くし、もはやこれ以上何ものをも加えることを必要としない無条件的全体者は、最高最大の存在者としての「神」をおいてはあり得ない。カントはこれを前二者に対して、「神学的理念」と称した。

なおカントは、これら三種の「理念」の導出を、こうした一般論理学における三種の間接推理に求めたばかりでなく、私たちの持ち得るすべての関係を、(1)「自分自身に対する関係」と、(2)「自分以外のものに対する関係」とに分かち、更にこの「自分以外のものに対する関係」を、(a)「現象という感覚によって知られるものに対する関係」と、(b)「考えられる一切のものに対する関係」とに分かつ。そしてこのような二重の二分法から三つの場合を分類する。すなわち

（1）は「私は考える」という私の根源的な働きの無条件的統一者としての「不死なる魂」の理念を導出するものであり、（2）のうちの（a）は、現象の諸条件、すなわち原因性の系列の絶対的統一としての「自由」の理念を導出し、更に（2）のうちの（b）は、考えられるだけのものをも含めて一切の存在の持つ条件の絶対的統一を意味するものとして「神」の理念を導出するものであるとする。

『純粋理性の批判』においてはしかし、「純粋理性」が知識を構成しようとする理論的使用についてその厳密な批判から出発し、それが当面せざるを得ない弁証的推理を批判することを以てその書を終えることとなった。したがってここにすでに「仮象」の語を捨てて「理念」の語を積極的に用いてはいるが、しかし『純粋理性の批判』の「弁証論」と称される部門では、この「理念」が、「感性」的直観という内容を欠いた、単に「悟性」の形式によって考えられ得るというだけのものであるから、それを、内容を具えた知識と同様に見ようとするのは、弁証的推理に欺かれた妄想にすぎないことを、理論理性の立場から綿密に批判するのである。そしてこの場合の「理性」の使用は、ただ、内容を持たない「悟性」の形式だけの空転であるという意味で「理性」の思弁的使用と呼ばれ、厳密には、内容を伴なった場合を特に「理性」の理論的使用と呼ぶのと区別される。しかしカントが屢々「理性」の理論的使用と同じ意味に思弁的使用の語を用いている場合もあることを注意しておく必要がある。

(4) 不死なる魂

心理学的理念として人間の「理性」の求めざるを得ないものとされる「不死なる魂」が導き出される弁証的推理は、カントによって「誤謬推理」、すなわち「誤った三段論法」と名づけられた。それは合理的心理学が冒険を冒してもたらした不当な推理にほかならないから、カントは合理的心理学のことを強弁的心理学とさえ呼ぶ。そしてカントは、これが誤った推理であることを批判するとともに、それにも拘らず「不死なる魂」が、「私は考える」という純粋統覚の根源をなすべき無条件者として、私たちの思弁的要求が前提せずにはおれない対象をなすものであることを明かにする心理学を先験的（超越論的）心理学と称して高く評価するのである。

ここに「誤謬推理」とは、「不死なる魂」を「考える主体」と考えて、

（大前提）「主体としてよりほかに考えられないものは、主体としてよりほかに存在せず、したがってそれは本当に存在するもの（実体）である」

（小前提）「然るに考えるものは、主体としてよりほかに考えられないものである」

（結論）「故に考えるものは主体としてのみ、したがって本当に存在するもの（実体）としてのみ存在する」

という三段論法を意味し、この三段論法は、その（大前提）の主語と（小前提）の述語とにそれぞれ同じ媒概念「主体としてよりほかに考えられないもの」が用いられているので、一見正当な推理をなしているように見えるけれども、しかしカントは、この媒概念は、（大前提）におい

ては、その述語「存在する」によって、あらゆる観点からの存在、したがって直観される存在をも含むものとして用いられているのに反し、（小前提）においては、単に「考えるもの」という主語によって、考える働きに関連せしめられているのみで、何ら直観には係わっていない。したがってこの媒概念は、（大前提）に用いられている場合と、（小前提）に用いられている場合とで、その意味を異にしているから、「媒概念多義の虚偽」を冒しているとして、「考える主体」としての魂が「実体としての存在」をもなしていることを否定するのである。

この場合、「主体としてよりほかに考えられないもの」という媒概念についての「多義」とは、「大前提」において用いられているそれが、「悟性」の範疇と「感性」の直観との総合によって構成された「実体」という私たちの知識を意味しているから、「理性」の理論的使用の下で理解されているのに対して、「小前提」において用いられているそれは、「悟性」の範疇の根底に前提される「私は考える」という純粋統覚を、「感性」によって直観されもしないのに、直ちに知識であるかのように「実体」化したものであるから「理性」の思弁的使用の下で偽造された「仮象」にすぎないとされることで、「理性」の異なった二様の使用のされ方に対応せしめて、その媒概念の多義性が指摘されるのである。

（5）意志の自由

第二の宇宙論的理念である「自由」についての弁証的推理は、「二律背反」（アンチノミー）と称される。すなわち第一の心理学的理念に関しては「不死なる魂は実体として存在する」という主張が一方的に主張されるのみであるから、その主張の誤りであることの根拠を指摘すれば足りるが、宇宙論的理念の場合には、「自由」な存在を主張する立場と、これを否定する立場とが、いずれもその正当性を主張し、「理性」はいずれとも決定しかね、進退窮まった自分を見出す。カントはここでは範疇の四つの綱目に従って私たちが世界を全体として理解しようとする時、いずれの綱目についてもそれぞれ「二律背反」を免れ得ないことを示すのである。

「量」に関して

（定立）世界は時間において初まりを持ち、空間において限界を持つ。

（反定立）世界は時間において初めを持たず、空間において限界を有せず、時間的にも空間的にも無限である。

「質」に関して

（定立）世界の各存在は単純な部分から成り、存在するものは単純体か、もしくは単純体から合成されたものである。

（反定立）世界のいかなる複合体も単純体に分割され尽くされることはない。世界にはこれ以上分割されない単純体のごときはあり得ない。

「関係」に関して

（定立）自然の法則に従う原因性は、世界の現象がことごとくそれに従う唯一のものをなしてはいない。世界の現象を説明するためには、なお自由による原因性を想定することが必要である。
（反定立）自由というものはなく、世界における一切は自然法則に従ってのみ生起する。

「様相」に関して

（定立）世界には、その部分としてか、その原因としてか、端的に必然的存在体をなすものが属している。
（反定立）世界の内にも外にも、端的必然的存在体が、世界の原因として存在するということはない。

カントはこれらの二律背反に対する解決の方法を、あらゆる観点から探求して見せる。先ず差し当たって、私たちがどうしてもどちらか一方の側を選ばねばならぬとすれば、私たちは理論的立場からよりは、むしろ全体の統一と秩序とを求める実践的立場から、「定立」の側を選ぶであろう、とする。なぜならカントによれば第一に、定立の側が主張する、世界が初めを有すること、私の考える主体である魂が単純な、したがって滅びることのない性質を持つこと、この考える私が同時にその行為を行なうに当たって自由であり自然の法則に強制されないこと、世界を構成する事物の全秩序が、一切を統一し一切を一つの目的に向けて結合している一個の根源的存在者から由来すると信ずることこそ、まさに実践的立場が求める道徳と宗教との礎石であり、反定立の立場は私たちからすべてこれらの支えを奪いとるか、或いは少なくとも奪いとるように見えるからである。

次に第二には、定立の側が主張するように、絶対的無条件者という先験的理念を想定することは、それから出発して、全く先天的に条件の全連鎖を把握し、条件づけられるものをそこからすべて説明することを可能ならしめるから、統一を求める「理性」の思弁的関心に合致しており、反定立の側の主張は、このような「理性」の統一的要求に対して、ただ涯てしなく先へ先へと問題を残すだけだから、定立の側を採るべきだとする。

更に第三には、定立の側の主張する「あらゆる総合の無条件的な初まり」という理念を考えて、自分の歩みを導く糸をそこに結びつける確乎たる点たらしめたいというのが、普通の人たちの求める通俗的な願いであり、反定立の側の主張はこれに反して、何時も片足を宙に浮かせているような不安定な在り方しか与えてくれないとする。

しかしカントは、反定立の側の主張の持つ長所に対しても、決して無関心なのではない。カントはこの経験論的主張の重要性について、この主張が分析を追究しようとする私たちの「理性」の思弁的関心に合致するものであり、その点では理念を説く定立の側の主張が約束する利点を遥かに凌ぐものを与えてくれるとし、経験論に従えば、「悟性」は何時も経験の領域を離れず、経験的法則を探求し、それを媒介として確実にして明白な知識を無限に拡大することができ、自分がその対象も知らない理念などに執着してこの自然の秩序の連鎖を見捨てなどしない。自分の職分を理念に転嫁して、自分の仕事は終った、という口実を設け、経験を超越した観念の世界へ逃れることは「悟性」に許されることではない、と言う。そして、もし経験論的哲学者がその反定立の主張によって、定立の主張者の陥りがちな独断論を、すなわち自分の真の使命を見誤った「理性」の不遜を打破することにあるなら、換言すれば、洞察と知とを自ら放棄しながら洞察と知とを誇り、実践的関心によって認められたことを思弁的関心によって得たかのように自他を欺き、自己の安易さを求めて自然研究の道を放棄し、知識を拡めるのだという口実の下で本来私たちの無知を知らしめるだけの先験的理念へすがろうとする、このような「理性」の不遜を打破することにあるなら、そして、敢えて言うが、もし経験論者がそれ以上に出るのでないなら、その原則は節度ある要求であり、謙譲な主張を掲げるものとして、本来私たちに与えられている教師である経験を通して私たちの「悟性」を最大限に発揮するための指針であると言えるだろう、とする。

このように、カントが「二律背反」に対してとる解決の方法は、基本的にはやはり「実践的」立場に立って、「定立」の側を選ぶことに帰するけれども、しかしその場合も、決してその故を以て「反定立」の側を全面的に否定するのでなく、あくまで「反定立」の側に、その経験論的主張を貫くことによって、「実践的」立場が、安易な、したがって怠惰な独断論に陥ることのないよう、牽制《けんせい》の役割を果たすことを期待するのである。

しかしカントはまた、「定立」の側が総じて主張する「世界の有限性」も、「反定立」の側が主張する「世界の無限性」も共に否定されるべきで、第三の立場として、「世界はそのような有限或いは無限な物自体として、それだけで独立して見出だされるものではなく、現象の系列を我々が経験的に遡源してゆくところにのみ存するのである」という解決の道のあり得ることをも示すのである。しかしカントのこの説明には些か強弁の気味なしとせず、ここに「現象の系列を我々が経験的に遡源してゆく」と言われている第三の立場とは、究極においては「世界の無限性」を主張する「反定立」の側に帰するもののように思われ、そうとすれば、ここには、「定立」の側を捨てて「反定立」の側を選ぶ解決の方法のあり得ることが示されているとも見ることができるであろう。

ただカントはここで、「世界は有限か、無限かである」という、全挙げられている「二律背反」の表わし方を、「世界は有限か、有限でないかである」という矛盾対当を表わす判断と対比させて、矛盾対当の場合には一方が否定されれば当然に他方は肯定されるが、「有限か、無限か」という場合には、共に偽であって第三の在り方の承認される場合があること、すなわち反対対当と矛盾対当との相違という、論理学における対当関係の問題を提起し、世界についてそれを或いは有限だといい或いは無限だということは、いずれも世界を私たちが物的に測定できる物と見なすことで、世界はそのように量的に測定できる物ではなく、世界を捉えるなお第三の捉え方があるということを言おうとするのである。

更にカントは前に「範疇」について数学的範疇と力学的範疇とを区別したことに基づいて、数学的範疇としての「量」と「質」との面からの世界の現象の系列には、感性的条件以外の条件は入り込み得ないのに対して、力学的範疇としての「関係」と「様相」との面からの世界の現象の系列中へは、現象の系列外の異種的な条件の入り込むことが許されるとするのである。かつて「範疇表」の説明においてカントが、「数学的範疇には相関者はないけれども、力学的範疇にだけは相関者が見出される」としたことがここに思い出されねばならない。力学的範疇だけが持つ相関者が、その系列の中へ相関的なものとして現象に対立するところの、現象とは異種的なものの入り込むことを認めるという力学的系列の特質をもたらすのである。かくて前には二律背反における「定立」と「反定立」との両者を共に偽として第三の立場に解決を求める道が挙げられたのに対して、力学的二律背反のみに関してはなお、「定立」と「反定立」との両者を共に肯定することができるという解決の道が拓かれることになる。すなわち力学的系列における諸条件は、一方では現象として、「悟性」が「感性」と結合してこれを知ることのできる系列をなすとともに、他方では「感性」を離れた考えられるのみの条件とも結合し、したがって一面においては「理性」の理論的使用、すなわち「悟性」を満足せしめるとともに、他面においてはまた「理性」の実践的使用をも満足せしめるのである。換言すれば、「理性」の理論的使用である「悟性」の立場からは、「自然法則に従う生起」と「世界に属する必然的存在体のごときものの存在しないこと」とが承認され、その実践的使用の立場からは「意志の自由」と「世界に属する必然的存在体」とが承認されることになる。

このようにしてカントは、「二律背反」の解決として考え得るあらゆる解決の方法、すなわち（一）「定立」を選んで「反定立」を斥ける解決、（二）「反定立」を選んで「定立」を斥ける解決、

㈢「定立」と「反定立」とのいずれをも斥け、別に第三の道を求める解決、㈣「定立」と「反定立」のいずれをも承認し、それぞれに対してその承認され得る部門、領域を明確に示す解決、を示した。そして事実カントが彼の基本的な解決として選んだところは、すでに見たように、㈠の、「定立」を選んで「反定立」を斥けるものではあったが、しかし必ずしも「反定立」を全面的に斥けるものではなく、「反定立」の果たすべき重要な役割についても十分にこれを指摘し、それが無下に斥けられるべきでないことを留保した上での㈠の解決であり、その意味ではまた、㈣に挙げられた、「定立」と「反定立」とにそれぞれその果たすべき役割を指摘したいわゆる「批判」的解決でもあったと言うことができることを注意すべきであろう。

このようにカントは、宇宙論的理念に関して、範疇の四つの綱目に従って四種の二律背反を列挙したが、カントがここで最も重要視したのは、言うまでもなく第三の二律背反、すなわち「自由」が認められるか否か、の問題であった。カントは上に挙げた批判的解決によって、「自由」の認められ得る余地を「定立」の立場において残した。そしてこれを経験に先立つものでありながら経験をつくり出す役割を負うものとして「先験的（超越論的）自由」と称し、私たちが日常の行為において認める「実践的自由」の拠り所としたのである。

(6) 神の存在

一般論理学における三種の「推理」に基づいて、それぞれ絶対的無条件者としての三種の「理念」が導出されたが、いずれの「理念」についても、それらが不当な「純粋理性の弁証的推理」であることが指摘された。心理学的理念としての「不死なる魂」の実体化については「純粋理性の誤謬推理」が、宇宙論的理念としての「自由」については「純粋理性の二律背反」が指摘されたが、最後に、神学的理念としての「神」については、「純粋理性の理想（イデアール）」が指摘されるのである。

ここに「理想」（イデアール）というカントの言葉には注意が必要で、カントの「理念」（イデー）がプラトンの「物そのものの原型」を意味した「理想」（イデア）に語源を持つことは、カント自身の説くところであるが、ここにカントの「理想」（イデアール）はもっとプラトンの「理想」（イデア）に近いものと言えよう。カントは最初、私たちが知識を構成するための形式として、「範疇」を挙げた。これは常に感性的直観を内容としそれと総合されてのみ知識を構成することのできるものであった。次にカントは、知識全体の体系的統一を求める「理性」の要求が、感性的直観を離れて絶対的無条件者という仮象を生むことを指摘し、しかもこの仮象がいかにそれが仮象にすぎないことが理解されても、なおかつ「理性」の断念しきれない仮象をなすことから、これが積極的に「理念」として肯定されざるを得ないことが主張された。したがって「理念」とは、いかなる経験的知識もそれに到達することのない完全者で、「理性」はこれらの理念を目指して知識の体系的統一を求めるが、それはあくまで私たちにとって、導きの星でしかあり得ないものであった。それ故、「理念は範疇よりも一層遠く客観的実在性から離れている」と言われる。

そしてカントは更に、「私が理想と名づけるものは、理念よりもなお一層、客観的実在性から遠いもののように思われる」と言い、「私がこの語によって解するものは、単に具体化された理念ではなく、固体化された理念、すなわち理念によって規定されたところの個物としての理念である」と言う。それはまた、「プラトンによって神の悟性が持つ理念であり、神の悟性がその純粋直観において持つ単一な対象であった」とする。

プラトンは神と人間とをカントの場合のようには区別しなかったから、プラトンにおける「理念」は、「悟性」がそれを純粋直観において個体化して直観できるものであった。しかしカントの場合には、「理念」を個体化できるような「悟性」は「神の悟性」と呼ばれるべきであって「人間の悟性」ではあり得ず、人間にとっては、その求める「理念」は、単に考える働きとしての「悟性」の対象ではあっても、感ずる働きによって生ずる直観の対象として個体化できないものであった。そのような「理念」が、人間にとっても、プラトンの「神の悟性」の場合のように、直観において個体化され得ることが、人間の「理性」の要求するところとなる。そしてこのように直観において個体化された「理念」が、ここにカントの「理想」と呼ぶものなのである。そしてカントは「我々は人間の理性が理念を含むのみならず、また理想をも含むことを認めざるを得ない。我々のここに言う理想は、プラトンの言った理想のようには創造力を具えた神的なものではないけれども、しかしやはり我々に対する導きの糸としての統整的原理として、我々の行為を規定する実践的な力を持ち、或る種の行為を完全ならしめるための基礎をなすものである」とし、

「徳や、全く純粋な人間の知恵は理念である。しかしストア派の賢者は、知恵の理念と完全に合致した人間として、理想である」と言う。

仮象が「理念」として肯定され、それが「実体」化されるという論理の飛躍が、「理性の弁証的推理」と称されて、先ず心理学的理念については「誤謬推理」として、次に宇宙論的理念については「二律背反」として、それぞれその不当性が指摘された。ところで今、第三の神学的理念についてもその不当性が指摘されるに当たってカントは、その「理性の弁証的推理」を「理性の理想」と称するが、心理学的理念に関して言われた「誤謬推理」や、宇宙論的理念について言われた「二律背反」が、いずれも明かに論理的な不当を示した言葉であるのに比べて、神学的理念に関して用いられた「理想」という言葉には、理論的な不当を現わすというよりは、むしろ人間の高貴な願望を思わせるものがある。こうした言葉の用い方は、ここに取り上げられる「神」の問題が、カントの教養のうちに独自の位置を占めるものであることをうかがわせると言えるであろう。

ここに吟味されようとする「神」の存在の証明についても、カントはその試みられ得るあらゆる場合として、

（一）単に経験界の現象一般を根拠とするか、
（二）経験から出発し、原因性の法則に従って世界の外なる最高原因へと遡るか、
（三）全く先天的に単なる概念から最高存在者へと推論するか、

の三つの場合を挙げ、これ以外の証明は存在しないし、また存在することもできないと言い、第一に当たるものを物理神学的証明、第二に当たるものを宇宙論的証明、第三に当たるものを存在論的証明と名づける。そしてこれらはすべて、すでに中世キリスト教神学の栄えた時代以来、哲学者たちによって提唱されてきていたものであった。カントは、「理性がこれらの中のどの方法によっても神の存在の証明というその目的の達成において何らなすところのないこと、理性がその翼を張って単なる思弁の力によって感性界を越え出ようとしても無駄であることを私は示すであろう」と言って、先ず「先天的概念」に証明の根拠を求める「存在論的証明」がすべての証明の基礎をなすものである故を以てそれに対する吟味から始めるのである。

(7) 存在論的証明

「神の存在」についての「存在論的証明」とは

(大前提)「絶対に必然的な存在体は存在する」

(小前提)「神は絶対に必然的な存在体である」

(結論)「故に神は存在する」

という三段論法によるもので、そこには「絶対に必然的な存在体」が媒概念として用いられている。カントは「今まで述べてきたところからも容易に知られるように、絶対に必然的な存在体という概念は、考えられるだけの単なる理念であり、その実際に存在することは、理性がそれを要求するということだけによってはなお十分に証明されない」とする。それは単に完全性を指示するのみのもので、私たちには到達されないものであり、悟性を新しい対象へと拡大するものではなく、むしろ悟性を限界づけるものである。

そして一般に、論理的な自己矛盾を含まないものは、それを私たちは考えることは可能であるが、それが範疇と経験的直観との総合によってその存在することが示されない限り、自己矛盾を含まないというだけでは、いつまでも空虚な概念にすぎないのである。したがって「神は全能である」という単にそう考えられる可能性だけから「故に神はある」という存在性を結論することはできず、私たちはただ、「もし神が全能なものとしてあるならば、そのような神はある」と言い得るのみなのである。そしてカントは「私の財産に関しては単なる百ターレルの可能性を持つ場合よりも、現実の百ターレルを持つ場合の方が、より多くを持つことである」と言う。ここには、単に考えられるだけの本質存在を表わす繋辞「である」と、現実存在を表わす存在動詞「がある」との区別の重要さが示されている。

「神の存在」に関する「存在論的証明」は、すでに中世のキリスト教神学において、北イタリーに生れ、フランスのノルマンディのベック修道院長やイギリスのカンタベリーの大司教となったアンセルム（一〇三三—一一〇九）が、「それよりも大なる何ものも考えられないようなものが、ただ考える働きとしての知性の内にしか存在しないなどということはあり得ない。なぜなら、知性の内にしか存在しないものは、知性の内にも存在し、また実在の内にも存在するものよりも小さいものと言わざるを得ないからである」と言って、「それよりも大なるものの考えられないような神は実在する」と説いたことに示されたものであった。そしてその後デカルトも、「吾れ疑う」から不完全な自分を見出し、その対立者として、完全者たる神の存在を導きだした。カントがこの証明を経験界と超経験界とを混同したものとして否定したように、アンセルムの時代においても、修道僧ガウニロ（？―一〇八三）が、「もしアンセルムに従うなら、最も完全な島は、我々がそれを考え得るという故で、存在することになるだろう」とアンセルムに反論した。しかしアンセルムはこれに対して、「私の言うのは、存在しないとは考えられないような完全者のことで、存在しないとも考えられ得る島などとの類比の許されない完全者なのである」と答えた。

これはちょうど、カントが「存在論的証明」を以て可能性と存在性とを区別しない誤りを含むものだと言って、百ターレルの可能性と現実性との相違を例にしたのに対して、後にヘーゲルが「神というようなものが問題になっている時、それは百ターレルというようなものとはもちろん、どのような特殊な概念や表象とも全く異なった種類の対象である」と言って、「その現に存在していることということと、その考えられる通りとが一致しないことが、あらゆる有限なものの本質であり、神は存在するものとしてのみ考えられるものでなければならず、神においては考えられる通りが存在することを含んでいる」と言った。この考えられることと存在することとの合一への要求こそが、カントの場合、仮象を「理念」として肯定せざるを得ざらしめ、更にその「理念」を、「不死なる魂」や「自由なる意志」として実体化させようとし、特に神学的理念の場合にはその「理念」を更に「神」として個体化ないし人格化させようとしたのであった。そしてそのためには、私たち人間における思惟と存在とについての綿密な吟味が必要であるにも拘らず、昔から、「存在する」とはどういう条件の下でのみ可能なのか、という重要な問いがおろそかにされたまま、このような存在論的証明が、安易に思惟と存在とを同一視して信じられてきたことは、まことに思想の怠慢であった、とカントは考えるのである。

したがってここには、前に宇宙論的理念に関して、理性が前三段論法を無限に遡源せざるを得ないことから、単なる仮象を実体化しようとする所以について挙げられた仮言的三段論法の大前提、すなわち「もし何らかの条件の下におかれているものがあれば、それらの諸条件の全系列である無条件者がなければならない」という命題が、経験界から超経験界への飛躍として論理的に拒否されたと同じ事情が、また心理学的理念に関して、そこに用いられた「三段論法」の「主体としてよりほかに考えられないもの」という媒概念が、「存在する」という述語に結びつけられたり、「考えるもの」という主語に結びつけられたりすることから、「媒概念多義の虚偽」を冒していることが指摘されたと同じ事情が示されているわけである。

がんらいカント哲学における「理性」の理論的使用（理論理性）から実践的使用（実践理性）への転回は、前者におけるこの経験界から超経験界への飛躍という論理的不当、すなわちこれを定言的三段論法の形で表わす場合の「媒概念多義の虚偽」を、徹底的に糾弾した極限において、それにも拘らずこの不当と虚偽とを承認せずにはおれない「理性」の要求を「実践的」立場から示すことにあったと言えよう。

(8) 宇宙論的証明

ここに「宇宙論的証明」と言われているものもまた、すでに今まで繰り返されたと同様に経験界から超経験界への飛躍という論理的不当を含む仮言的三段論法として示される。すなわち

(大前提)「もし何かが実際に存在するとすれば、その原因の全体を総括する端的必然的な存在体としての神もまた実際に存在しなくてはならない」

(小前提)「然るに少なくとも私自身は実際に存在する」

(結論)「故にあらゆる原因の総括者たる絶対的必然的存在体としての神は実際に存在する」

この仮言的三段論法の(大前提)が、単に経験一般を表わす前件から、超経験的必然的存在体の現存在という後件を推論する不当を冒していることはすでに明かである。したがってまた、これを定言的三段論法の形で表わすとすれば、その大前提の主語の位置に用いられる媒概念「実際に存在するもの」は、超経験的概念をなす「端的必然的存在体」という述語と結合して用いられているのに対し、小前提の述語の位置に用いられる媒概念は、あくまで経験的概念としての主語と結合して用いられており、やはりそこに「媒概念多義の虚偽」を含むことになる。

この事情はまた他の面から言えば、「原因と結果」との必然的関係に基づいて知識を構成することは、「悟性」の範疇を経験的直観に適用する「理性」の理論的使用を意味するものであって、

「端的必然的存在としての神」というような、感性的直観の及び得ない超経験的概念に対しては、「原因と結果」という範疇は適用できないのであり、したがって「宇宙論的証明」は、範疇の濫用を冒すものであるとしてその誤りを指摘できることともなる。

それればかりでなく、この証明の大前提はすでにその内に、「端的必然的存在体としての神」が「実際に存在する」ことを含むものであることを言表していることによって、かの「存在論的証明」を前提している。したがって「存在論的証明」が否定された時、すでに「宇宙論的証明」もまた否定されていたのであった。カントはこの事情を、「思いあぐねた理性が、詭計を用いて、古くさい存在論的証明に衣更えさせて、新しい宇宙論的証明というものもあるかのように見せかけ、二人の証人を押し立てようとするけれども、本当は存在論的証明という一人の証人しかいないのであり、第二の証人と見なされる宇宙論的証明なるものは、単に第一の証人が変装して声音《こわね》を変えて見せただけだから、我々はその詭計を暴露したいと思う」と言うのである。

因《ちな》みにこの宇宙論的証明に当たる神の存在の承認は、造物主としてのユダヤ教やキリスト教の神を信ずることができなくてユダヤ教会から破門されたスピノザが、その神即自然即実体という彼の立場から、自己原因としての神を説いたことに通ずるものと言えよう。

(9) 物理神学的証明

この証明の要点は次のように主張するものである。

（一）「世界には至る所、大いなる知恵によって完成され、一定の意図に従った一つの秩序が明かに見られる。」

（二）「もし世界の事物が、秩序を与える理性的原理によって、その根底に存する理念に従いそれに合致するように選ばれ配置されたのでなかったら、かくもさまざまに結合しながら一定の究極意図を目指して調和することはできなかったであろう。」

（三）「したがって単に盲目的にさまざまなものを産み出すだけの全能な自然としてではなく、自《みず》ら《か》自分の目的を目指す自由な英知としての世界原因が存在する。」

（四）「これらの原因の統一体は、私たちの観察できる構造物としては確実に推論されるが、私たちの観察を越えた世界に関してはあらゆる類推の原則に従って蓋然的に推論されるのみである」と。

このようにして物理神学的証明は、私たちの経験する世界の諸現象の間に、すなわち自然の運行について、生物の形態、構成、生理現象等について、至る所に整然たる秩序と調和の見出だされることから、自然界をこのような秩序を有するものとして造った神を想定せざるを得ないとして、そのような神の存在を論証しようとするものである。

しかし今まですでに先験的（超越論的）諸理念に関して述べられたところからして、この物理神学的証明もまた、心理学的理念の否定に関して挙げられた「媒概念多義の誤謬推理」、すなわち経験概念から超経験界への飛躍という論理的不当を含むものであること、したがってまた、経験界に終始しようとする立場と、超経験界をも認めようとする立場との「二律背反」の生じ得るものをなしていることは、容易に見られるところであり、カントも先ずそのことを示している。しかしそれにも拘らずカントは、それに続けて、今までの心理学的理念や宇宙論的理念を説明した場合より以上の強い情熱をこめて、物理神学的証明がその依り処とする世界の秩序と調和、美と合目的性について綿々と語り、「したがって世界にこのような秩序と合目的性とを与えた最高存在者を承認する物理神学的証明は常に敬意を以て称されるに価する」と述べ、「この証明の信望を傷つけるようなことは忌むべきことであるばかりでなく、全く無益なことである」とさえ言うのである。

「物理神学的証明」に対するカントのこのような詳細、綿密をきわめた縷《る》々たる証明と讃辞とは、「自然の合目的性」という理念がカント哲学全体を蔽う理念であることをうかがわせるもので、カントのいわゆる三批判書の最後の書『判断力の批判』（一七九〇年、カント六十六歳）が、この合目的性の理念によって、理論理性が求める知識の原理と実践理性が求める行為の原理との総合を目指したものであったそのカントの究極意図を、すでにここに吐露していることをうかがわしめる。

しかしカントは思弁的理性の立場を固く守って、この物理神学的証明をもその持つ独自の特徴に基づいて否定する。すなわちこの証明は家屋や船を造る人間の技術との類比に基づいてなされたものだから、せいぜい単に外から形式として世界に合目的性を与えた世界建造者を証明するにすぎない。私たちの求めるのは、世界の実体そのものに、その内容として合目的性や整合性を与えて世界を創った世界創造者としての神なのであるから、物理神学的証明のもたらすものは、私たちの求める大きな意図を充たすには甚だ遠いものだとされるのである。

(10) まとめ

かくて「知識の問題」の探求は、私たちの知識が、「物自体」から刺激されて「感性」がつくる経験的直観か、もしくは経験的直観の根底に見出だされる「感性」の形式、すなわち純粋直観か、いずれにしても「感ずる」働きに基づく感性的直観を内容とし、それに対して「考える」働きである「悟性」が本来具えている形式、すなわち範疇がそれに適用される「理性」の理論的使用によってのみ構成されるのであることを明かにし、したがってまた、感性的直観を離れて単に「悟性」の形式のみをどのように飛翔させても、そのような「理性」の、内容を欠いた思弁的使用によっては、徒らに知識に似て知識ではない単なる仮象を生むにすぎないことを知らしめた。しかしそのような「理性」の理論的使用によって構成された知識も、その内容についてはなお将来にわたって無際限に与えられるべきものをなしている限り、いつまでも限られた雑多の集積以上のものであることはできない。したがって私たちの「理性」は更に、それらの知識の全体を総括して、それを体系的統一にまでもたらそうと求めずにはおれず、しかもそのような体系的統一者は、とうていこれを経験的知識それ自身のうちに求めることはできないから、「理性」はどうしても経験界を越え出て、「理性」の思弁的使用を駆使し、一度は否定された仮象のうちに、敢えてその全体的統一者を求めようとする。

このようにして私たちの考える働きの根源的統一者としての「不死なる魂」と、必然的な世界の現象界にあって私たちの行為を自ら規定する「意志の自由」と、更に一切の存在の根底にあってそれを支え、それを総括し統一する「神」とが、仮象の名を捨てて先験的（超越論的）理念、すなわち経験を越えた世界に単に考えられるだけのものでありながら、しかし経験が統一されるための指標として経験にとって欠くことのできない目標とされるのであるが、中でも「神」の理念（イデー）は、更に個体化され人格化されて「理想」（イデアール）と呼ばれようとされる。これらの推移は、「理性」の理論的使用から思弁的使用を経て、最後に実践的使用に至る「理性」の歩みを示すもので、「知識の問題」は今や「理性」の実践的使用の問題、すなわち「道徳の問題」へ席を譲らなければならないのである。

第Ⅲ章　道徳の問題——『実践理性批判』の世界

1　知ることと行なうこと

(1) 理論理性と実践理性（意志）

人間は何よりも先ず生物であるから、とにかく生きなければならない。人間以外の生物も一般に生きようとしていることは人間と同じであるが、それらはただ盲目的に、本能に従って生き、一定の期間を経てその生を終えるということを代々繰り返しているにすぎない。しかし人間の場合はそれとは違って、その生き方に、自然のままとは別のさまざまな仕方を加えることができ、それによって、他の生物ならば当然に死を免れないような場合にも死を免れたり、他の生物以上に生き永らえたりする。また、むしろそれとは逆に、他の生物ならばまだ生き永らえるはずであるのに、人間の方が却って早く生命を失うことも生じる。交通事故で若い人が亡くなったり、麻薬や煙草で命を縮める人があったりするのも人間以外の生物にはないことと言えるであろう。

人間と人間以外の生物との間に見られるこれらの違いは、人間には他の生物に少なくとも顕著には見られない「考える」という働きがあって、それによって自然の根底に自然を動かしている法則のあることを洞察し、その法則を用いて自然の在り方に新しい在り方を与えて、自然を自分のために使用できるからである。

こうして人間の歴史は他の生物には見られない文化を生み出すが、それはその根底に、私たちが得た雑多な感覚を、「考える」働きに基づいて一つの統一的原理、すなわち法則に基づいて説明しようとする願望があるからであり、この願望が人間の知的或いは学問的要求と称されるものである。そしてそれが更に単に部分的知識についての統一的原理、すなわち科学的原理にとどまらないで、人生全般についての全体的知識の統一的原理として求められる時には、それは哲学的要求と称される。私たちは前に「知識の問題」の論述の中で、私たちの感ずる働きと考える働きとの協力から出発した知的ないし学問的要求が、このような全体的な究極的統一原理を求めて、感覚される経験の世界を越えて、考えられるだけの超経験的世界にそれを求めずにはおれなくなること、しかしそうなると、そのような経験できないものは、学問の世界からは「知識」ではあり得ず、単なる仮象にすぎないと見なされることを指摘した。

それにも拘らず私たちは、このような、それ以上のものの考えられないような統一的原理を、無意識のうちにであろうとも前提することがなければ、感覚される世界の根底に法則や原理を探し求める究極の拠り処を得られないのである。そうとすれば、私たちにそのような原理を探し求めさせる力は、「知識」の領域、すなわち理性を理論的に使用することから生じはするけれども、更に「知識」を越えた領域を承認して、私たちの理性がそこに求める統一的原理に従って自分の知識や考えを規定しようとする理性の実践的使用によってはじめて得られるものとしなければばならない。

カントはこれらの問題をすべて、初めは『純粋理性の批判』という一冊の書物で論じ尽くすつもりであったが、理性の理論的使用と思弁的使用、すなわち知識の問題と仮象の問題とを論じ終えた時、この書はすでに八五六頁にも及ぶ大冊になっていた。カントとしては、これからいよいよ理性の実践的使用の問題、すなわち経験的知識を越えた領域に求められる統一的原理に基づいて理性を規定する意志の問題が論じられねばならなかったのであったが、『純粋理性の批判』ではそれを断念しなければならなくなった。それにカントが十二年前にケーニヒスベルク大学正教授就任論文を発表して以来、友人たちに約束していたこの著書を早く世に出したいという事情もあって、実践理性の問題はこの書では消極的に示されただけであったが、書名は最初からの『純粋理性の批判』とされたままで刊行された。したがってこの書の第一版が出されてから五年後の一七八六年十一月頃に、この書の第二版が出されることになった時、カントはその第二版に「実践理性の批判」を追加する計画を知人に洩らしてさえいた。しかし結局この計画は中止され、第二版は、第一版の叙述の範囲内で削除されたり増補されたりした結果、八八四頁に増頁されて、翌一七八七年に出された。そしてその時すでにほぼ出来上っていたと思われる「実践理性の批判」の原稿は、更にその翌一七八八年に独立した一書として出された。

このように『純粋理性の批判』は、「実践理性の批判」をもそのうちに含めるはずの初めの意図を変更して、主として「理論理性の批判」に終始した形で出されることとなった書であることが、カント自身にとっても、またカント解釈者たちにとっても、カント哲学の全体的叙述と、またその全体的解釈に、体系上のまとまりの不十分さを生ぜしめる結果となったと言えよう。

カントは『純粋理性の批判』の「緒言」で、「純粋理性の批判を区分にするに当たって最も重要な目標は、何らか経験的なものをその中に含むようなものは何ものも入り込んではならないこと、換言すれば、そこで取り扱われる先天的認識〔要素〕が全く純粋であることである」とし、「したがって、道徳の最高原則や道徳の根本概念は、先天的認識ではあるけれども、それらはやはり先験的哲学には属しない」と言い、第二版を出すに当たってこの説明をより詳細に「なぜなら、これらの原則や概念は、快・不快・欲望、傾向性など、総じて経験に起源を持つものを、もちろんそれらを自分の命令の基礎とはしないけれども、しかしやはり義務の念を持つ場合などには、克服されねばならない障碍《しょうがい》として、或いは動機とされてはならない刺激として、必らず純粋な倫理の体系の構成中へ引き入れられるからである」とし、「すべて実践的なものは、衝動の発動を含む限り、感情に関与するものであり、そして感情とは経験的な認識源泉に属するものである」と言っている。

カントは「知識」の成り立ちを説明して理性の理論的使用を吟味した際には、感覚する働きとしての「感性」についても、それを私たちが「対象から刺激を受けて経験的直観を構成する受容的な能力」として考えるという自発的能力である「悟性」と区別しはするが、しかしやはりそれを、本来空間的に、また時間的に物を受け入れざるを得ない純粋直観の働きを具えた先天的能力として、「悟性」とともに先験的（超越論的）能力に算えた。しかし今「理性」の実践的使用が問題になると、先験的（超越論的）能力として残されるのは、もっぱら考える働きとしての「悟性」にその源を持つ純粋なものだけで、「感性」に源を持つものはすべて純粋でないもの、経験的なものとして排除されるのである。意志を規定するという実践の問題では、「感性」に関しては、外からの影響による経験的直観が感性的感情を生ぜしめて、それが純粋実践理性に対して、理性が自分の法則に従おうとする時、それを「克服しなければならない障碍として」現われるからである。これに反して、理性が正しくものを知ろうとする理論的使用の場合には、理性は経験的に生ずる一切のものを公平に「知識」の内容として受け入れねばならず、快・不快に影響されてはならない。理性の理論的使用はむしろそのような感情自身の成り立つ原因をまで、そのような感情に囚われないで、冷静に分析するのでなければ理性の正当な理論的使用ではあり得ないのである。

このように『純粋理性の批判』の「緒言」では「実践理性」は先験的哲学から排除されるもののように言われているが、しかし排除されねばならないのは、あくまで、「実践理性」における「快・不快・欲望・傾向性など、総じて経験に起源を持つもの」であって、「実践理性」はやはり「批判」を通して、そこに「純粋実践理性」の存在することが示されねばならないのである。このことは『実践理性の批判』の序文の冒頭で、カントが特に力をこめて詳細に述べているところである。

そこでは前に出された『純粋理性の批判』と対照させて、私たちがすでに見た『実践理性の批判』の目的を明かにしようとしている。すなわち、前に主として理論理性を批判した『純粋理性の批判』と対照させると、この『実践理性の批判』は形式上それと同じく『純粋実践理性の批判』と題されねばならないように思われるかも知れないが、そうはされないで単に『実践理性の批判』と題されたのは何故か。これがこの書の十分説明しようとする課題だ、と言うのである。

カントによれば、「理論理性の批判」の場合には、一方ではもっぱら私たちの「知識」を構成する働きの中に「感性」と「悟性」という先天的能力を分析し、それに基づいて、「知識」が、誰に対しても、時代と場所とを問わず、共通して理解され得る普遍性と客観性とを有するものであることを根拠づけると同時に、他方では、しかしそのような知識も、感性的直観という内容を欠いては、普遍的、客観的知識とはならず、単なる仮象を独断的に知識であると強弁し、人々の信頼を失うのみであることをも警告することがその課題であった。ところが「実践理性の批判」の場合はこれに反して、先ず「実践理性一般」という、もともと快・不快・欲望、傾向性などの経験的なものの影響と結びついて働く「実践理性」の側面について、それを分析して「純粋な働き」と「経験的なものによって影響されている働き」とを分離し、「純粋な実践理性の働き」なるものの存在することを示して、私たちの意志を規定する原理が、もっぱらこの「純粋実践理性」すなわち「純粋意志」の法則に基づくものでなければならず、「経験的なもの」の影響に左右されてはならないことを警告することがその課題なのである。したがって批判されねばならないのは「純粋実践理性」ではなくまさに「実践理性一般」なのであり、「純粋実践理性」は、そうした「実践理性一般」を分析して、その中から「経験の影響による要素」を言わば洗い流し、「純粋なもの」すなわち「先天的なもの」としてそれだけが取り出され、それが持つ先天的法則こそが、誰が、何時、何処で行為を行なう場合にも、それに従わねばならない人類共通の法則をなすものとして、取り上げられねばならないのである。

(2)「自然の形而上学」と「道徳の形而上学」

カントは『純粋理性の批判』を出してから四年後、一七八五年（カント六十一歳）に、『実践理性の批判』のための準備とも見られる『道徳の形而上学のための基礎づけ』（『道徳形而上学原論』ともわが国では訳されている）を公刊した。「道徳の形而上学」とはカントの場合、「自然の形而上学」に対立せしめられる言葉で、「自然の形而上学」とは、「自然についての知識の形而上学」という意味で、「道徳の形而上学」に対立させて言えば、むしろ「知識の形而上学」と言ってもよいものである。したがって「知識の形而上学」とは、自然についての私たちの知識がつくられるために欠くことのできない先天的形式、すなわち、私たちが本来そなえている感性と悟性とがそれぞれ持つ形式を求めて、それに基づいて、自然についての知識が誰にとっても共通して認められることを証明する学のことであり、前に『純粋理性の批判』で取り扱った純粋理性の理論的使用の批判は、この自然についての理論的知識をつくるための先天的諸形式を、その能力である「感性」と「悟性」とについて求め、それらの能力の及び得る範囲、限界を考察する仕事に当たっており、その意味ではこの書は、「自然についての知識の形而上学のための基礎づけ」と言ってもよいものであった。したがってカントは『純粋理性の批判』を出してから五年後に当たる一七八六年に、『自然科学の形而上学的原理』という書を出して、『純粋理性の批判』で確立した知識の先天的諸形式に基づいて、自然科学全般がこれらの先天的諸原理によって基礎づけられている事情を明かにしようとしたのである。

　このような「自然の」、或いは「知識の」形而上学に対して「道徳の形而上学」もまた、道徳という私たちの意志のそれに従わねばならない諸原理が、やはり先天的なもの、すなわち私たちの「考える」働きが持つ法則に基づかねばならないことを探究し、それらの先天的諸原理に基づいて行為一般を評価する学を意味する。かくて私たちが本来持っている「心の働き」としての純粋理性について、それが実践的に使用される場合の批判、すなわち「実践理性一般」を批判して、そのうちに純粋実践理性の存在しなければならないこと、そしてそれが含む純粋な実践的法則のみが私たちの意志を規定する根本原理をなさねばならないことを見出す『実践理性の批判』の仕事は、ちょうど「行為の」、或いは「道徳の」形而上学の基礎づけを意味するのである。したがってカントはまた、『実践理性の批判』を出してから九年後に当たる一七九七年（カント七十三歳）に、『法論の形而上学的原理』と『徳論の形而上学的原理』とを出し、両者を合わせて『道徳の形而上学』と称した。ここでは「形而上学的原理」は、そのまま「形而上学」とも呼ばれている。

「形而上学」（メタフィジカ）とはがんらい、感覚されないもの、ただ考えられるだけの原理に基づいてあらゆる問題を基礎づけようとする学のことであるが、それは古くギリシァのアリストテレスが、学問の出発点を二つに分け、「われわれにとって先きである感覚されるものから」出発する学と、「本性上先きなるもの、すなわち考えられるだけの先天的な原理から」出発する学とを対立させ、後者を第一哲学（プローテー・フィロソフィア）と名づけ、これに対して前者を第二哲学（デウテラ・フィロソフィア）と名づけたことに始まるものである。ここに第一、第二と順序づけられたように、アリストテレスにとっては「感覚されるものから」出発する自然学（フィジカ）は、「われわれにとっては先きなる学」ではあるが、そうした自然学を私たちが研究し続けてゆくうちに、やがて、そのような「われわれにとって先きなる感覚されるもの」の根底に、それを支え、それをしてそのようなものたらしめているところの、「本性上先きであるもの」が、私たちの感覚を越えた世界に、私たちにとって考えずにはおれない先天的原理として前提されねばならないことに気づくのである。そしてあらためて、そのような「本性上先きである先天的原理から」出発して、「われわれにとって先きである感覚されるもの」を基礎づけなければならなくなるのが学の順序であるというのである。

こうして「自然学」は、「われわれにとっては先きであるものから」の学であるにも拘らず、それが「本性上は後からの学」であるという故で第二哲学と呼ばれ、これに対して、「先天的原理から」の学の方が、「われわれにとって後である学」であるにも拘らず、それが「本性上先きであるものから」の学として、第一哲学と呼ばれたのである。

これらの問題を論じたアリストテレスの多くの原稿は、アリストテレスの没（前三二二）後その弟子から弟子へと伝えられたが、ギリシァの内乱の続く間に掠奪を恐れて穴蔵などを転々とし、こうして散佚したり破損したりしたものに、補修や筆写や編集が試みられた。その後、ローマがギリシァを征服するに及んでそれがローマに移され、新たに作られた写本に基づいて初めてアリストテレス著作集の編集が企てられた時、第二哲学としての「自然学（フィシカ）」の論文の「後に（メタ）」第一哲学としての「本性上先きなるもの」についての論文をおいたことから、アリストテレスのいわゆる第一哲学が「メタ・タ・フィシカ」（自然学の後なる学）と呼ばれるようになり、ギリシァ語の「メタ」には「後に」という意味とともに「超えて」という意味もあることから、定冠詞「タ」を省いた「メタ・フィシカ」が「自然を超えたものについての学」という意味に用いられるようになったと言われている。

しかしこの説についてはその後、それが典拠としているアリストテレス研究者の注釈書では、単にアリストテレスの第一哲学の論文集が、「自然学よりも順序において後であるためにメタ・タ・フィシカと呼ばれた」と述べているだけで、その「順序」の意味が、必ずしもアリストテレス著作集の編集者が偶々論文の並べ方でそのように「順序づけた」ことを言っているわけではないとの説が生じた。そして、むしろこの「順序」というのは、すでに前にも述べたように、アリストテレス独自の言い方、すなわち、その第一哲学が、「自然学よりもわれわれにとって後」であるといっていることに従うべきであるとして、それをわれわれにとっての研究の順序の意味に解釈し、したがってまた、それを教える場合の順序の意味でもあると見るのが通説となった。これがわが国で「形而上学」と訳されたのは、明治の初め、西周によってである。

「形而上学」という言葉は、今まで述べて来たように、「感覚されない、考えられるだけのもの」についての学であるから、感覚される物や経験を重んずる立場から見ると、全く夢、幻を論ずる無意味な学のように軽蔑されがちである。しかしすでにアリストテレスが説いた第一哲学と第二哲学、言い換えれば「形而上学」と「自然学」との密接な関係からも察せられるように、なるほど第一哲学としての「形而上学」は、第二哲学としての「自然学」よりも我々にとって後なる学であるから、最初は全く自然学者の関心には昇って来ないけれども、しかし第二哲学がその研究を進めるにつれて、第一哲学の欠くことのできない学であることに気づく。しかしもちろんその第一哲学が、全く第二哲学から離れて、自分だけで勝手なことを考えてそれを「知識」だと主張するなら、それが夢、幻にすぎず、迷信や妄想をふりまくものとして誰からも相手にされなくなるのは当然である。

カントもまたアリストテレスと同じ考えに立つのであって、「知識」の問題を取扱う場合には、先ず今までの独断的形而上学を斥けて、「感性」という「われわれにとって先きなるものから」出発し、「悟性」という「われわれにとっては後なる」考える働きの重要性を説く「形而上学」

へと向っていった。しかし更に「道徳」の問題を取扱うに至ると、単に「知識」ばかりではなく、「人生」全体を考えるという、「われわれにとっては最後に」、したがってまた「本性上は最初に」おかれねばならないはずの働きに基づく「形而上学」から出発して、「われわれにとっては先きなる」、したがってまた「本性上は後なる」感覚される世界へと下ってゆかねばならない。したがって否定されねばならないのはあくまで独断的形而上学のもたらす迷信や妄想であって、「自然学」の背後にあってそれを成立せしめるべき、カントのいわゆる批判的形而上学は、それ自身、まさにアリストテレスの名づけたように、第一哲学でなければならないのである。その意味で、カントの『純粋理性の批判』は、「自然についての知識の形而上学の基礎づけ」と、「道徳の形而上学的基礎づけ」との双方を目指したのであったが、実際には前者を「理論理性の批判」として成し終えたにとどまったのであり、そのために、後にあらためて『実践理性の批判』を、後者の仕事を完遂するために書かなければならなかったのである。

2　道徳法則と自由

(1) 格率と法則

理性の実践的使用とは、「知識」をつくる理性の理論的使用とは違って、理性がその意志するところを行為として実現するか、或いは自然の状況や自分の力がそれに十分かどうかに係わりなくそれを実現しようと決意するかする働きを言うのであり、このような働きは、決して理性の理論的使用によって知られた自然の必然的法則のままに従うのでなく、むしろそうした自然の法則についての「知識」を用いて、自然のままの状態に新しい別の状態を生ぜしめるように、理性がみずからを規定するのであり、そこには自然の必然的法則に捉われない実践理性、すなわち意志の自由が前提されねばならない。したがって『実践理性の批判』が先ず取り上げねばならないのは、理性が意志としてみずからの働きを規定する場合の規準と、その前提としての意志の自由とである。

ここに自由という場合、私たちはそれを積極的自由と消極的自由との二種に分けて理解しなければならない。普通には自由とは、何らの規定も与えられていない状態を言うけれども、それは反面から言えば、外から加えられるいかなる力にも直ちに規定される偶然に晒《さら》された状態で、消極的な意味で自由と言われるにすぎない。また自由は選択の自由にほかならないが、その選択は、あくまでも主体的、自主的でなければならず、他からの強制は選択の語には当らないのである。カントの用語を以てすれば、自律のみが真の自由であって他律は自由ではない。したがって意志が自分の本来具えている規準を、他から働きかけられる強制に抗して選ぶ時、真の意味での選択が為されるのであり、また真の意味での自由が発揮されるのであって、私たちはそのような自由を、前に挙げた消極的自由に対して積極的自由と呼ぼうと思う。何にでも偶然に委せて規定されるのは自由ではなく、まさにそうした偶然からの必然的規定を排して、みずからの道を選ぶのが自由である。

「自由」の問題は『純粋理性の批判』で理論理性が批判された段階では、私たちが世界を全体として理解しようとする場合の宇宙論的理念に関して取り上げられた。すなわちその場合の「量」「質」「関係」「様相」の範疇の四種の綱目に従ってそれぞれ示された四種の二律背反の中の、「関係」の二律背反に属し、「定立」命題として、「世界の現象を説明するためには、自然の法則のほかに、なお自由による原因性が想定されねばならない」と主張されたものであった。しかしこの主張は、「反定立」の命題「自由というものはなく、世界の一切は自然法則に従って生起する」という主張と対立せしめられ、その限りにおいては、とうていみずからの主張を貫くことのできないものにとどまっていた。

ところで、今このような自由が人間の意志に本来具わっていることが、理性の実践的使用に関して明かにされるなら、純粋理性がその理論的使用において、感性については空間・時間、悟性については範疇という先天的原理を有するものであることを示したと同様に、その行なう働きについても、今度はそれがやはり先天的原理として「自由」を有するものであることを示すことができるわけである。このようにして実践理性一般に対し、それが含む純粋実践理性だけが、それの持つ「自由」によって自分を規定する資格を持つものであることを示し、経験的なものの支配を免がれない実践理性一般が、その経験的なものによって自分を規定する資格があるかのように思い上っていた今までの不遜を、冒させないようにすることが、今の場合の批判の意味となるのである。

このようにして、『純粋理性の批判』において先ず理論理性の批判が試みられた場合には、知識の内容をつくるものとしての感性の批判から始められ、次いで、もっぱら知識の形式を具えている悟性の批判へと進んだのに対して、今『実践理性の批判』の場合には、まさにそれとは反対に、考える働きとしての悟性が重要な意味を持つから、感ずる働きとしての感性は直接には問題とされず、考える働きから始まって、感ずる働きは考える働きと関連してのみ認められるにすぎないことになる。したがって『実践理性の批判』には「感性論」はないのである。

また『純粋理性の批判』で考える働きが取り上げられた時も、先ず考える働きの基本的な形式としての『純粋悟性概念』、すなわち、範疇が論じられ、それに続いてこれらの形式が用いられる場合の規則としての原則が論じられたのであったが、『実践理性の批判』の場合には、これも逆に、先ず「純粋実践理性」が自分に命令する原則が示されねばならないことになる。私たちの「理性」が純粋に何かを行なおうと意志する場合に、その行為の指針として先ずこの原則が、もともと純粋実践理性の根底におかれていなければならないからである。そしてその後に初めて、これらの原則が私たちの行為に適用される時、これに合致しているかいないかが善、悪という概念を規定させ、最後にまたこれらの原則が私たちの感性に関係せしめられる時、この原則に対する、したがってまたこの原則に合致した意志に対する尊敬の念や、この原則に従うべきであるという義務感が生じ、これら善、悪の概念や、原則に対する尊敬や義務の感情が、私たちの意志を規定する動機をなすに至る事情を明確にすることとなるのである。

カントはこのような順序に従って、先ず私たちが事を行なうに当たってその指針とするいわゆる実践的原則を取り上げ、その中から、単に自分だけの行為のために用いられるにすぎない主観的な規則を「格率」(或いは「格律」)と称し、これに対して、すべての人に共通して承認されねばならない客観的な原則を、特に実践的「法則」と名づけて、これをこそ「純粋実践理性の原則」であるとする。したがって私たちの意志が単に感覚的な刺激に動かされた場合には、私たちの意志の中に、そうした刺激に従わうとする主観的格率と、私たちが実践的法則として認めるものとの間に対立が生ずる。カントの挙げている例によれば、「或る人はいかなる侮辱にも復讐せずにはおかないということを格率とすることができる。けれども同時に、これは実践的法則ではなく、自分だけの格率にすぎないことは直ちに明かであろう」と。ここにカントが「復讐」を以て主観的格率にすぎず実践的法則ではないとしている背景には、おそらく有名な「ロマ書」の「悪を以て悪に報いず、……自ら復讐すな、ただ神の怒に任せまつれ。録して『主いい給う、復讐するは我にあり、我これを報いん』とあり。『もし汝の仇飢《う》えなば之に食わせ、渇《かわ》かば之に飲ませよ……』悪に勝たるることなく、善をもて悪に勝て」という言葉がおかれているものと思われる。

後年ヘーゲルもその『法の哲学』(一八二一年)で「不法」を論ずるに当たって、「不法とは本来犯罪であり」(九〇節補遺)、「犯罪を帳消しにするものは報復としての刑罰である」(一〇一節)とし、それが適正に行なわれるためには為された犯罪の質と量が、刑罰の質と量と同等でなければならないが、しかしこの同等性は価値という抽象的領域で計られねばならず、いわゆる「目には目を、歯には歯を」という具体的な「侵害の種類の同等性」であってはならないとした。「目には目を、歯には歯を」とは、バビロニアのハムラビ法典で有名な原始的「同害復讐法」を示す言葉であるが、ヘーゲルによれば、これは実際の社会生活には合致しない考えで、第一には、例えば「一万円の盗み」という犯罪は、単に特定の個人に対する一万円という具体的な金額の侵害にとどまるのではなく、他人のものを盗んだという行為を通して、その盗まれた特定の個人をも含めて社会全体の人達の人格性の侵害、すなわち社会の治安の侵害にほかならないからであり、また第二には、侵害の種類の上からの同等性は、貨幣の場合のようにその同等性を容易に計量できる場合は別として、一般には決して完全な質的量的同等性としては求められないものであるから、もしそれが個人の特殊な仕方に委ねられるとすれば、客観的な事実の上からも主観的な気持の上からも必ず過度の報復という事態が生じ得て、これが再び新たな不法へ、したがって犯罪へと、更にそれに対する新たな報復へと導いて無限過程に陥り、世代から世代へと無際限に伝えられるであろうからである。このようにしてヘーゲルも、「復讐は吾れにありとは聖書において神の述べ給うところである」と言い（一〇一節補遺）、「裁判官も法律もない社会状態においては刑罰はつねに復讐の形を持つが」（一〇二節補遺）法治国家においては法律における普遍的意志が個人の復讐に替らねばならないとしたのであった。いわば「ロマ書」に言われた「復讐するは我（神）にあり」の神は、私たちの現実の社会にあっては「法」に委ねられるほかはないのである。

わが国でも浄土宗の開祖法然（一一三三―一二一二）について、彼がまだ勢至丸と称していた九歳の時、父美作《みまさか》国（今の岡山県）久米の押領使（今の警務部長）漆間《うるまの》時国が、稲岡の預所（領主代理）源定明の怨をかい夜討ちに遭って深傷を負い、その死に臨んで、わが子勢至丸に対し、復讐を思い停《とど》め、自他平等の幸せを計る道を修めるよう諭したことが伝えられている。

このように実践的法則は、自然法則、例えば運動における「作用と反作用の法則」のようには必然的でなく、むしろそのような自然の必然的法則のいずれを選ぶことが純粋実践理性の法則と合致するかによって規定されるのであり、したがってそれは、人間に対して、純粋実践理性の法則に合致するよう行為せよ、という命令の形をとる。しかもその命令は、日常私たちが自分の行為に対して下しているような条件付きの命令ではない。例えば「年老いて困らないためには、若いうちに働き、倹約に努めよ」という類の条件的命令ではなく、無条件的命令である。なぜなら、このような通常の条件には何らか経験によって支配され感覚的なものの影響を附随しているが、実践的法則は全く純粋実践理性の法則として、一切の経験的なものの影響に関与しないものでなければならないからである。

カントはこのような純粋実践理性の法則の例として、「偽りの約束をするなかれ」という命令を挙げている。この命令は、ただ純粋実践理性の要求するところのみを表わしており、その人がこの命令に従うことによって、経験や感覚に影響されて持つかも知れない意図、例えば自分に有利な幸福や快楽が達成されるかどうかは問うところではないからである。それはちょうど、理論理性が知識を構成するに際して、考えるための根本法則としての「AハAナリ」という同一律に従わねばならないのと同じである。実践理性が意志を規定するに際して、やはりこの考えるための根本法則である同一律が、今度は感覚や経験的なものの影響を抵抗して、「AハAデアレ」という命令の形をとらねばならないことを示すものと言えるであろう。

したがって私たちが特定の物や特定の状態を目的として行為するなら、その場合の実践的原則は総じて経験の支配を受けているのであり、実践的法則であることはできない。このような特定の物や状態は、行為する者の感覚を喜ばせるもの、すなわち快を与えるものであるから、この場合の実践的原則は、自愛もしくは自分の幸福という一般的な原則にすぎないのである。人によっては、このような行為についてもそれが感覚という低い欲求能力から為されている場合と、考えるという高度な欲求能力から為されている場合とを区別して、後者に道徳的価値を認めようとするが、しかしカントにとっては、その行為の評価がもっぱらそのもたらす快の量を基準としてなされる限り、それが直接に感覚からなされようと間接に感覚的快を計量する思考からなされようと同じことであり、それはちょうど、同じ値打ちで通用する金貨ならば、その金貨の材料が山から掘り出されたものであろうと砂金から洗い出されたものであろうと変りないようなものだ、と言う。したがってもし高度の欲求能力を認めるとすれば、それはもはやいかなる感情にも影響されず、したがって快・不快に関係なく、ただ実践的法則という無条件的命令に従わうとする能力でなければならない。そしてその事情は、ちょうど数学の証明に少しでも経験的なものが混入したら、もはや数学の証明たる権威も信頼も失われるのと同じなのである。

(2) 条件づきの命令と無条件の命令

カントは初め私たちが行為を規定する場合に、その方針とする実践的原則の中に、「如何なる侮辱にも復讐せずにはおかない」という原則を、主観的原則として格率と名づけ、これに対して、何時、何処で、誰に対しても認められる客観的原則だけを実践的法則として対立させたが、次でこの感情に基づく主観的格率とは区別されて、理性から生じ、したがって感情に抵抗して行なうよう私たちに命令する実践的規則をあげ、更にこの実践的規則の中に、行為から生ずる結果を目当てにして命令する条件つきの命令と、その結果を全く考えずに、ただそう行なうべきだから行なえ、と命令する無条件の命令とを区別した。そしてこの無条件の命令だけが「純粋実践理性の原則」すなわち道徳法則であるとした。理性から下される命令として、感情に支配される主観的格率とは区別される命令であっても、その理性が純粋でなく、やはり感覚から影響を受けて、快楽や利益をもたらすように考え計算しながら、そういう条件の下にのみ私たちの行為を規定するよう命令するのであったら、そのような命令は本来の理性の純粋な要求を表わしてはいないからである。

したがって前に条件つきの命令の例として挙げられた、「年老いて困らないために、若いうちに働き、倹約に努めよ」という命令について言えば、このような命令は、確かに「特定の人間」にとっては、賢明な理性的実践的指図であるが、しかし「すべての人間」に当てはまる指図ではあり得ない。自分で財産をつくらなくても、何か別の財産を当てにできる人や、老後の安寧を国家の福祉政策に期待できる人や、場合によっては、年老いないうちの死を覚悟しなければならない人もあるかも知れない。

人間が「働き、倹約に努めねばならない」ことは、特定の条件の下に、特定の人にだけ命令されるべきことではなく、ちょうど「偽りの約束をするなかれ」という無条件の命令が、「AハAデアレ」という同一律に基づく命令であるのと同様に、「人間は人間であれ」、「物は物であれ」という同一律に基づく命令から理解されるべきであろう。「人間が人間である」ということは、各人がそれぞれ互いにその与えられている能力や才能を十分に陶冶し発揮し合って、すべての人間をしてすべての人間たらしめることでなければならず、「物が物である」こともまた、物をして十分にその物たる本質を発揮せしめることでなければならない。この意味で、人間がその老若を問わず、人間として、十分に「働き、かつ倹約に努めなければならない」ことは、条件つきの命令ではなく、無条件の命令でなければならないであろう。

カントは前に、「知識」が確実であるための基礎を明かにしようとした時には、一方では中世以来一般に人々は、「考える」働きだけから「知識」が成り立つかのように誤まって独断していたので、「知識」でないものを「知識」だと称する仮象や迷信が広まり、「来世」や「不死の魂」や「神」などを信じて「感覚されるこの世」を否定する宗教的信仰がそのまま「知識」と見なされて、感覚される世界の「知識」や「学問」が軽んじられるようになっており、また他方では、それに反撥して、近世になると「知識」や「学問」を求めようとする人たちの間に、「学問」における「考える」働きの重要さを否定して、ただ「感覚される」経験だけに頼ろうとする誤りが生じた時代に直面していたのであった。だからカントはその双方の側が共に持っていた誤りを正すために、「考える」働きは「知識」をつくるための形式としてあくまで欠くことのできないものであるとともに、「感覚する」働きが「知識」の内容を与えるものとして、これまた「知識」のつくられるための条件をなすものであることを強調しなければならなかったのであった。

ところが今度私たちの「行為」が正しくあるための基礎を明かにする道徳の問題をカントが取

り上げた時には、「感覚する」働きから生ずる幸福や快楽だけから「行為」の在り方を説明する幸福論や快楽主義をひろく行われていて、「考える」働きに基づく純粋な法則が「行為」において持つ大切な意味が全く顧みられていなかった、とカントには思われたのである。したがってカントにとってはこの場合には、強調されねばならないのは「考える」働きから導き出される純粋な法則であって、「感覚する」働きの持つ意味は、この「考える」働きから生ずる純粋な法則や、この法則に合致した意志に対してそれが関係する場合に限られることになる。そして「自由」とはカントにとって、このように、自分がもともと持っている純粋な法則に従う「自律」のことであって、他からの影響によって色々に現われる感情や感覚に、したがって快・不快や幸・不幸に支配されることは、「自由」ではなく、単に自然の必然的法則に支配される「他律」にすぎず、それは本来の人間の求める在り方ではないとされるのである。

(3) 古代ギリシァの快楽主義

もちろん快楽や幸福は人間の誰しも望むところであるから、快楽主義や幸福説の倫理学は、古く、かつ広く行われているところである。しかし快楽とか幸福とかという言葉は人により、また場合によって、広い意味にも狭い意味にも、また高い意味にも低い意味にも、さまざまに用いられ、きわめて誤解され易い言葉である。

古代ギリシァにおいても、快楽論の祖といわれ、それによって「笑う哲学者」と仇名されたデモクリトス（前四六〇頃―前三六〇頃）は、人間の身体をつくっている原子（アトム）の運動が円滑に行われている状態を快楽だとしたが、しかしこの快楽の状態とは「心の平静」であると言い、「このことは滅びるものに快楽を求めない時にのみ得られる」とし、「幸福はわれわれの所有する家畜や黄金には宿らず」「幸福も不幸も心にある」とした。「より以上を望む者は、イソップの犬のように、日本の持つものをも失う」という言葉もデモクリトスの言葉として伝わっており、この言葉などは、欲望や快楽を否定する禁欲主義者の言葉にも近いものと言えるであろう。「イソップの犬」とは言うまでもなく、骨をくわえて橋を渡っていた犬が、水に映った自分の姿を見て、別の犬が骨をくわえているものと思い、その犬を威《おど》してそのくわえている骨をも奪おうと「ワン」と吠えると、自分のくわえていた骨が水に落ちてしまったという、よく知られている寓話のことで、イソップ（前六世紀）という人が、どんなに古くから、寓話の作者としてよく知られていた人であったかがうかがわれよう。

また、デモクリトスの学派に学んで、後にアテネの自分の庭園で快楽主義を説いたエピクロス（前三四一―前二七〇）についても、その弟子を意味するエピキュリアンという言葉が一般に快楽主義者を意味して用いられているほどであるが、その唱えた快楽主義なるものも、むしろ節制を説く穏和な禁欲主義に近いものであった。彼の言葉として伝えられている「われにパンと水とを与えよ。然らば幸福をゼウスと競わう」とか、「賢者は拷問《ごうもん》の下でもなお幸福でありうる」とか、「賢者は必要とあれば友のために死す」とか、「理性を持って不幸であるのは、理性を持たずして幸福であるよりはましである」等の言葉がそれを十分に語っている。エピクロスもまたデモクリトスと同じく、本当の快楽は「心の平静」であるとし、これを「アタラクシア」と呼んだ。

だからエピクロスがその弟子に宛てた手紙として伝えられているものの中には次のような言葉が見られる。

「われわれは、どんな快でもかまわずに選ぶのでなく、却って屢々、その快から、もっと多くの不快がわれわれに結果する時には、多くの種類の快を見送って顧みない。また、長時間に亘って苦しみを耐え忍ぶことによって、より大きな快がわれわれに結果する時には、多くの種類の苦しみも、快よりむしろまさっていると考えるのである」（岩波文庫『エピクロス』七〇頁）と。

また、

「快が目的である、とわれわれが言う時、われわれの意味する快は、――一部の人が、われわれの主張に無知であったり賛同しなかったり、或いは誤解したりして考えているのとは違って――道楽者の快でもなければ性的な享楽のうちに存する快でもなく、実に肉体において苦しみのないことと霊魂において乱されないこととにほかならない。けだし快の生活を生み出すものは、続けさまの飲酒や宴会騒ぎでもなければ、美少年や婦女子と遊びたわむれたり、魚肉その他、ぜいたくな食事が差し出すかぎりの美味美食を楽しむ類の享楽でもなく、却って素面の思考こそが、つまり一切の選択と忌避との原因を探し出し、霊魂を動揺させるさまざまな臆見を追い払う素面の思考こそが、快の生活を生み出すのである。ところで、これらすべての始源であり、しかも最大の善であるのは、思慮である」（同上書、七二頁）と。

エピクロスの快楽主義がこのように、ともすれば一般に理解されている意味とは違ったものであったにしても、しかしその後、帝政期のローマに伝えられ、「殆ど他のすべての学派が絶えたのに、この学派の継承はいつまでも続いた」と言われたほどに宮廷、貴族の間に栄えたエピクロス学派は、近代になってローマ近郊で発見された貴族の別荘の遺跡が示しているように、「汝自身を知れ」という有名なギリシァの格言と一緒に骸骨の絵を床に画いて、「汝自身の死すべき者であることを知れ、そしてそれ故にこそ命ある間を愉しめ」と教える一種の厭《えん》世的な哲学でもあった。

また、「幸福」や「快楽」についての解釈が、一般に理解されている意味とは違っていた点で、デモクリトスの場合もエピクロスの場合も同様であったが、デモクリトスがギリシァにおいてなおポリス（都市国家）が中心をなしていた時代の哲学者として、「よく治められた国家は最大の安息所であり、一切は国家のうちに包括されているから、国家健やかなれば一切は健やかであり、国家腐敗すれば一切は腐敗する」と言って、人間の理想を公共的生活におくことを前提した上で、「快活に生きようとする人は私にも公にも多くを為してはならず、何を為すにも自己の能力と素質以上のことを望んではならない」とし、「私は同時代の人々の中で地球の最も多くの部分を旅し、およそ僻遠の地を究め、大抵の風土を見、大抵の学者の説を聴いた」と言っているほどに知見を探り師を求めた探求者であり、そのために、眼の見えることが却って精神の鋭さを曇らすと言ってみずからその目を盲にしたと伝えられるほどに自らに対して厳しく、一切の偶然を認めず、すべては原因によって生じ、必然によって支配される、としたのに対して、エピクロスは、すでにポリスの崩壊した後のコスモポリス（世界国家）の市民として、公共的生活の意義を認めず、単に「より多くを望まない」という節制より以上に出て、「人目を避けて生きよ」「よく隠れる者はよく生きる者」をモットーとし、その幸福は「隅の幸福」と呼ばれ、事実についての知見を軽蔑し、自分だけの哲学に満足して、むしろ自分が一人の師をも持たないことを誇り、アテネの自分の庭園を離れることも稀れであり、死の近づくのを知ると温湯に身を浸し、生《き》の葡萄酒を飲み、友人に自分の哲学を説きながら世を去ったといわれ、また、偶然のあり得ることを認め、それによって自然哲学を越えて、行為における人間の意志の自由の認められ得る道を開いたとされる等、両者の人生観や自然観には、際立った対照が伝えられている。

(4) 近世イギリスの快楽説

経験主義の立場からの倫理説は、特に近世のイギリスで、いわゆる近世イギリス経験論の哲学に基づいて広く主張された。イギリス経験論の祖といわれるフランシス・ベーコンについては、すでに前にも述べたように、彼はアリストテレスの論理学を初めとし伝統を盲信してきた今までの時代の風潮に対する反撥と警告という意味で、新しく経験の重要性を強調しはしたけれども、彼がはたしてそれ以上に出て、特に我々人間に本来そなわっている先天的な理性よりも経験を重んじた経験論者であったかどうかは疑わしい。しかしベーコンの晩年にその助手として、ベーコンから経験の重視を受け継いだトマス・ホッブズ（一五八八―一六七九）の倫理説は、存在するものを「物質」と「その運動」のみとする彼の唯物論哲学に基づいて、かつてギリシァのデモクリトスの説いたと同じように、私たちの身体をつくっている「物質」の「運動」が、円滑に行われる場合に快が生じ、それが阻まれる状態が不快であるとし、私たちが快を求め不快を避けるのは自然の必然性に従うことであるとした。そして近世の経験主義者らしく、私たちの行為の基準は、このような「自然権」としての自己保存の欲求という、経験心理学的な事実に求めるほかはないと考えた。

けれどもホッブズは、貴族の家庭教師としてヨーロッパ大陸に度々旅行し、また後にはイギリス国内の王党と議会党との政治的内乱を避けて長くフランスに亡命していたから、その間に、当時大陸の学界を風靡していたユークリッド幾何学を中心とした数学の研究に魅せられ、彼の哲学へ数学的方法を取り入れた。このように彼はイギリス経験論者の中では異色ある緻密な哲学者であったから、人間が互いにこのような「自然権」を主張し合えば、必ず相互の「自然権」の間に衝突を生じ、「人間が人間に対して狼となる」自然状態を生ぜしめ、却って互に自分の「自然権」を全うすることができなくなるであろうということを洞察した。

そこでホッブズは、人間は互いに他人の「自然権」をも尊重し合い、他人の「自然権」を甚だしく毀損しない範囲内においてだけ自分の「自然権」を主張するにとどめ、全体としての人間の「自然権」の調和を保持するような「自然法」を求めざるを得なくなるとするのである。この「自然法」とは、人間が各自の間で結ぶ契約にほかならず、このようにして契約国家という、人間の必然的な要求から、強制力を以てその契約を「国法」として国民に実行させる権能を国民自身から委託された制定国家が生ずると説く。したがってホッブズの倫理説は、私たちの行為の基準を契約としての「国法」に求めることになり、その強制力を以てする執行を国民から委託された国家主権が、私たちの服従すべき最高の権威者とされるのである。

このようにしてホッブズは、今までのキリスト教の権威に頼った王権神授説や、強者が武力や財力によって弱者を隷属させることによって成立した征服国家や、また家父長的国家と言われるものから区別された制定国家という新しい国家観を、自己保存の欲望という心理的必然に基づく「自然権」から出発してこれを「自然法」へと転換せしめることによって提唱した。したがってホッブズによれば、制定国家における「国法」への服従は、決して国家主権を怖れてではなく、却って国民各自がその「自然権」を恣《ほしいまま》に濫用してその間に衝突を来たし、自分の「自然権」が忍び得ないまでに毀損されることを怖れてのことなのである。こうして各人の「自然権」は他人の「自然権」を甚だしく毀損しない範囲内に制御され、「市民法」或いは「国法」がこれに代って登場することになる。しかしこうした「自然権」の互いに衝突することを反省して、これに調和あらしめようと「自然法」を求める私たち人間の心の働きはどこから生ずるものであろうか。

ホッブズは経験論者として、すべてこれらを経験から由来し、経験から生ずるものと見なしているようである。しかしホッブズは「自然権」の上に立つべき「自然法」として、「各人はできるだけ平和を求めねばならない。それが得られない場合には、戦争のために一切の手段を用い、利益を守ることが許される。」「平和が維持される限り、他者がその権利を放棄するなら自分も自己の権利を放棄し、他者が自分に対して持つだけの自由を自分も他者に対して持つことで満足しなければならない。」「契約を履行せよ。」「受けた恩に感謝せよ。」「他人に対して温和であれ。」等の二十ケ条の常識的教訓を挙げている。しかも彼は、このようにして国家主権の絶対的権威を導き出しながらも、なお国家主権といえども奪うことのできない国民の権利として、「主権者が国民に対し自殺を命じ、或いは身体に傷害を与えることや、危害に対して抵抗しないことを命じた場合、または食物・空気・薬等、それがなくては生命を維持することのできないようなものを摂ることを禁じた場合、これを拒む権利」をも認めるのである。そうなれば、私たちの行為の基準は必ずしも「国家主権」ではない。言わば「自然法」は必ず「国家主権」と一致するとは限らないのである。これらの矛盾を調整して人間相互の関係に調和あらしめようとするものは、やはり経験に由来するものだけからは得られず、経験に先立って、もともと私たちの心の働きとして私たちに具わっている形式的なものを見出だして、その要求するところによらなければならないであろう。

　ジョン・ロックはホッブズのようには必ずしも「自己保存の欲求」を以てすべての人間の本性とはしなかったが、しかしそのような欲望に支配される人間の存在することはこれを否定できなかったから、その限りにおいてその国家論はやはりホッブズと同様の契約国家論を出発点としなければならなかった。ただホッブズがその制定国家において、「主権が国家の頭脳」であるとしたのに対して、ロックは「立法府が国家に形態・生命・統一を与える頭脳である」とし、制定国家における「国法」の制定に当たる国民の代表者に、最高の権威を与えるべきだとして、近代国家論に一層の合理性を与えたのであった。

がんらいロックは、「経験」（エクスペリエンス）という言葉で一切の知識の由来を説明したために、イギリス経験論の代表のように言われるけれども、その「経験」の意味はきわめて常識的で、理論的には厳密ではない。したがってその「経験」の中には「内的経験」という反省の働きをも含めており、また感覚的知識よりも論証的知識や直覚的知識を高度の知識と見なす等、ロックの哲学には「理性論的な要素」が多くの箇所に現われている。それ故その倫理説も、快を増進し不快を少なくする身体的意味での善のほかに、私たちが行為に対して価値判断を下す場合の基準とする法則をも認め、それと一致する道徳的善を、より高い善と見なしている。そしてその法則に、神の法、市民法、世論法の三つを挙げ、神の法は不善を罰するのに来世の苦しみを以てし、市民法は法律上の刑罰を以てし、世論法は一般の人々の不承認を以てすると言うのであるが、それらすべての法の根底に神の法をおいていることは察するに困難ではない。

したがってイギリス経験論に基づく快楽論の倫理説の代表はむしろデヴィッド・ヒュームに見られるものであろう。ヒュームはイギリス経験論を最も徹底させて、知識の成り立ちについて、知る働きの側にも知られるものの側にもそれを支える共通した一般的なものを認めず、ただその時その時に私たちがつくる「印象」をしか認めなかったので、それに基づく経験科学を全く論理学や数学から切り離し、経験の確実性を否定する懐疑論に帰着した。その倫理説も、道徳の科学的研究として、先ず一般に善と称されているものを一方に、悪と称されているものを他方に集め、その各々について共通の要素を抽象し、善とは結局、人に快楽を与え、したがってその共感を得るものであり、悪とは人に苦痛を与え、したがってその反感を得るものであると結論した。

しかしヒュームは更に、善について勤勉、忍耐、倹約、節制等のように自分に幸福をもたらすものと、仁愛、正義のように直接に他人に幸福をもたらすものとを区別し、後者を前者よりも高い善、すなわち徳であるとした。ここに快楽説の倫理の中にも、個人的な快楽説に対して、社会的な快楽説を区別し、後者を特に功利説（ユチリタリアニズム）と呼ぶこととなった。このように快楽主義の倫理説が個人主義的でなく社会主義的な功利説として説かれる限り、そこにこそ正しい倫理観、道徳観を認めるべきであるとする主張も強く生ずるに至った。

けれども少なくともヒュームの場合、この個人的な快楽追求と社会的な幸福とは深く繫《つな》がったものと考えられ、したがってその経済論は、個人の欲望追求がおのずからにして社会の幸福をもたらすはずのものとして説かれ、ヒュームの友人でもあり弟子でもあったアダム・スミス（一七二三―九〇）の自由主義経済説の起原をなした。スミスは道徳哲学者としては道徳の基礎を、人間が共通に持つ他人に対する「共感」や「同情」に求めたが、経済理論家としては、経済発展の原理をいわゆる「自由放任主義」（レイセ・フェイリズム）に求め、中世的な強固な組合や封建君主の拘束を離れた個人の利己心の発揮に基づく自由な経済活動こそが、スミスのいわゆる「見えざる手によって」おのずからにして社会や国家の富を増進せしめるものであることを主張し、近代ヨーロッパの目覚ましい自由主義経済の発展を基礎づけた。

こうしたヒュームやアダム・スミスの経済観の背後には、すでにマンデヴィル（一六七〇―一七三三）によって書かれた『蜜蜂物語――私の悪徳は公の利益』（一七一四年）の思想があった。マンデヴィルはオランダ人で、医学や哲学を学び、後にイギリスに帰化した思想家であったが、彼はこの書で当時のイギリス社会の実情を忌憚《きたん》なく描き出し、蜜蜂の社会に譬えて、それぞれの蜜蜂が倹約や節制や正直等の美徳を守っていた時代にはその社会は衰微したが、各蜜蜂が嫉妬、虚栄、贅沢、浪費等の悪徳をこととし、商売に当たっては売り手と買い手とが互いに相手を瞞《だま》し合って利益を大きくし、泥棒がはびこった時代に、生産が増大し、仕事が殖え、社会の繁栄を来たしたと言って、個人の欲望を抑えるよりも、むしろ積極的に個人の欲望を刺激してこれを能動的に発揮させることの大切であることを強調した。それは神に対する敬虔や従順を最高の徳としてきた中世の伝統に反撥して、個人としての人間の自主性と能動性に目覚めた近世ヨーロッパの新しい精神の率直な表明ではあったが、この流れを受け継いだヒュームやアダム・スミスをも含めて、そこにはトマス・ホッブズに見られたような、個人の欲望相互の間にやがて生ぜざるを得ない衝突についての反省は見られず、ただ個人の快楽追求がおのずから社会の幸福をもたらすという安易な楽天観が支配しているのみであった。あえて言えば、これらのイギリス哲学者たちの眼中には、ちょうどイギリス海軍がイスパニア無敵艦隊のイギリス来襲を撃滅して（一五八八年）以来、そしてイギリスが印度に東印度会社を設立して（一六〇〇年）以来、次第に世界の覇者としての途を歩んでいた祖国繁栄の姿のみが映じていて、イギリス国民の一人々々の逞しい欲望の発揮が、おのずからイギリス国家繁栄の原動力であることしか念頭になく、それがもたらす植民地の原住民への影響や、いわゆる植民地争奪の帝国主義的戦争への予感はなかったもののようと思われる。ただ自然権から自然法への転換の必然性を洞察したトマス・ホッブズだけはそうではなかったと言えよう。

功利主義の倫理説の代表はしかし、これらの思想家たちの影響を受けた同じイギリスのベンサム（一七四八―一八三二）に求められる。ベンサムもまた、「自然は人類を、快楽と苦痛という二つの主権者の支配下においた。我々が何をするであろうかを決めるのも、我々が何をなすべきかを指示するのも、快楽と苦痛とによるのみである」（『道徳と立法との原理序説』一七八九年、第一章）とし、若い頃にプリーストリー（一七三三―一八〇四）の書から得た「最大多数の最大幸福」を以て自分の功利主義倫理の原理とした。したがってベンサムは、あらゆる快楽は共通の量に還元することができ、一定の尺度に従ってそれを計量することができるとしたのである。彼はその尺度として、快楽の強度、持続、確実さ、遠近、豊かさ、純粋さ、範囲の七つを挙げるのであるが、そもそも快楽の意味が必ずしも一定でないことはすでに見た如くである以上、このような尺度が、果たして万人の信頼できる尺度たり得るかは、甚だ疑問とせねばならないであろう。

事実、ベンサムの後継者として『功利主義』（一八六三年）を書いたジョン・スチュアート・ミル（一八〇七―七三）も、快楽についてその量とともに質の考慮されねばならないことを主張し、「満足した豚よりも不満足な人間の方がよく、満足した痴者よりも不満足なソクラテスの方がよい」と言った。しかしその場合も、快楽の質的区別の基準はどこに求められるべきかについて、ミルの答えるところは必ずしも明瞭ではない。その後、イギリス功利主義の最後の代表者と言われるシジウィック（一八三八―一九〇〇）は、ベンサムやミルを受け継ぐとともに、むしろカントからも大きく影響を受けて、自分自身の幸福を追求する欲求と、一般の幸福を追求すべきであるとする当為との対立を越えるために、行為を規定する命令の根底に、カントの道徳法則に当たるものを直覚する根源的な働きを想定した。したがってそこには単なる快楽や苦痛という経済的事実とは全く別の、根源的な命令の意識が道徳の基礎とされることとなった。

（5）技術の法則と当為の法則

ベンサムの思想は、少なくともカントが『実践理性の批判』を書いた段階ではカントの知るところではなかったが、ともあれこのように幸福や快楽について一定の尺度や法則を求めることはきわめて困難であるにも拘わらず、快楽を求める手段について一般的法則を認めようとし、それに基づいて行為を評価すべきであるとする立場について、カントはこれを批判するのである。この場合の法則とは、やはり決して意志に対して為すべしと命令する実践的法則ではなく、単に結果をもたらす技術のための理論的原理を意味するにすぎないのである。例えばパンを食べたいと思う者は誰でも製粉機を考え出さねばならないというような法則にすぎないから、結果を計量した条件つきの命令以上のものではないのである。

がんらい数学や自然科学で実践的といわれる場合は、本来は技術的と言われるべきはずのもので、これらの学には理由と帰結、原因と結果の必然的関係の探求があるだけで、結果を度外視しての人間の意志規定ということはあり得ないのである。私たちの意志を規定する実践的法則とは、そのもたらす実質や内容の面からではなく、ひとえにその形式の面から意志を、したがってその経験界への具現としての行為を規定する根拠を含むものでなければならない。

ここでカントの挙げている例に従うと、「私が自分の財産をあらゆる確実な方法で殖やすことを格率としたとする。そして今、私が或る預り物を持っているとして、その持主が死んでしまい、預り証の類も残っていないとする。そうなれば、それは自分の財産を殖やそうとする私の格率に従ってそれを私の財産に加えることができる場合に当たる。そこで私は、そのような格率が普遍的な実践的法則として認められるかどうかを考える。しかしもしそれを実践的法則として認めるとすれば、預り物などは成り立たないことになるだろうから、そのよう格率を普遍的法則とすることは普遍的法則自身を否定するものであることは直ちに明かである。私の認める実践的法則は自ら普遍的法則を立てるという性質を与えられねばならず、したがって自分の意志が実践的法則に従うとすれば、自分の貪欲を認めようとする格率を普遍的な実践的法則の根拠として挙げることはできない」と。このようにして、その内容において各人それぞれに異なることのあり得る経験的欲求の対象が、偶々或る特定の人たちや、或いは或る特定の事情の下で一致したということから、そこに普遍的法則を認めてそこから道徳を導こうとすることの不合理は、ちょうどかつて神聖ローマ皇帝カール五世とフランス国王フランシス一世とが北イタリーのミラノを争った時、状勢自分に不利と見て暫時の和睦を求めたフランシス一世が、このカール五世に対して、その友誼の理由として、「わが兄弟カールが持たんと欲するものを余もまた持たんと欲する」と言ったといわれるのと同じだ、とカントは辛辣に諷刺するのである。互いに同じものを持とうと欲することは、兄弟の誓いを結ぶことのできる理由となるどころか、それこそがまさに、互いに争わねばならない原因であることとの不合理を、経験的欲求の対象として同じものが或る人たちによって共に求められるからといって、それがそれらの人たちの間に円満な道徳的関係をもたらす理由となるどころか、それこそがまさに、相互の間に争いを生ぜしめる原因をなすであろうこととの不合理と照応せしめたもので、ちょうど先きに挙げたホッブズの理論の正しさを示したものと言えよう。

このように実践的法則がもっぱら形式の面からのみ意志を規定するものであることは、この法則が幸福や快楽という、感覚から導き出されるものではあり得ず、したがって自然法則とは別個の、「純粋実践理由」に由来することを語るものであり、それはとりも直さず、理性の実践的使用とは、理性が実践的法則である道徳法則に従って意志を規定すること、すなわち意志をして、経験に先立って持つ法則に基づいて経験を生ぜしめることを意味する。そしてここに意志の先験的（超越論的）自由の認められねばならないことが明かとなるのである。したがってまた、実践的法則すなわち道徳法則と意志の自由とは、互いに相手を前提し合う関係をなすものにほかならない。

このことをカントに、「自由は実践的法則、すなわち道徳法則の存在根拠であり、道徳法則は自由の認識根拠である」と言い現わした。道徳法則を私たちが私たちの実践理性、すなわち意志のうちに認めずにはおれないことが、すでに私たちの意志のうちに、自分で自分の法則に従う自由が存在することを示すものであり、また逆に、私たちの意志のうちに自由が存在するのでなかったら、自分でそれに従おうとする道徳法則は私たちによって意識されることはないだろうということである。私たちにとって先ず認識されるのは道徳法則であり、本性上存在するのが私たちの意志の自由である。ここでもアリストテレスの言った、「我々にとって先きなるものから」と、「本性上先きなるものから」という、学問における相反する二つの出発点、すなわち道徳法則と自由との出会いが、一つの円環をなす関係が示されるのである。

3　道徳法則の言い表わし方

(1) 道徳と人格

「知識」をつくるのに理性を理論的に使用する場合に用いられる法則は、「AハAデアリ、Aハ非Aデハナイ」という法則であった。これは私たちの考える働きがそれに基づかねばならない第一法則で、私たちは自分で意識していなくても、当然、この法則に従ってものを考えているとせねばならない。しかしこの、考えるための法則を初めて取り上げて、その重要性を主張したのは紀元前五〇〇年頃、イタリア半島の西海岸エレアに栄えたエレア学派のパルメニデスであった。その後ギリシァのアリストテレスによって、この法則は学問方法論として組織され、それが長い間、学問の世界を支配してきたが、その後、カントによってそれは形式論理学と呼ばれて、単に「知識」をつくるための思考の形式を示すのみの学であることが指摘された。しかしそれが思考の形式の学であるからには、今日でもこの学は、学問を研究するためには先ず学ばなければならない論理学とされているものである。

この、理性の理論的使用の場合に用いられる法則は、当然、同じ理性の実践的使用の場合にも用いられねばならない。理性の理論的使用の場合には、単に考える働きが持つ筋道に従って「知識」をつくることが目的であったから、「AハAデアリ、Aハ非Aデハナイ」という、当然の筋道を表わしている法則で十分であり、かつそれでなければならなかった。しかし理性の実践的使用とは、理性が、行為を外へ現わそうとする意志の働きとなって、外の経験される世界へ、この法則を、その通りに実現しようとするものであるのに、経験される世界はもともと厳密にはこのような思考の法則そのままに存在するものではないし、またそればかりでなく、私たちの意志の働きそのものが、経験界からの影響によってさまざまの欲望を私たちに生ぜしめて、必ずしも常に、私たちをして、この法則通りに行為させないのである。そのために、理性の実践的使用の場合のこの法則は、経験される世界からのさまざまの影響に抵抗して、あくまで私たちがこの法則に従って意志を規定するよう命令する形を取るものでなければならない。したがってそれは、「AヲシテAタラシメヨ、Aヲシテ非Aタラシメテハナラナイ」と言い表わすことができるであろう。

カントは、おそらくこのような筋道を前提して、その道徳法則を次のように言い表わした。「君が自分として持つ行為の方針、すなわち格率が、常に、何時、何処で、誰が命令しても認められるように行為せよ」と。

これは、前に述べた主観的にすぎない格率と、客観的な法則との合致を言い表わしているものにほかならない。したがってそれは、「天地俯仰に恥じない行為をせよ」ということでもあり、また、孔子の言葉として『論語』が伝えている「心の欲する所に従って矩《のり》を踰《こ》えず」（為政第二）ということでもあるであろう。「心の欲する所」とは主観的格率であり、「矩」とは客観的な法則にほかならない。孔子は「七十にして」この境地に達したように言っているが、おそらく「七十にもなったら、そのような境地に達したいものだ」という意味だったのであろう。カントはこの道徳法則を身につけることができるためには、私たちの魂は、この世だけでは足りず、来世にまでも生き永らえて、そのように努めなければならないとしたのである。

カントは『実践理性の批判』の準備として書いた『道徳形而上学のための基礎づけ』の中で、この道徳法則を予《あらかじ》め色々に言い表わしたが、そこでの言い表わし方の中には、まだ、道徳法則の、何時、何処で、誰にとっても認められねばならない普遍性を、自然法則の、単にそうである普遍性と同じように言う未熟さが残されていた。しかしこの『基礎づけ』で述べられている最も注意に価する点は、自分が本来そなえている理性の法則を、自分の意志を規定するための道徳法則として自分に命令する理性的存在者である私たち人間が、その面からは、他の何ものによっても手段として用いられてはならないところの、自分自身を目的とする尊厳な存在であることを指摘したことであった。したがって人間は、この面からは、相互に尊敬しあわねばならない存在者として人格を持つものとされ、すべての点で他のものの手段とされる事物から区別された。人格は何びとにも犯されてはならない平等の「品位」を持つものであるのに対し、事物は他の何らかの目的のための手段として役立つ程度に応じて、「価格」によって評価されるものであるからである。

そしてこの立場から道徳法則はまた次のように言い表わされた。

「君の人格、また他のすべての人の人格にそなわっている人間性を、常に、同時に目的として用い、決して単に手段としてのみ用いることのないように行為せよ」と。

　ここで注意しなければならないことは、私たちが経験の世界で互いに助け合いながら生きてゆかなければならないものである限り、その「互いに助け合う」ということの中には私たちが「相互に手段になり合う」ということが含まれざるを得ないにしても、しかしそれにも拘らず、「それと同時に」、互いに道徳法則に従う自分を自分の目的とする「人格」であるというその本質を尊重し合い、相手を「決して単に手段としてのみ」用いてはならないことをこの法則が表現していることとである。ここに道徳性をそなえたものとしての人間の人格の、比較を越えた尊厳性、或いは品位と、道徳性を持たない単なる事物が持つところの、比較され差等をつけられ得る価格との違いの区別とが示されるのである。人間はその自然の素質や能力においては千差万別であって、全く同じ素質、全く同じ能力の者はあり得ないけれども、しかしそれが本来そなえている道徳法則に対する尊敬の念と、それに従うことを人間の義務と感ずる点に関しては、平等の人格を持つ者として互いに尊敬し合わねばならないのである。

　カントはここで、このような道徳法則に従うべき私たちの義務について、自分に対する義務と他人に対する義務とを分かち、それぞれについて更に積極的な義務と消極的な義務とを分けて実例を示している。自分に対する積極的な義務としては、人間は自分の生命をあくまで守るべきであって、不幸が続いたからといって人生に絶望して自殺を求めなどしてはならない、という場合を挙げている。各人が勝手に自分を不幸だと思い込むことから自殺を選ぶことは、人格としての自分をあくまで目的として追求しようとすることではなくて、自分だけの一時の苦しみを逃れようとする感性のための手段として、人格としての自分を否定することにすぎない。そこには病苦などから逃れるために求められる安楽死や、命を全うできるのに沈みゆく船と運命を共にしようとする船長の死や、戦争の際に捕虜にならないためになされる自殺等が、道徳的に善と認められるかどうかという問題も係わってくる。この自分に対する積極的義務の立場からすれば、一般にこれらの死はすべて、そこに人格としての自己を全うできる可能性が放棄されるものである限り、一時の感情のために人格を手段に供する行為として普遍的法則たり得ないものとしなければならない。

他人に対する積極的な義務の例としては、自分が困窮して他人から金を借りなければならない場合でも、それを返せる見込みがないなら、偽って返済の約束をして金を借りてはならない。という場合が挙げられている。そのような虚言が普遍的法則として認められないことは言うまでもないが、それは「Aをして Aたらしめよ」という我々本来の実践的要求を自己目的とする自己並びに相手の人格を、共に認めず、むしろ冒瀆して、相手と自分とを共に欲望の手段としてのみ利用することであるからである。

なおカントはここに、「君が為されることを欲しないことを、他人に対して為すな」という、ローマ皇帝セヴェルス・アレクサンデル（二〇八―二三五）が愛用したといわれる格言、東洋でも「己れの欲せざる所を人に施すなかれ」（『論語』衛霊公第一五）として知られているものに当たる格言を「浅薄な言葉」と称し、これを他人に対する積極的な義務を表わす原理だと見なしてはならない、と言い、その「欲するか、欲しないか」が感情に基づいてか、理性に基づいてかの区別こそが、この場合大切であるとしている。それが単に感情に基づいて欲しいものであっても、理性に基づいて欲すべきものであるなら、当然に誰に対しても為すべきなのであり、カントは辛埒にもここに次のように付言している。

「犯罪者は彼を罰しようとする裁判官に対し、このような格言を理由に、自分の無罪を証明するかも知れない。その他これに類することが幾らもある」と。

次に、自分自身に対する消極的な義務については、それぞれ何らかの才能や素質を持つ人間が、安逸をのみ求めてそれを埋もらせるべきでなく、みずからそれを陶冶し開発すべきである。という場合が挙げられる。各人が特にそれぞれの才能を開発することをしなくとも、各人は自然に従ってその生を全うすることはできるであろう。しかし私たちの理性は、開発され得るのものが十分に開発されることを求めるのであり、そこにやはり、開発され得る自らをそのような目的として追求すべき私たちの義務が蔑《ないがしろ》にされてはならないのである。

最後に、他人に対する消極的義務については、自分が恵まれた境遇にあって、十分に他人を助けることができる人が、それだからといって、必ずしも他人を助けねばならないというわけではなく、少なくとも故意に他人の幸福を妨げさえしなければ、自分には別に道徳的義務はないと考えられる場合が挙げられている。場合によっては、他人への手助けが却って余計なおせっかいと見なされて、他人にとって有難迷惑と受けとられる場合さえあるかも知れない。しかしカントによれば、恵まれた立場にありながら、不幸に陥っている他人を傍観して助けようとしないことが、道徳法則にかなっていると見なすわけにはゆかないのである。なぜなら、そこにはやはり、自分に対してと同じように他人に対しても、在るべきものを在るべきように在らしめねばならない、という普遍的な命令が守られていないからである。いわば人間を自己中心的にだけ考えていて、人間が互いに助け合い社会を全体として在るべき姿へ完成させてゆくことが私たち全体の目的であることが理解されていないからである。そしてその場合、他人への手助けが他人に対する余計なおせっかいであるかどうかの判断は、道徳法則の普遍的命令を前提した上で、広い経験と深い省察とからのみ得られるところであろう。

（2）「目的の国」

このように私たちが、自分に対して積極的にも消極的にも本来の自分を実現することを目的として、それに努めることを道徳法則に対する義務としなければならないと同時に、他人に対しても同様に、積極的にも消極的にもその本来の人間性の実現を目的としてそれに努めることを、道徳法則に対する義務としなければならない。そしてこのことは取りも直さず、人間社会の全体が大きな自己目的をなしていて、社会をつくっている人間の一人一人が、自分を含めた社会全体の本来のあるべき姿を目的として、その実現と完成とに努めることを、道徳法則に対する義務とするものであることを意味するにほかならない。カントはこのような人間社会を「目的の国」と言い表わした。

「国」とは、「多種多様な人たちが、共通の法律に従って結合した社会」であるが、その多種多様な人たちが、それぞれ経験に基づくさまざまな欲望の対立の間に晒されながらも、それにのみ囚われずに、理性に従って道徳法則に従おうとする人格としての本来の自分を、実現の目的とすると同時に、同じくそのような他人をも実現されるべき目的として尊重し、決して単に手段としてのみ用いることがないなら、そのような国は「目的の国」の名に価するであろう。したがってこのような国では、国民の一人々々はみずから道徳法則を命ずる者である点では元首であり、みずからそれに従う者である点では一国民である。いわばこの国の国民は、命令者の一面と、服従者としての他の面との、両面を併せ持つ者として、その「自由」の所有者であることを示すものであり、その意味ではこの「目的の国」はまた、「自由の国」とか「人格の国」とも呼ばれることができる。がんらい人間の生活は、その一齣《く》一齣《く》について、それ自身つねに目的の意味を持つものでなければならず、私たちが一つの目的を立ててそれに向ってあらゆる手段を講ずる場合にも、その手段の一つ一つが、もし単に手段としての意味のみを持っていて何らの意味においても目的としての意味を持たないとすれば、おそらく私たちはそのような単なる手段のみに携わる熱意を持つことはできず、またそのような手段の用い方からは、たとい当面の目的は曲りなりにも達成されるにしても、おそらく本来あるべき自分の何かを失う結果を伴なうであろう。「目的のために手段を選ばない」ことが非難されねばならないのもこのような理由に基づくのである。

例えばエヴェレストの山頂に到達することを目的としてあらゆる手段を用いる場合に、それらの手段そのもののうちに、それぞれそれ自身としての目的が同時に認められ、その一歩一歩に全体としての人間の調和に基づく満足が伴なわれていなかったら、そこには何らかの意味での犠牲が強いられているのであり、たといその目的は達成されたとしても、それは讃えられるべき目的達成とは遠いものと言わざるを得ないであろう。むしろ目的のための手段のうちに同時にそれ自身としての目的が認められていて、その手段のうちなる目的がそれぞれよく達成されている時、たとい究極の目的が達成されなかったとしても、その企画の遂行者は十分に讃えられるべきであり、かつその成果に悔いるものはないと言うべきであろう。

スポーツは確かに勝つことを目的とするものに違いないけれども、かつて一九二一年のデヴィス・カップ世界テニス選手権大会に、日本人として初めて決勝戦へ進出し、アメリカの選手チルデンと対戦した清水善造（一八九一―一九七七）が、試合中チルデンが転倒しかけたので思わず緩い球を返して、そのマナーの立派さを世界的に讃えられたこと、またロサンゼルスで開かれた第十回オリンピック大会の総合馬術で、日本の城戸中佐が、あと二キロを残すだけで精魂尽きて立ち止った愛馬からおり、愛馬を抱きかかえて競技を断念した情味が、勝利よりも却って人々を感動せしめたこと等、目的だけが単に目的なのではなくて、まさに手段もまた目的でなければならないことの例となり得るであろう。日本の国内においても、かつて早稲田大学と慶応大学との対抗レガッタで、慶応大学のボートがリードしていながらゴール寸前で沈没したため、ゴールに入った早稲田側から再レースを申し出で、しかし慶応側が辞退して早稲田の勝利を認めたという相互の謙譲が美談とされていることもそれを示すものであろう。

ただ清水善造が出場した一九二一年のデヴィス・カップ決勝戦については、かつて三井銀行会長でもあった故佐藤喜一郎の、次のような懐古談のあることを付言しておこう。「印度に残っているのは、大正十年、デビス・カップの決勝まで勝ち残った日本の清水、熊谷両氏が、フォレストヒルの決勝戦で米国チームを相手に大接戦を演じた。あの世紀の一戦を目のあたりにしたことである。私は日本チームの応援団として駆けつけたのだが、あの感激と興奮はいまも忘れられない。

ただもう一歩というところまで追いつめながら、なぜ負けたか、私なりに感じていることがある。その日は非常に暑かった。この試合のキーポイントとなったチルデン対清水の対戦が三セットを終え、二対一で清水君がリードして休憩になったときのことである。チルデンは頭に水を浴び、マッサージを受けるなどしてしきりにからだをほぐしていたが、一方の清水は暑いインドで鍛えた自信からか、平然として何もしなかった。そして二対二で迎えた最終セット、清水はけいれんを起こし、ついに無念の涙をのんでしまった。

なんでも最善を尽くすのが西洋流の考え方である。だから恥も外聞もなく水を浴び、マッサージを施したのだが、日本チームはそれをしなかった。勝負はそれで決まったのである。試合が終ったあと、私どもはトレーナーが悪かったのだとずいぶん陰口をたたいた」。

ここに佐藤氏の言葉のように、「なんでも最善を尽くす」ことの大切なことは言うまでもないが、その「最善」とは「目的のために手段を選ばない」ことではなく、手段そのものにもまた目的がおかれることでなければならない。そしてこの事情はひとり競技に関してばかりでなく、私たちの人間としての在り方全般についての問題であり、勉学、就職、交遊等々、私たちの日常生活の万般について、目的とその手段との関係を、単に形式的に区別して済ますべきではなく、手段もまた人間にとって、それ自身が人間の目的をなし、その一つ一つの実現に目的としての意義と満足とを求め得るものとして解さねばならないであろう。道徳法則が『道徳形而上学のための基礎づけ』の中で「自分並びに他人の人格を常に目的として用い、決して単に手段としてのみ用いることのないように行為せよ」と言い表わされたのはこのことを言ったのである。

かつてライプニッツはその『単子論』の哲学によって、それぞれ全宇宙を映す明瞭の度を異にしながら、共にその明瞭さの完全を求めて発展しつつある無数の「単子」の運動として世界を説明した。ライプニッツによれば、これら無数の単子の運動相互の間に衝突の起ることのないのは、予め神による「調和」が単子に与えられているからである。カントの「目的の国」はライプニッツの「単子の国」を想起させる。しかしカントの「目的の国」を支配して人間相互の衝突を生ぜしめない力、ライプニッツの「神の予定調和」は、人間の理性にそなわっている「道徳法則」なのである。

(3) 自由の範疇表

「知識」の問題を論ずるに当たっては、「感ずる」働きから出発して「考える」働きへと向ったカントは、「道徳」の問題の場合には、逆に、最初から「考える」働きを取り上げ、それに基づいて先ず道徳法則を確立し、これに一致した意志の規定(行為)であるか否かによって、善、悪の概念が初めて生ずるとした。

このように、善、悪の概念が道徳法則に先立ってあるのではなく、却って道徳法則が先きにあって、それが私たちの意志を規定しているか否かという結果として善、悪の概念が生ずるのであるから、善、悪の概念は、理論理性が自然について「知識」をつくる場合に先ずそれを基準とした「範疇」(カテゴリー)とは違って、与えられた多様な直観を一つの意識に総合統一するためにそれに関与するものではなく、むしろそうした「知識」を対象として前提し、それに対する多様な欲求を、道徳法則に一致するよう命令する純粋意志に従わしめるものである。したがって善、悪の概念は、純粋意志がみずからに与える道徳法則、すなわち自由の法則を原因とするもので、原因性の範疇から派生した様態である。そしてこれによって規定される行為については、その規定する働きは自然の必然性を越えた自由意志として英知界に属し、その規定された結果に関しては感性界、もしくは現象界の自然の必然性に委ねられねばならない。したがってカントは、善、悪の概念による「行為」の規定に関しても、それが感性界にも関するものである限り、自然についての「知識」構成のための「自然の範疇」に照応させて、「自由の範疇」のなければならないことを導出する。それは自由という最高原理に基づく実践的概念であるから、「自然の範疇」のように感性的直観に頼って初めてその意義を得るものではなく、直ちに実践的認識として認められるものである。なぜならそれは実践理性一般に対してのみ関係する認識であり、理論的認識とは別個のものだからである。そしてその進み行きも、道徳的にまだ規定されていない範疇から、道徳法則によってのみ規定されている範疇へと進むという順序をとるものとされる。しかしこの説明は、後で見るように、「量」の範疇と「様相」の範疇とに関してのみ言われることのようである。

こうした「善、悪の概念に関する自由の範疇表」をカントは次のように示した。

1　量
- 主観的、格率（個人の意向）に従う場合
- 客観的、原理（掟）に従う場合
- 自由という先天的に主観的であるとともに客観的な原理（法則）

2　質
- 行なうという実践的規則（命令）
- 為ないという実践的規則（禁止）
- 例外という実践的規則（制限）

3　関係
- 人格性への関係
- 人格の状態への関係
- 交互的に人格と他の人格の状態との関係

4　様相
- 許されていることと許されていないこと
- 義務と反義務
- 完全な義務と不完全な義務

「自然の範疇表」に照応させたこの「自由の範疇表」は、「知識」を構成する理論理性の構想を、「道徳」に関する実践理性にもできるだけ適用して、体系の優美さを整えようとするカントの形式美への愛好を示すものと見るべきで、これが実質的にもカントの道徳論にどれ程の必然性を持つものであるかは、カント研究者たちの間にも論議のあるところであるが、ここに一応簡単な説明を試みることにしよう。

この場合先ず「量」とは、「自然の範疇」における単一性、数多性、全体性に従って、私たちが行為を行なうに当たってそれに従う方針が含む価値の量を意味し、主観的格率が価値において最少であり、次に自分の外から強制される単なる他律としての客観的原理を経て、道徳法則に至ってそれが前二者の合致したものとして価値において最大となることは言うまでもない。第二に「質」とは、行為の様態を、「自然の範疇」における実在性、否定性、制限性の立場からそれぞれ表わしたものであり、第三に「関係」もまた、私たちの意志規定が目的として関係する対象を「自然の範疇」に従って表わしたものと見ることができる。すなわち「自然の範疇」における「属性と実体」の実体に照応させて「人格性」を、「原因性と依存性」の依存性に照応させて「人格の状態」を、そして「相互性」に照応させて「前二者の交互関係」を挙げたとすべきであろう。したがって「質」と「関係」との範疇においては、価値は関係しないとせねばならない。

最後に「様相」とは、前に「自然の範疇」を導出した際に「様相」の判断について、それは「繋辞の価値に関するにすぎない」と言われたように、がんらい判断としては、前の三つの範疇の綱の場合のようには判断の内容に寄与する範疇ではなく、「自由の範疇」の場合にも、前の三つの範疇の下で規定された善、悪の概念を、全体として単に形式の面から評価するものにすぎない。いわば「べきである」ことの可能性と存在性と必然性とを表わすものである。

「自由の範疇」の中の「様相」の範疇については、カントは『実践理性の批判』の「序」で「著者が新造語を導入しようとしているという非難」に答えて、「許されていることと許されていないこと」（実践的・客観的に可能なものと不可能なもの）というのは、「単に可能な実践的な指図に一致することとそれに反していること（例えば幾何学や力学のあらゆる問題を解く場合）」を意味するのに対して、「義務と反義務」とは、「理性一般のうちに現にある法則に対して同様な関係をなす場合」を意味するとし、その例として、「単なる演説家には新語を工夫することは許されていないが、詩人には或る程度許されている。しかし両者いずれについてもこの場合、義務は考えられていない。演説家が新語をつくって、その故でその名声を失っても、誰もそれを制止するわけにいかないからだ」と述べ「様相の場合の問題は、単に、意志を規定する根拠が、それぞれ、蓋然的か実然的か必当然的かという区別だけである」としている。

これによって察すると、「許されていることと許されていないこと」とは、幾何学や力学の問題が例に挙げられているように、価値とは無関係な、したがってまたどのような価値とも結びつき得るような、単に行為の一般的な「可能と不可能」を表わすものであり、これに対して「義務と反義務」は、「理性一般の中に現にある法則に対して……」と言われているように、この場合の「理性一般」とは、まだ純粋実践理性、すなわち純粋意志を意味せず、したがってまたその「法則」も、単に「現にある法則」として本来の道徳法則ではなく一般的な「掟」を意味し、更にこの場合の「義務」なるものも、道徳法則に対する義務ではなく、一般的な「掟」に対する義務にほかならないと解せざるを得ない。このようにして、「完全な義務と不完全な義務」と言われる場合の「義務」のみが、私たちの意志に対する必当然的な規定根拠をなす道徳法則に対する義務を意味するのである。

4　徳と福

(1) 道徳性と適法性

私たちの行為が道徳的に善い行為だと認められるのは、ひとえに私たちが、道徳法則に基づいてその行為を行なった場合である。ここに「道徳法則に基づいて」と言うのは、その行為を行なうに当たっての私たちの意志が、その行為の、道徳法則の命令に従った行為であることを確信して行っていることを言うのであり、これに反して、特に道徳法則の命令に従ってではなく、他の命令、例えば感情や欲望に支配されて行なったのだが、それが偶々《たま》道徳法則にも「適《かな》っていた」という場合から区別して言うのである。したがって後のような場合には、その行為を、道徳的に善い行為だと称するわけにはゆかない。カントは前の場合には道徳性が認められるが、後の場合には適法性が認められるだけで、道徳性は認められないとするのである。言うまでもなく、後の場合には目的は道徳的行為にあったのではなく、単に感情や欲望に従った結果が、偶然、道徳的行為と一致しただけなのであるから、後々までもその人が道徳的行為を行なうことを期待できる余地は全くないのである。

このように、行為が道徳的に善であるためには、その行為を行なう人が、その行為を道徳法則に基づいて行なっていなければならないという考は、すでに古くソクラテスに見られたところであった。ソクラテスは「知る」ということを重んじた哲学者であったが、その「知る」とは、同時に「行なう」ことを意味したから、「善を知ったら」「善を行なわずにはおれず」、「悪を知ったら」「悪を避けずにはおれない」ことを意味した。したがって「善を知らない」人は、いつまでも「善を行なう」ようにはならず、偶《たま》々善に適った行為を行なったとしても、それを善だと知って行なったのではないから、繰り返し善を行なうということは全く期待できない。「悪を知らない」人についても同様であって、偶々悪を為さないことがあったにしても、特に悪を避けようという意識があって悪を為さなかったというのではないから、何時悪を為すか知れない点で、全く信をおくことができないのである。

また、道徳法則に従うべきであることを知っている場合でも、その知っている通りに意志を規定するのでなく、意志は欲望や利益によって規定されており、その欲望や利益のために単に行為を道徳法則に一致するように規定するだけであるなら、このような場合もその行為は、適法性を持ちはするけれども道徳性を持つと言うことはできない。行為の原因をなす意志の規定根拠が道徳法則であるか否かが常に道徳性の条件なのであって、結果としての行為がどのようであるかは従属的にすぎないのである。

このように、道徳的に善であるための条件として、道徳法則の命令に従っているという意識を唯一のものとし、感情や欲望から為された行為が偶々、道徳法則の命令と一致していても、それを善と見なすことはできない、というカントの説は、屢々、厳粛主義《リゴリスムス》、或いは形式主義《フォルマリスムス》として非難されるところである。ゲーテと並んでドイツの大詩人として謳われているシラーは、全体としてはカント哲学の崇拝者であったが、このカントの厳粛主義の一面に対しては有名な諷刺詩を残した。

「良心の咎《とが》め

私は喜んで友のために尽くすが

それは悲しいかな愛情からだ

だから私の心はいつも

それは道徳的ではないぞと苦しむ

　決　心

致し方ない、お前は先ず

友を軽蔑し、それから義務の命を

厭《いや》々ながら行なうよう努めることだ」と。

もちろんこれは、感情と理性とを、頭の中だけで分離して、特に意地悪くカントの厳粛主義を曲解して見せたものと言うべきで、カントとしてはむしろ、愛情を以て友人に尽くすことが、理性の命令である道徳法則とも一致することを、喜びこそすれ、それを悩む筋はないはずなのである。主観的な格率を客観的な法則と一致するように行為することこそが、道徳法則の命ずるところであったからである。カントの強調したかったのは、この客観的法則が意識されていて、その命令に従おうとすることこそが、道徳性のために欠くことのできない条件であるということであって、それが何ら意識されていないのでは、どこにも道徳性の根拠は得られないであろうということであったのである。

(2) 法と道徳

なおここに言われている「適法性」の「法」とは「道徳法則」のことであって、一般にいわゆる「法律」のことではない。しかし一般に、「法律」と「道徳」との関係は倫理学の重要な問題である。両者の関係は次の五つの場合に分類して考えることができるであろう。

(一) 法律を道徳の一部分と考える立場
(二) 道徳を法律の一部分と考える立場
(三) 道徳と法律とを同じものと見る立場
(四) 道徳と法律とを全く別とする立場
(五) 道徳と法律とが一部分だけを共有していると見る立場

カントにとっては、「道徳」が道徳法則に基づいて意志を規定するものであるのに対して、「法律」は、道徳法則に適合した行為を行わしめるための成文法にほかならないから、その立場から

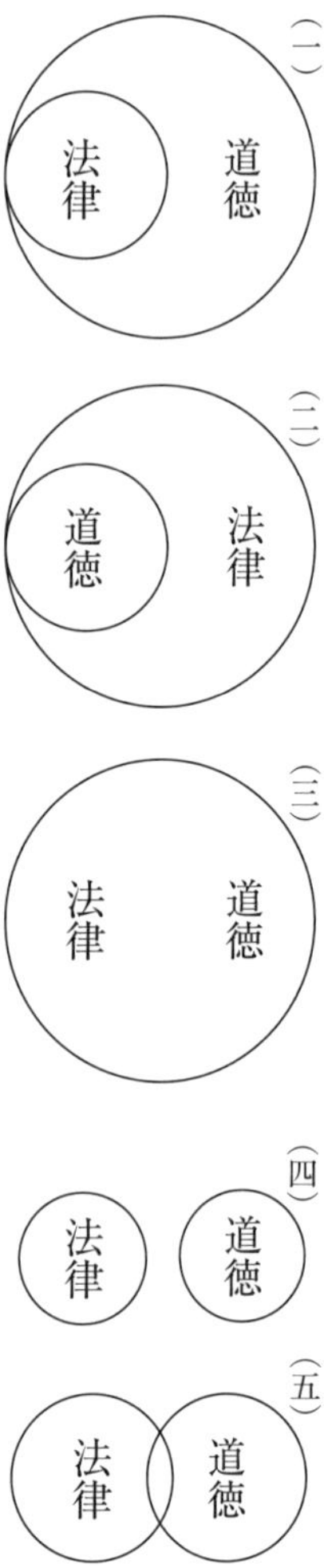

すれば、「法律」を「道徳」の一部分と見る（一）以外の立場を認めることはできない。（一）の立場は、本来ならば社会は、「道徳」だけでその秩序と平和とを維持できるものでありたいのであるが、実際には感情や欲望など、経験的なものからの影響によって容易に「道徳」だけにそれを期待できないことから、各種の強制力を伴なわしめた「法律」を制定して、できる限り「道徳」を守らしめようとするのである。したがってこの立場では、「法律は最小限度の道徳」と見られることになる。またこの立場からは、「道徳」は不文の自然法であって、成文法としての「法律」は、この自然法の表現である限りにおいてのみ、その存在理由を、したがってその強制力を承認されるのであって、それが自然法と一致しない場合には「法律」としての権威を失うべきものとされる。

これに対して「道徳」と「法律」とを全く同一とする（三）の立場は、私たちが在りたいと願う理想の状態を前提して、最初から両者の同一であるべき面を主張するものであり、したがって㈠と㈢との二つの立場は、その根本においては異なるものではなく、単に㈠の立場が現実の上に立ち、㈢の立場が理想の上に立つ違いにすぎない。もっとも唯物論者のように、人間が本来具えている理性やその法則などを認めず、人間の知識や言動がすべて外界の物質の影響によって生ずるものであるとする立場からすれば、「道徳」も「法律」も、ひとしくその社会の支配階級の自己防衛の手段として区別なく、むしろ主体的な「道徳」の如きは認められず、ただ支配者の強制力を以てする「法律」が認められるのみであろう。

「道徳」を「法律」の一部と見る㈡の立場や、両者を全く別々のものとする㈣の立場は、いずれも「道徳」よりも「法律」を人間生活において重視するもので、帰するところは人々の主体的な自由を認めず、支配者の意図を人々に強制しようとする専制政治を表わすこととなって、とうてい正当な「道徳」や「法律」の在り方とすることはできないであろう。

「道徳」と「法律」とが一部をのみ共有し、他の部分を互いに異にすると見る㈤の立場については、「道徳」としての自然法がひと度成文法として「法律」化されると、それが実定法として固定化されることから、時代の変化や新しい状況に十分適応できない場合を生じ、そのために本来の「道徳」が持つ不文の自然法の精神から離れ、実定法としての独自の領域を持つに至る。これに対して「道徳」が、これまた実定法としての「法律」とは別個に、自己の不文の自然法としての精神を貫こうとすれば、そこに「法律」と「道徳」とは、その出発点においては同一であったにしても、次第にそれぞれ独自の領域を持つに至ることを否定できない。㈣のように両者を全く分離するのではないにしても、自然法と実定法とのいずれの側に「法律」の本質をおくべきかについて、後にヘーゲルの流れを酌む自然法学派或いは哲学的法学派と、サヴィニイ（一七七九―一八六一）一派が主張した実定法学派或いは歴史法学派との対立が生じ、法学におけるこの対立は今日においても見られるところである。「道徳」が「法律」という強制力を借りないでその精神を行為に現わさしめることが期待できない以上、先ず「法律」によって行為を規定し、順次行為の原因性をなす意志を規定する「道徳」に至らしめようとするのは止むを得ない現実的な方法と言うべきであろう。したがってまた実定法が「法律」として強制力を持ち得るためには、常にそれが自然法としての「道徳」によって裏づけられているという、人々の信頼がなければならない。

前に挙げた図形の（一）の立場と（三）の立場からは、いずれも「法律は道徳に反してつくられてはならない」ことが主張されるが、その他の立場からはこの主張を導き出すことはできない。また（二）の立場からは、「法律には反していても、道徳的には認められる場合のあり得る」こと、また「道徳の問題が何でも法律の問題にされねばならないのではない」ことが導き出されるけれども、その逆、すなわち、「道徳には反していても法律的には認められる場合のあり得る」ことは導出されず、また「法律の問題を道徳の問題とは別だ」とする場合のあり得ることは認められない。

しかし（五）の立場からは「道徳には反していても法律的には許される場合のあり得る」こと、

したがってまた、「法律の問題と道徳の問題とを別個にすることのできる」場合が導出され、この主張は現実に一般を支配している法律観と見ざるを得ない。しかし、この見解が屢々実定法学者によって世の指弾を受けるような形で濫用される場合の生ずることも否定できない。これは(二)や(四)の立場からも導出できるものであるが、これらの主張はすでに古くソクラテス以来、哲学の立場からは認めがたいとしたところであり、その意味では、実定法至上主義は、道徳法則の尊厳性を認めず、詭弁を以てそれぞれの感覚や欲望の正当性を主張しようとした古代ギリシァのソフィスト（詭弁論者）の類に堕する危険を孕《はら》むものと言うべきであろう。ただその場合、実定法主義者の拠り処とするのは、実定法の客観的固定性を、自然法主義者の主観的独断やその動揺性の危険よりも安全とする相対的評価である。

しかし実定法の客観的固定性は、或る範囲内においては法の安定性を保証するものではあるけれども、しかし一面においてはその固定性の故に社会の進展や変化に対する適応を欠き、そのために法の精神からの離反を免れず、他面においてはその法の精神からの離反が法の精神の客観性に対する信頼を失わしめ、却ってそれが特殊な主観的恣意に基づく不法を弁護する詭弁の拠り処とされる危険を含むのである。自然法主義者の主観的独断やその動揺性をもちろん厳に警戒しなければならないところではあるが、主観の陥りうるそうした欠陥をのみ恐れるあまり、主観がなお持ちうる客観的なものへの洞察力を全く無視するとすれば、法の精神は実定法主義の前に喪失するに至るであろう。主観は多くの危険な短所を含むものではあるけれども、それはまた同時に、その客観的なものへの洞察力を通して優れた文化を創造する原動力でもあるのである。真に客観的なものとは常に現実の世界に固定しているものではなくて、むしろ優れた主観の洞察力によって、常に新たに発見されてゆくものと言うべきであろう。かくて実定法の背後には、常に自然法が含む客観的なもの、すなわち法の精神を洞察する努力が伴なうべきであり、この努力を通して、実定法はその運用において誤ることなく、またその補修と修正とにやぶさかであってはならないのである。

法の精神とは道徳にほかならず、「法律上無罪」であったことが、必ずしも「道徳的にも潔白」であったことの証明とはならないことは、「法律」と「道徳」との関係が、（一）の図形によってのみ適切に示されねばならないこと意味するものである。カントはまた刑罰についても、刑罰とは、犯罪者をしてその犯罪によって傷つけた他人の人格を回復させるためにのみ犯罪者に科せられるべきもので、それ以外のいかなる理由によるものでもないとする。したがって、イタリアの法学者ベッカリーア（一七三八―九四）が『犯罪と刑罰』（一七六四年）を書いて、死刑廃止を主張し、犯罪者はもっぱら教育によって改心せしめられるべきことを説いたことに反対し、このような考えを、「人道主義を気どった感傷的な同情論」と見なすのである。彼が、ルソー流に「すべての法律は人民の一致した意志に基づく契約である」とした点ではカントもそれに賛成するが、ベッカリーヤがそこから、「この契約には、人民がみずから殺されることへの同意は含まれていない」として死刑を不当としたことには反対するのである。カントにとって、「人民の一致した意志に基づく契約」としての法律のうちには、「自分をも含めて、すべて他人の人格を毀損した者は、自分が毀損した他人の人格を回復すべき唯一の途として、みずからの人格を毀損されることの承認」が含まれていると見なされるべきなのである。

カントはいつも、人間のうちに感覚的人間と理性的人間という二つの面を分けて考えるべきだとする。したがってこの場合も、死刑を免れようとするのは人間のうちの感覚的人間としての面からであり、こうした「法律のうちに含まれているはずの死刑」は肯定せざるを得ないとするのは理性的人間としての面からである。そしてカントにとっては、理性的人間のみが本来の人間でなければならないのである。犯罪者が刑罰を科せられるのは、彼が刑罰を感覚的人間として欲したからではなく、彼が刑罰に値する行為を感覚的人間として行なったことが、彼の理性的人間をして、その行為に値する刑罰を科せられることに同意せしめたからなのである。このような場合に、もし彼が罰せられなかったとしたら、彼は理性的人間として満足することができないはずなのである。したがって一時の利益のために犯罪者に科すべき刑罰を免除したり軽減したりすることは、自然法としての正義に反するものであって、理性的人間の許すことのできないことである。もし正義が行なわれないなら、私たち人間の生の価値はなく、「正義は行われよ、世界は亡ぶとも」がカントのモットーであった。この語はドイツ皇帝フェルディナント一世(一五〇三―六四)の言葉だと言われるが、カントはこの語を彼の『永久平和論』(一七九五年、カント七十一歳)の末尾に挙げて、「これは警句として世に行われ、やや誇張されているきらいはあるけれども、しかし真なる命題である」としている。

(3)「義務」の念

『純粋理性の批判』において、主としてそれを論ずることに終った「知識」の構成を任とする理論理性の批判の構想を、「道徳」を問題とする『実践理性の批判』にもできるだけそのまま適用することが、体系の優美を哲学の本質と考えたカントの意向であったが、しかし『実践理性の批判』の場合には、理論理性の批判の場合のように、「感性論」を、批判の出発点とすることができないばかりでなく、むしろそれを批判の体系の中に独立して位置づけることも許されなかった。しかし「感性」の問題は、全体としての人間の心の働きを広く「理性」と名づけて取り上げる場合に、とうていこれを無視することはできない。したがってカントは『実践理性の批判』の「分析論」で、先ず道徳法則を確立し、それに基づいて善、悪の概念を導出し、ついで道徳法則、ないしは善の概念に対する「感性」の働きを、「純粋実践理性の動機」として、これに言及する。しかし注意せねばならないことは、この「動機論」が、決して『純粋理性の批判』において理論理性が批判された場合のようには、「分析論」に先立って、そして「分析論」とは独立に位置づけられているのではなく、「分析論」の中に、その第三章として、道徳法則に関連して取り上げられていることである。すなわち、「人間の（またおよそすべての理性的存在者の）意志の動機は、道徳法則以外のものであることはできない」のである。

このようにして、道徳法則が動機をなす場合に、その動機が私たちの心のうちに何を生ぜしめるか、むしろ何を生ぜしめずにはおかないか、が示されねばならない。そしてカントによれば、すべて道徳法則によって意志が規定される場合に必ず伴なうことは、それが意志の自らに対する自由な規定であるから、感性的な衝動が一緒に起るということはなく、むしろそのようなあらゆる感性的衝動を斥け、また自然の傾向性が道徳法則に背くものである限りすべてこれを阻止し、ただ道徳法則によってのみ規定されることであり、その限りで言えば、動機としての道徳法則の働きは、もともと単に消極的な働きとして現われるのである。

これは昔ソクラテスが、彼のいわゆる「ダイモンの声」について、「それが私の胸に現われる時には、私がやり始めようとすることをいつも思い止まらせるが、せよと促すことは一度もない」と言っているのに通ずるものであろう。したがってカントも、「すべての自然の傾向性や感性的衝動は感情に基づくものであり、またこれらを阻止するという感情に対する否定作用もそれ自身感情である。だから我々は、意志を規定する根拠としての道徳法則が、あらゆる我々の傾向性を阻止することによって、苦痛とも呼ばれ得る一種の感情を生ぜしめずにはおかないものであることを知ることができる」と言う。

しかしカントはこのように斥けられるべき傾向性を、ただ自分自身だけを満足させようとする自己愛と、自分自身に満足して自己愛からの行動を無条件に正当化する高慢とに分ち、「高慢の方は純粋実践理性によって全面的に否定されるもの」であるが、しかし「自然なものとして、また道徳法則に先立って我々に生ずるものとしての自己愛については、純粋実践理性はこれを、道徳法則に合致するような条件へと制限するように阻止するにすぎない。そうなれば、そのように制限された自己愛は理性的自己愛と称される」とする。

このようにして、快を求めるあらゆる傾向性を斥ける道徳法則は、それによって私たちに一種の苦痛の感情を生ぜしめるが、しかしその傾向性が「道徳法則に合致するような条件へと制限される」限りでは、そこに生ずるのはすでに苦痛の感情ではなく、理性的自己愛として一種の精神的満足の感情である。したがってまた、道徳法則が私たちの内にある傾向性と対立し、高慢を抑止して、自己愛を道徳法則に合致するような条件へと制限することができれば、道徳法則は私たちにとって最大の尊敬の対象となる。このことは、道徳法則が、みずからは経験的起源を持たないで、しかも積極的な感情の根拠をなすことを意味するわけであるから、その感情もまた、経験的起源を持たず、先天的に認識される感情であると言わねばならない。

かくて道徳法則に対する尊敬は、「感性」からではなく、知的根拠によって生ぜしめられる感情であり、この感情は私たちが全く先天的に認識し、かつその必然性を洞察することのできる唯一の感情をなすのである。しかしそれだからと言って、この道徳的感情とも呼ばれ得べきこの特殊な感情が、道徳法則に先立って存在するもののように考えることはできない。ただ私たちが道徳法則を意識する時、純粋実践理性の主体としての私たちは、傾向性の影響に引きずられることを屈辱と感ずる。そしてのこの屈辱感の根拠をなすものが道徳法則に対する尊敬の念にほかならない。また道徳法則が、純粋実践理性の主体に対してその行く手を阻む障害を除去することは、その主体の自由を積極的に促進することにほかならず、そこに生ずる感情もまた道徳法則に対する尊敬の感情と見ることができる。この意味でこれを道徳的感情を称することが許されるのである。

意志を規定する規準として先天的に私たちによって意識されざるを得ない道徳法則は、それが経験と結合して生じたものでない限り、カントにとって「理念」にほかならない。したがって、もし道徳法則に対する尊敬の感情が感覚的なものであるとすれば、そのような感官に基づく快の感情は、とうてい「理念」との結合を得ることはできないはずであり、この意味でもカントは、道徳法則に対する尊敬の念を、「感覚的感情」から排除するのである。

次いでカントは、道徳法則に従い、傾向性に基づく一切の規定根拠を斥けて為される行為を、理性的存在者にとっての義務であるとする。義務とはこのように、行為における強制を含むものであるが、しかしこの強制の意識から生ずる感情は、感官の対象である自然の事物によって起される感情のように感覚的ではなく、理性に基づく意志規定からのみ生ずるものである。したがってそれは法則への服従であり、その限りでは不快を含むものであるが、しかしこの強制が全く自分自身の理性の立法によってなされるものである限り、それに伴なう感情は、むしろ不快に打ち克つことによる心の高揚を含むものである。この「義務」の念こそがカント倫理学の核心であり、ここに「義務」に対するカントの有名な讃辞が述べられることとなる。

「義務よ、汝崇高偉大なる名よ、汝は何ら巧言令色を以て人に媚びようとはせず、ただ服従を要望し、しかも脅迫、威嚇によって嫌悪、恐怖の念を生ぜしめて意志を動かそうとはせず、ただ法則を樹立する。その法則は、おのずから我々の心の内に入り来たって意欲に反しつつも尊敬を受ける（必ずしも常に遵奉されるとは限らないにしても）。この法則の前には、一切の好悪の情は、陰にこれに反抗しようとするが、陽には屏息して一言も発しない。汝に値する起源は何か？　好悪の情との一切の血縁を昂然と拒否する汝の高貴なる血統の根源は何処に求められるか？」と。

カントはこの起源を、人間における人格性に、すなわち、あらゆる自然の機構を離れて、みずから純粋に道徳法則に従おうとする自由な実践理性の能力に求めるのである。

（4）実践理性の二律背反

理論理性の批判における「自然の範疇」に照応させて、『実践理性の批判』においても「自由の範疇」が挙げられたように、理論理性の批判における「弁証論」が「純粋理性の二律背反」を含んでいたのに照応して、『実践理性の批判』においても「弁証論」が設けられ、そこに「実践理性の二律背反」が取り上げられる。

もっともこのような照応については、カントは、「純粋理性と共に歩む一歩一歩は、緻密な思弁に全く考慮を払わない実践理性の領域においてさえも、やはり精密に、しかもおのずから、理論理性の批判のすべての主要項目と一致しており、それはあたかも、その一歩一歩が、もっぱらこの一致を確証するために十分考慮されて考え出されたかのように見える。決して特に求めてではなく、むしろ（我々が道徳的研究をその諸原理にまで続けようとさえすれば、自分自身確信できることであるが）おのずから、実践理性の最も重要な諸命題と、屢々あまりにも緻密で不必要にさえ見える思弁的理性の批判の諸注意との一致の見出だされることは、驚くべく、かつ感嘆させられることである」と言っている。

このようにして、純粋理性がその理論的に使用される段階から更に思弁的に使用されねばならなくなる段階に至り、現象界における条件付きのものの系列に対して、その系列の全体としての無条件者を英知界に求めずにおれなくなったのと同様に、純粋理性の実践的使用においても、「与えられた条件付きの世界」に対して、「諸条件の絶対的全体」を求めずにはおれない段階に至る。そして純粋理性の実践的使用の場合における「与えられた条件付きの世界」とは、「幸福に値する善き行為に対して幸福が報いられるためには、なお経験的な別の条件が必要とされる世界」であり、これが現象界である。これに対して「諸条件の絶対的全体」とは、「幸福に値する行為が幸福そのものと一つになっている世界」であって、これは現象界を越えた英知界に求められるほかはない。

徳と福とは、がんらい、現象界においては最初から一つものではあり得ないのに、ストア哲学は徳をそのまま福であるとし、エピクロスは反対に、福をそのまま徳であるとして、いずれも首尾一貫しない結論に至ったのであったが、それらが共にその学派としての命脈を保つことができたのは、カントによれば、ストア哲学の賢者たちが、またエピクロス自身が、共に優れた理性的存在者であり得た限りにおいてであったのである。カントはこれに対して、徳と福との関係を同一性としてではなく、原因と結果との関係として捉えるほかはないとし、そこに生ずる「二律背反」を次のように示した。

（一）幸福を得ようとする欲望が、私たちを徳の格率に向わしめる原因である。

（二）逆に、徳の格率が、幸福を生ぜしめる原因である。

これら二つの互いに相反する命題において、カントが『実践理性の批判』の「分析論」で強調してきたところに従う限り、（一）の命題の許されないことはすでに明かである。しかし（二）の命題もまた現象界に関する限り不可能である。

「実践理性の二律背反」はこのように、両者いずれも偽という形で示されるのであるが、カントのこれに対する批判的解決は、現象界に対して、なお英知界の認められねばならないことを提起することによって試みられる。すなわち前に示された二つの命題について、（一）は絶対的に偽であるけれども、（二）については、それは「現象界に関する限りにおいて」という条件付きでのみ偽である。私たちは一面においては感性的存在として現象界に属するけれども、また他面においては、自分を理性的存在として英知界に属するものとしても考える権能を許されており、それによって道徳法則を、現象界に対するみずらかの意志規定の規準とし、そこに「幸福に値する行為」を通して「幸福を望むこと」が許されているのである。

しかし私たちがやはり現象界を全く離れることのできない感性的側面を持つものである限り、徳と福との一致はあくまで単に「望むことが許されている」にすぎず、その完全な一致は私たちの力を越えたものとせざるを得ない。したがって両者の完全な一致を可能ならしめる根拠の第一は、もちろん私たち自身の純粋実践理性の自己立法、すなわち純粋意志の自由であるが、第二、第三の根拠として、更に私たちの無力を補うための、この純粋意志の自由を通して私たちを導く魂の不死と神の存在とが英知界において求められねばならない。このようにして、「道徳」の問題は、更に「宗教」の問題において、その根拠を得ることになるのである。

（5）公平と緊急権

カントは「隣人愛のために嘘をつく権利について」（一七九七年、カント七十三歳）の中で、殺人者に追われている人を家に匿《かくま》っている人が、殺人者に人を匿っていないかどうかを訊かれても、嘘は絶対に許されないとした。

一般にこの種の「仮定の問題」に関しては、例えばその「殺人者」とはどのような理由で殺人者と呼ばれ、どの程度の殺意を持つと見られるのか、その「追われている人」が何故に特に追われているのか等、前後、周囲の脈絡から全く切り離されて事例については、適正な判断を下すに資料不足とするほかはない場合が多く、今の場合もそれに属する。

しかしそれはともかくとして、カントが同じ頃に出した『法論の形而上学的基礎づけ』の中では、強制する権能を伴なう狭い意味の法に対して、強制を伴なわない広い意味の法をも認め、後者を支える原理を、「公平」と「緊急権」とに求めている。いわば狭い意味の強制法によっては、必ずしも常に「公平」の守られない場合（例えば物価の暴騰によって法定賃金のままでは「公平」を欠くような）があり、また同様に、必ずしも常に「緊急事態」を救うことのできない場合（例えば禁じられている暴力をあえて用いなければ、自分の生命が危いような）のあることを認めないわけにはゆかない。したがってカントもまた、「最高の法は最大の不法」を「公平」の格言として認め、また「緊急の際には法律なし」を「緊急権」の格言として認めるのである。そして狭い意味の強制法が持たざるを得ないこのような欠陥を是正するものを、良心の裁判所（天界の裁判所）に求め、これを公民の裁判所（地上の裁判所）に対立させる。したがってこの立場からすれば、前に挙げられた「虚言」の問題についても、もし「殺人者に追われている人」の人格を守ることが道徳法則の命ずるところであるとすれば、殺人者に嘘を言って、その人を助けることの許される場合のあり得ることを認めねばならないであろう。

カントが『法論の形而上学的基礎』の中で挙げている例によれば、「船が難破して、或る他人と一緒に生命の危険に瀕《ひん》しているような場合に、自分が助かろうとして、他人が命の綱と頼んでいる板の上からその人を突きのけたとしても、そういう人を死刑に処すべきだとする刑法はあり得ない」と言う。そしてその理由としてカントの挙げるところは、将来科せられるであろう死刑の判決に対する恐怖は、とうてい現在差し迫っている確実な溺死に対する恐怖を圧倒することはできず、このような刑法はその効果を全然発揮することができないからだとしている。ここにはかつてカントが『実践理性の批判』で強調したところの、一切の経験的なものからの影響を排除して、感情に関しては、道徳法則に対する尊敬と、それに従うべき義務感以外を認めまいとした厳粛主義はうかがわれない。しかしそれにも拘わらずここに注意しなければならないことは、カントがこれに続けて、「しかし暴行によって自分を守ろうとする行為は、罪なき行為と判定されるべきなのではなくて、ただ罰するわけにはゆかない行為と見なされねばならないというにすぎない」とし、「それなのに、このさまざまの事情の下で、必ずしも人によって一定しているとは言えない微妙な緊急権の解釈が、法律学者たちの間で、安易に一定の明確な解釈を持つもののように見なされている観のあるのは、解し難い混乱である」としていることである。

成文法としての法律を離れての、「公平」や「緊急権」の道徳的解釈については、カントもそれを、全く無視することのできない経験的要素との調和の上で、まことに慎重でなければならないことを特に注意せねばならなかったのである。カントが『純粋理性の批判』の「方法論」では、「私たちの理性が抱かずにはおれない問い」として、「私は何を知ることができるか？　私は何を為すべきであるか？　私は何を望むことができるか？」という三つを挙げ、それぞれを、「知識の問題」と「道徳の問題」と「宗教の問題」とに照応させるのであるが、その後、一七九三年（カント六十九歳）五月四日付、或る友人への手紙の中には、これら三つの問いを、「すでに久しい以前から純粋哲学の領域でその解決を私に課せられていた研究の計画」として挙げた後に、

「なお続かねばならない最後の第四の課題」として「人間とは何であるか?」という問いが挙げられた。「知識の問題」も「道徳の問題」も、カントとしては、形式や原理の上からはそれぞれその独自性を示すことはできたとしても、それが適用されるべき「人間」が含む包括的な内容については、それはなお私たちに与えられた永遠の課題であり、その限りにおいて、知識も道徳も、また宗教も、等しく私たちにとって人間への問いを含むものでなければならなかった。そしてこの問いはおのずから芸術の問題へと繋がり、そこにおいてまた独自の展開を示すべきものであった。

(6) 若き哲学徒の死

カントにおける「緊急権」の問題に関してなお想い出されるのは、太平洋戦争の勃発する直前の昭和十六年十一月五日夜、当時日本の領土であった北朝鮮の清津港から日本本土の敦賀港へ向っていた定期貨物船「気比丸」が、ソ連のウラジォストック港防衛のために敷設してあった機雷の浮遊していたのに触れ、たちまち沈没した時、乗船していた京都大学哲学科学生弘津正二(二十二歳)が船と運命を共にした事件である。当時の朝日新聞によると、弘津は清津の実家で卒業論文「カントの実践哲学批判」を書き上げて京都へ帰る途中であったが、甲板に残った最後の二、三十人の群から離れて煙草を吸っていた時、隣の人から早く救命ボートに乗るよう言われながら「どうぞお先に」と言って決して先きを争わず、ついに助からなかったというのである。これについては、弘津は大学の図書室からカント全集中の二冊を借りて実家へ持ち帰っており、船室へそれを取りに行ってボートに間に合わなかったとの推測も行なわれたが、いずれにしてもその誠実、純真な精神からの死は多くの人々に深い感銘を与えた。

事故後間もない翌十七年三月、弘津の遺した日記が『若き哲学徒の手記』(昭和五十三年「講談社学術文庫」として再刊)と題して刊行されたが、当時弘津の論文指導に当たっていた天野貞祐(一八八四―一九八〇)は、この書に寄せられた「序」の中で次のように言っている。

「この本(カント全集中の二冊)はなるほど大学にとって大切な本には相違ないが、しかし決して掛け替えのないわけではなく、現に私も所蔵しておって大学へ返すことができるのである。それなのにこの本についてひどく心配させたことは、ほんとにかわいそうでならない気がする。」「彼は平生《へいぜい》カントが死に際して発した〝これでよろしい〟という言葉を好み、何かにつけて〝エス・イスト・グート〟と言っていたそうである。……この哲人の静かな人生態度が二十二歳の青年哲学徒によって体験され、生死の境において彼の心によみがえり来ったものと思われる。

人として誰が生を欲せぬ者があろう。他人を押し除けても死を免れたいのが人情の自然であろう。若い彼にとって、それはむしろ容易なことであり、またそうしたからといって、かかる出来事に際しては人はそれを深くとがめぬであろう。

けれども、それをなすことを許さぬものは彼の良心であった。哲学徒としての彼の衿持《きょうじ》であった。彼は煙草に火をつけて動揺する心を静め、人を先きにして後からのがれようとしたにかかわらず、ついにのがれ能わずして船と運命をともにするに至ったものと想像される。

死の危険が突発し来った場合における態度として、まさに達人のそれといってしかるべきであろう。死のいかなる恐怖も若人には許されてよい。いかなる驚愕も当然だと言わねばならない。しかるに、この沈着な行動、冷静な心境は、単に雄々しいというにしては、あまりにも傷ましい。あまりにも悲壮である。」

「彼は道に殉じ、信念に生きた殉教者以外の何ものでもないのである。道に殉ずる哲学精神が、彼をして、生は他人に譲り自己には死を選ばしめたのである。

〝これでよろしい〟という静かな死は、八十歳の老哲学者においてはうつくしく、ねたましくさえもある。とはいえ、二十二歳の若人においてはまことに傷ましく、かわいそうでならないのである。けれども学問の営みが単なる知識の習得ではなくて、人格の涵養である、人間の建設であることが、彼の行為によって実証された。哲学精神は彼においてすぐれたる実践者を見出したのである。彼は夭折しても、その哲学精神は無限に生き、永遠に輝くであろう」と。

またこの事件後三十年余りも経てからであったが、この『若き哲学徒の手記』の一部が、東京書籍発行、成瀬正勝編、高校現代国語三に採録されて、著者の公共心と併せて、道に殉ずる崇高な精神が讃えられた。

この事件についてはなお、事件後三十三年目の昭和四十八年一月十七日付読売新聞（大阪版、夕刊）に、弘津の死が今まで伝えられてきたような理由からではなくて、気比丸の乗客が救命ボートに殺到している時、同船に乗っていた移動警官がピストルをかまえ、「乗るのは内地人だけだ」と朝鮮人を制したのを見た弘津が、その差別に義憤の念を抑えかね、「私は朝鮮の人たちと行動を共にする」と言って、朝鮮人グループの方へ移っていった、というのである。この言い伝えは、弘津の母校が咸鏡北道、羅南公立中学校であったことからも肯づけるところがあり、羅南公立中学校の同窓生の朝鮮人の間に大きな感動を呼び起したが、朝鮮が日本の支配下にあった時代には日本人を憚《はば》かって、また朝鮮が日本の支配から解放されてからは逆に、日本に対する反感の昂《たか》ぶっている朝鮮人を憚かって、長く伝えられず、昭和四十七年九月に、羅南公立中学校卒業の日本人が韓国を訪問し、昔の中学校の同期生であった韓国人たちに歓迎された席で初めて知らされ、日本にも伝えられるに至ったというのである。

雑誌『文藝春秋』昭和四十八年六月号は、ルポ・ライター児玉隆也氏による、この読売新聞の記事の真偽についての探訪記を、「若き哲学徒はなぜ救命ボートを拒んだか」と題して掲載し、その真偽の突きとめ難かった事情を詳細に報じたが、その翌七月号の同誌（投書欄）に、当時気比丸の遭難現場に急行した砲艦白海丸の元乗組員であった一読者からの、〝「気比丸」の遭難を目撃して〟という一文が載せられた。それを要約すると、〝白海丸は気比丸遭難の翌日正午近く、遭難現場に着き、水びたしのボートから遭難者を救い、日没、捜索を一旦打切って翌十一月七日早朝に清津に入港した。そこで生存者から「学生が一人、本を見ながら甲板を離れず、船と共に沈んだ」事を耳にし、強い衝撃を受けた。艦内もその話でもちきりだった。私はその後の報道の一切を知らず、ただあの学生は若者なればこそ、学生なればこそボートに殺到する人々の群れから遠ざかり、本を持ったままひとり美しい月夜の波に消えたのだ、とだけ思っていました。多感な十八歳だった私の、あの日の強烈な思い出が三十余年後の今、意外な活字となって現われて来ようとは……〟というのである。

「若き哲学徒はなぜ救命ボートを拒んだか？」臆測はそれぞれの観点からさまざまになされ得るとしても、それに対する答はすべて、その死が純真で誠実な若きカント学徒の死であったことと無縁であり得るとは思われない。その意味からも、この若き哲学徒の論文「カントの実践哲学批判」が、気比丸と運命をともにして、ついに天野教授の手に届かなかったことは、教授とともに私たちの遺憾とせざるを得ないところである。

(7) 道徳と宗教

「道徳」の問題が、更に「宗教」の問題においてのみその根拠を得なければならないことは、すでに「実践理性の二律背反」に関して述べた際にふれたところであったが、ここに「道徳の問題」の叙述を終えるに当たって、あらためてこれを総括しておきたい。

カントは『純粋理性の批判』の「方法論」の中で、私たちの理性の理論的使用が、やがて実践的使用を要求せずにはおれなくなる事情を述べた後で、私たちの理性が抱かずにはおれない三つの問いを挙げた。それは前にも挙げたように、

「私は何を知ることができるか?
私は何を為すべきであるか?
私は何を望むことが許されるか?」

であった。

第一の問いは言うまでもなく理性の理論的使用に関するもので、「理論理性の批判」によって答えられるものであり、第二の問いは理性の実践的使用に関するもので、「実践理性の批判」によって答えられるものであった。

第三の問いについてはカントはそれを、「私が私の為すべきことを為す場合に、私は何を望むことが許されるか?」と言う条件つきの文章に言い換えて、それを「実践的であると同時に理論的な問いである」と言い、「実践的なものは単に手引きとなって理論的な問いに対する答へと導き、またこの理論的な問いが更に高められると、思弁的な問いへ導くことになる」と言う。ここに手引きとなる「実践的なもの」と言われているのは、この問いの条件をなしている「私が私の為すべきことを為す場合に」ということが行為に関しているからであり、それが「単に手引きとなって」導く「理論的な問い」とは、「私は何を望むことが許されるか?」を問うためには「私の望むことの許されること」として「どんなことが存在しているかが知られねばならない」ことを意味しているものと思われる。そしてこの理論的な問いに対して答えるべき「私の望むことの許されること」が、経験の世界には求められず、経験を越えた世界に求めるほかはないとすれば、それは思弁的な問いへ導くことになる。そしてここに「私が私の為すべきことを為す場合に、私の望むことの許されること」とは、私の道徳的行為に対して、それに相応しい幸福が報いられることにほかならない。そしてカントは、この願望が道徳法則の直接に意図するところではないけれども、道徳的行為が幸福に価するものでなければならないという願望は、数学的知識や自然法則が理性の理論的使用の目的であるのと同じであると言う。ここには「福徳一致」、すなわち善因善果、悪因悪果という実践的願望が、「AハAナリ、Aハ非Aニ非ズ」の同一律と矛盾律、すなわち理論的法則をその根底に持つものであることが語られている。

しかし「福徳一致」の願望は、もちろんそれを私たちは此の世に実現するよう努めようとし、また努めねばならないにしても、遺憾ながらこの世の感性界においてはそれを必ずしも常に期待できず、これを屢々「来世」に期待するほかはないことは、カントが「実践理性の二律背反」において論じた通りである。したがって、それが「思弁的な問いへと導く」と言われたのはそれを意味したものであろう。理性の思弁的使用の生むものは仮象にすぎない。しかし「来世」（魂の不死）の仮象は、「自由」や「神」の仮象とともに、理性の実践的使用によって「先験的理念」として肯定され、承認されて、私たちの知識と行為とを導く指標でなければならないのである。

道徳法則の命ずるところは、「AヲシテAタラシメル」ことであって、もとより幸福そのものの追究ではない。しかしそれにも拘らず、道徳的行為が幸福によって報いられないということは、やはり私たちの理性の満足できないところである。そこには私たちの「理性」が、全体としてはなお「感性」を離れてはあり得ないことが示されている。カントは「道徳法則に合致していること」を「最上善」と称し、これに対して「福徳一致」を「最高善」とした。私たちは「最上善」を経て、更に「最高善」を求めずにはおれないのである。

このようにして、「私は私の為すべきことを為さねばならない」という「道徳」の問題、言い換えれば「最上善」の問題は、更に、「その場合、私は何を望むことが許されるか？」という「最高善」の問題へと進まずにはおれない。そしてそれは、「道徳的行為を行なった人に対しては、それに相応しい幸福を約束してくれる世界」としての「来世」（魂の不死）を確信させずにはおかず、また、「此の世」と「来世」とを共に統括して、「善因善果、悪因悪果」の法則を完全に行わしめ、「最高善」を実現できるようにする力としての「神の存在」を確信させるものであった。

理性の理論的使用は、いつも経験から与えられる知識の内容を必要としたから、これら「来世」（魂の不死）や「神の存在」を証明しようとした合理的心理学や合理的神学は、「自由を証明しようとした合理的宇宙論」とともに、いずれも弁証的推理（誤った推理）に陥ってそれらを証明できなかった。それが今や理性の実践的使用によって、先ず私たちの純粋実践理性すなわち純粋意志が、その本来そなえている法則に従ってみずからの意志を規定するという「自由」を有するものであることが証明され、続いて純粋実践理性の法則である道徳法則に合致した意志としての「最上善」を身につけるためには、私たちは此の世だけの努力を以てしてはとうていそれに及ぶことができず、「来世」（魂の不死）を願望せずにはおれないことが示され、最後に、私たちの

「理性」の究極の要望である「福徳一致」としての「最高善」が実現されるためには、「来世」と「神」との求められねばならないことが明かにされた。

したがって理性の理論的使用に基づく限り、「来世」(不死)や「自由」の証明はもちろん、「神の存在」に関する存在論的証明や、宇宙論的証明や物理神学的証明もすべて、カントが『純粋理性の批判』の「弁証論」で詳細、綿密に論証したように、単に仮象をもたらす以外のものではあり得ず、これらの証明はただ理性の実践的使用に訴えて、カントのいわゆる道徳論的証明によってのみ果たすことのできるものであった。このようにして「道徳」はおのずから「宗教」を呼び起さずにはおかず、「宗教」においてのみ「道徳」はその拠り処を得ることとなるのである。

ここに思い出されるのは、かつて東京大学で倫理学講座を担当した和辻哲郎が、その東京大学における停年退職の最終講義で、和辻倫理学の全貌を語った後、言葉を改めて、以上述べたところは結局この世における人間相互の連関としての倫理にほかならず、なお倫理を越えるものとしての人間の問題のなければならないことを示唆し、その問題については、和辻はその尊敬する先輩波多野精一(一八七七―一九五〇)の宗教哲学に譲りたい、と語ったことである。カントにおいてもまた、その倫理学は、否、その理論哲学ですら、終極においては、不死と神とにおいて、その向うべき指標を求めねばならなかったのである。

第Ⅳ章　芸術の問題——『判断力批判』の世界

1 「真」と「善」

(1) 形式と内容との統一

カントが私たちの理性の抱かずにはおれない三つの問いに応じて、それぞれ「知識」と「道徳」と「宗教」とを基礎づけたこと、そして更に「それに続かねばならない第四の問い」として「人間とは何であるか?」を挙げたことはすでに上に述べたところであった。したがってカント哲学は、全体としては「人間学」の立場から包括されるべきものをなしており、その理論哲学と実践哲学とは、それぞれカントの「人間学」の中の各部門を構成するものとして、その中に包摂されるものと見られなければならないのである。

そしてこのことは、特にカントの『実践理性の批判』の論述において注意されねばならない問題であるように思われる。と言うのは、カントはがんらい、人間を、感覚する働きとしての「感性」の所有者である面と、考える働きとしての「悟性」の所有者である面との、両面から説明しようとしていることは、すでに繰り返し見たところであったが、しかし『実践理性の批判』において「道徳」の問題を取り扱うに当たっては、当時の幸福主義の道徳観との対決の必要上、その

「分析論」において、先ず意志規定（実践理性）の規準である道徳法則を、考える働きに基づいて確立し、一切の感覚的な快・不快の感情の支配を排除することを強調した。しかしそこに「感性」が全く排除されるとすれば、人間の全体性を尽くしてはいないとせねばならない。したがってカントはその「弁証論」において、人間の心の全体を取り上げ、考える働きからのみ求められる最上善に対して、なお感覚する働きに由来する幸福の無視され得ないことをも認めて、福徳一致としての最高善を説かねばならなかったのである。

ところで今やカントは、初め「知識」をつくるための理論理性の立法を感性の形式や悟性の範疇によって明かにし、次で意志を規定して行為を命ずる実践理性の立法を、道徳法則として確立した後、ここに当面する問題は、いかにしてこれら二つの立法を統合することによって、全体としてのカントの人間像を構成し得るであろうか、でなければならない。理論理性の立法と実践理性の立法とを、ただ「立法」の問題としてのみ見るとすれば、そこにはやはり考える働きに基づく法則のみが問題であって、感覚する働きの積極的に介入する余地はない。しかしカントは理論理性の立法を「悟性の概念」に該当させ、これに対して実践理性の立法を「理性の推理」に該当させる立場に立って、ここでも彼が思考の根本法則の体系として全幅の信頼を寄せる形式論理学の体系に従い、「概念」と「推理」との間にあって両者を媒介するものが「判断」であることに基づいて、理論理性の立法と実践理性の立法とを統合すべき媒介を「判断力」に求めるのである。

カントは「私は何を知ることができるか?」という問いに対しては、悟性の範疇を形式とし、それが感性的直観という内容に適用される限りにおいて「知識」の構成され得ることを明かにし、「私は何を為すべきか?」という問いに対しては、形式としての道徳法則に従うべきことを以て答え、「私は何を望むことが許されるか?」との問いに対しては、「幸福に価する行為」に対して「幸福の報いられるべき保証としての不死と神」とへの要請を以て答えた。形式と内容との統一を求めずにおかない人間本来の要求の前に、「知識」の問題は一応の解決を得たけれども、「道徳」の問題は結局その内容との統一を求めて「宗教」にその拠り処を探らねばならなかった。「形式と内容との統一」と言う場合、今述べたように「知識」の問題においては知識の構成という意味で一応の解決を得たかに見えるけれども、その解決というのはあくまで単に原理上のことにすぎず、知識の内容そのものは涯てしなく外から与えられるものである以上、知識の完成という意味での「構成」ないし「形式と内容との統一」はあり得ず、やはりその統一は「知識」に関しても永遠の課題と言うほかはない。そしてこの問題は「道徳」に関する時いよいよ以て然りである。「道徳」が「宗教」に拠り処を求めざるを得ないのもそうした事情によるのである。

「形式と内容との統一」という問題は、種々の色合いの違いを含みながら、カント哲学を一貫して繰り返されている問題であると言えよう。知識構成の場合のこの統一は、原則としては両者いずれの側にも平等の重みがおかれねばならないが、形式の方は本来、私たちの理性のうちにそなわっているものであるのに対して、内容の方は、外界の対象からの刺激や影響によって、涯てしなく与えられねばならない。だから形式は不変の「規準《カノン》」をなしながら、常に与えられる内容を秩序づけるための「方法《オルガノン》」を構想しなければならない。そしてそこに学問の内容の拡大につれての学問方法論の発展や進歩が私たちの課題となる。これに反して、意志規定が問題とされる「道徳」の場合には、形式と内容との統一は、むしろ形式の側に重要性がおかれ、行為の内容は、常にこの形式に一致するように導かれ、かつ選択されねばならない。

このように、全体としては、知識の問題においては感覚的な内容が重要な意味を持ち、これに反して行為の問題に関しては理性の形式が重要視されるということを前提して、更に知識の問題における感覚的内容と、意志規定の問題における理性的形式との統一を目指す立場が、判断力に基づいて、「美」の何であるかを問う問題として取り上げられることになる。これをカントが『判断力の批判』の「序論」の末尾で、「悟性の立法と理性の立法との、判断力による統合」として表示しているところに従って総括すると、次のように言うことができるであろう。

「悟性」(理論理性)は自然の世界をその適用範囲とし、そこに思考の法則に従って知識を求めるのに対し、「理性」(実践理性)は意志規定に当たってみずからの法則に従う自由の世界をその領域とし、そこに意志の究極目的を追求する。これらに対して「判断力」は、人間にとって避けることのできない快・不快の感情から発しながら、合法則的な知識(真)と、意志の究極目的(善)とを、合目的性という、より高次の満足への要求のうちに統一し、同時に、現象界における自然と英知界における自由とを、芸術的創作の中で統合して捉えようとする。このようにして心の能力からすれば、知る働きと行なう働きとは、快の感情の浄化される過程の中で統合され、快は単なる感覚的快である対象への関心に囚われた快を離れて、自然に即しながら自然のままにとどまらないものを自由の世界との融合の中に求め、自然の合目的性を追求する芸術活動のうちに新しい満足を見出すのである。

わが国の室町時代に、今まで滑稽物真似《ものまね》を主とした卑俗な芸能にすぎなかった猿楽《さるがく》の中へ、新しく舞踊美や音曲美を取り入れて能楽の基礎を築いたのは観阿弥（一三三三―八四）であったが、その後を継いでこれを大成したその子世阿弥（一三六三―一四四三）は、父の遺訓をまとめた『花伝書』の中で、舞台効果としての芸道を「花」を以て象徴し、「あまりに写実に過ぎるのは花を失う」とし、「花とは写実の上に立つ美」であるが、また「花」は美しさのほかに、面白さと珍しさとの要素が必要だとした。ここに面白さとは、どちらかと言えば感覚的快に属するものを、そして珍しさとは知的関心に属するものを意味していると言えよう。そこにはまた、「生け花の道は自然の命《いのち》と人間の命との触れ合いである」という言葉も見られる。自然の命がカントの「自然の法則」であり、人間の命がカントの「自由の法則」に当たることは言うまでもないであろう。

また「写実に過ぎること」を以て「花を失う」とする思想は、後に歌舞伎狂言作者近松門左エ門（一六五三―一七二四）の説として、「近松芸能論聞き書」に見える芸道の本領を「虚と実との皮膜の間に見る論」（三木平右エ門編著『難波土産』一七三八年）に受け継がれており、松尾芭蕉（一六四四―九四）の「不易」と「流行」の説もそれに通ずるものをなすと言えよう。虚は現実を越えた想像の世界であり、実は感覚を踏まえた現実的認識の世界である。また「不易」は恒常不変なものとして自然についての悟性的知識であり、「流行」は奔放な感性の想像力とも見られよう。ゲーテもその「自叙伝」を『虚構と真実』と題したのであった。

もっとも虚といい実といい、また不易といい流行と言っても、思想と経験とのいずれを以て虚としいずれを以て実とするか、またいずれを以て不易としいずれを以て流行とするかは、必ずしも一義的とは言えない。ゲーテは「すべて移ろいゆくものは比喩〔虚〕にすぎない」として、恒常不変の思想を真〔実〕とし、感覚的なものを虚とした。しかし後にニーチェ（一八四四―一九〇〇）は、「すべて恒常不変のものは比喩〔虚〕にすぎない。詩人は欺きすぎる」として、むしろ移ろいゆくものをこそ真〔実〕であるとし、恒常不変の思想を「慥《こしら》えもの」とした。すでに古代ギリシァにおいて、「万物は流れる」を以て一切のものの実相と見たヘラクレイトスがあったのに対して、「あるものはある、あるものはあらぬものではない」を以て真理の道とし、世界を不変不動のものと見るべきことを主張したパルメニデスがあったが、いずれも世阿弥のいわゆる「花」を失うものにすぎず、両者皮膜の間にこそ私たちの求める究極の真実があり、カントが『判断力の批判』で意図したものもそこにあったのである。

夏目漱石（一八六七―一九一六）はその『草枕』（一九〇六年）の冒頭に、「智に働けば角《かど》が立つ。情に棹《さお》させば流される。意地を通せば窮屈だ。兎角《とかく》に人の世は住みにくい。住みにくさが高じると、安い所へ引き越したくなる。どこへ越しても住みにくいと悟った時、詩が生れ、画が出来る」という書き出しで、彼一流の芸術観を展開した。「世に住むこと二十年にして、住むに甲斐ある世と知った。二十五年にして明暗は表裏の如く、日のあたる所には屹度《きつと》影がさすと悟った。三十の今日はこう思うている。――喜びの深きとき憂いいよいよ深く、楽しみの大いなる程苦しみも大きい。之を切り放そうとすると身が持てぬ。片附けようとすれば世が立たぬ」と。その間にあって両者の統合を模索するもの、それをカントは反省的判断力に求めたのである。

(2) 反省的判断力

反省的判断力とは、個別者(S)が与えられていて、それらの個別者を包摂すべき普遍者(P)を求める心の働きであった。今や知識構成のための理論理性の立法と、意志規定に際しての実践理性の立法とがそれぞれ個別者として与えられた。問題はこれらの個別者を包摂すべき普遍者を求めることである。前者の立法とは「知識」における真を確立するものであるのに対し、後者の立法とは「意志」或いは「行為」における善を確立するものに当たる。そうなると、「悟性」の立法と「狭義の理性」の立法、すなわち理論理性の立法と実践理性の立法との包摂者を求める「反省的判断力」は、前者の確立する真と後者の確立する善との間にあって、真と善とを繋ぐものをなさなければならない。ここに「理論理性の批判」としての『純粋理性の批判』が書かれ、続いて『実践理性の批判』が書かれた後で、「理論理性」と「実践理性」とを再び結合させてもとの純粋理性そのものへと統一し帰すための媒介者は、まさに「反省的判断力」でなければならないこととなる。このようにして今新しく取り上げられねばならなくなった統一、そしておそらくカント哲学の体系の上からは最後の統一において、カントの統一が常に形式と内容との統一でなければならない以上、その形式に該当するのは「実践理性」における善であり、その内容に該当するのは「理論理性」における真でなければならない。善はそれが「純粋実践理性の原則」としての道徳法則という形式を離れては善たり得ないはずのものであったのに対し、真は、理論理性（悟性）の形式を、もちろん欠くことのできない条件とはするが、しかし経験的内容を離れては真たり得ないとされたものであったからである。このようにしてカントは、この問題を『判断力の批判』（一七九〇年、カント六十六歳）において取上げたのである。

ところで「判断力」とは、例えば「ソクラテスは人間である」というような「判断」をつくる働きで、ソクラテスという特殊な人物を、人間という、より広い普遍的な概念（まとまった類）の下に包摂する働きであるが、この働きには、今の場合のように、人間という普遍があらかじめ私たちに知られていて、その下に、新たに与えられた特殊を包摂する場合と、それとは反対に、特殊だけが与えられていて、それら与えられている幾つかの特殊を通して、それらが包摂されるべきまだ与えられていない普遍を求めようとする場合とがある。前の場合は、論理学において、与えられている普遍としての大前提から出発して、小前提を経て結論に至る演繹推理、すなわち三段論法と称されている推理に当たり、後の場合は、与えられている諸種の特殊に基づきながら、まだ与えられていない同種の特殊を含めて、一切の特殊を包摂すべき普遍を求める帰納推理に当たる。そして前の場合の演繹推理は、理性の理論的使用によって私たちが知識をつくる場合に、私たちが本来そなえている悟性の形式、すなわち範疇（カテゴリー）の下に、感覚された知識の内容を包摂する働きに当たるもので、カントはこの場合の包摂の働きとしての「判断力」を「規定的判断力」と名づけるのである。そしてこれは形式論理学において、もっぱら概念と推理とを媒介する働きであった。

これに対して後の場合の帰納推理は、与えられている特殊、今の場合は、理性の理論的使用に基づいて得られるべき真と、理性の実践的使用に基づいて求められるべき善とを、そのうちに包摂すべき普遍を求める働きとしての「判断力」が問題なのであるから、それは「反省的判断力」と呼ばれる。「反省」とはカントの場合、直接に何かについての知識を得たり、一定の原理を前提して事柄を規定することではなく、むしろそうした知識や原理を得るために、私たちの理性が用意すべき心構えを見出だそうとすることである。今の場合について言えば、特殊（真と善）を包摂すべき普遍に到達できるために、私たちの理性が持ちねばならない心構えを見出だそうとすることにほかならない。

ところでここに注意されねばならないことは、カントがこの「反省的判断力」を、人間の全体としての心の働きに基づいて、感覚する働きに由来する快・不快の感情から出発せしめていることである。「私は何を知ることができるか?」と「私は何を為すべきか?」「私は何を望むことが許されるか?」との問いが、「人間とは何であるか?」の問いに帰すると言ったカントの言葉がここに思い起されないであろうか。もちろんこの感情も、それが人間の全体としての心の働きとして位置づけられる時、いつまでも単なる感情として感覚にのみ属するものにとどまり得るのではなく、次第に純化され浄化されて、理論理性の立法と実践理性の立法との媒介者としての「反省的判断力」本来の任務を果たそうとさえするに至るのである。

なおここに、帰納推理をその方法とする反省的判断力が新しく問題とされるに至って、前に述べた「悟性」の意味についても、広い意味の悟性と、狭い意味の悟性とを区別して理解しておく必要が生ずる。今まで述べた「悟性」について、この立場から整理すると、次のように説明することができるであろう。

広義の悟性 ｛ 狭義の悟性 (概念をつくり、直接推理を行なう働き)
判断力 (概念と概念との関係から判断をつくる働き)
狭義の理性 (判断と判断との関係から間接推理を行なう働き)

この場合には、これらはすべて形式論理学(演繹推理)の範囲内での働きと見なされるので、この場合の「判断力」は「規定的判断力」を意味する。これに対して「反省的判断力」が問題になると、それはこの「広義の悟性」の領域である演繹推理とは別個の、帰納推理の働きに属するから、「規定的判断力」が「広義の悟性」の働きに属するのとは、区別されねばならない。

なおまた、「狭義の悟性」には認められなかった間接推理が、「広義の悟性」に属せしめられた「理性」(狭義の)には認められるに至るという推移のうちには、カント哲学の展開が、常に、「与えられたものにとどまっている立場」と、「与えられたものの外に出て、より高いものを求めずにはおれない立場」とを区別してこの両者を対照せしめながら、前者から後者への推移と展開を明かにしようとする一貫した方法をとっている事情をも見ることができる。この二つの立場の対照は、いつも相対的に移動し、幾重にも重なり合って展開してゆくのである。

前に「形式と内容との統一」と言ったのも、内容は「与えられたもの」にとどまっている立場」にほかならず、それが「その外に出て」、形式と統一されてのみ、「より高い立場」を求めることができるという関係をなすのである。カントが知識の問題においてその出発点とした「感性」について言えば、「感性」が外界の対象から刺激されて先ずつくる感性的直観は、「内容」としての感覚と、「形式」としての純粋直観、すなわち空間、時間との統一であるとされた。「与えられた単なる感覚」という「内容」は、もちろん私たちの知識を細かく分析して考え出された抽象物にすぎない。したがって単にそれにとどまっていては無意味である。「形式」についても事情は同様であるが、このような純粋に思弁的な微細な分析こそカントの前人未踏とも言うべき哲学の分野における功績であって、カントはこうした点についてその『プロレゴーメナ』の三九節で、「人間の認識の純粋な（少しも経験的なものを含まない）要素を攻究するに際して、私は長い間の思索の後、初めて確信を以て感性の基本概念を、悟性の基本概念と区別し分離することを成就した」と言っている。これは直接には、アリストテレスの範疇表から感性に属するものを除去して悟性の範疇を整備したことについて言われていることであるが、「人間の認識の純粋な要素の攻究」におけるこのような分析は、まことに未だ何びとも為すところのなかった洞察であり、カントがそれを、「私は長い間の思索の後、初めて確信を以て」と言っている感懐は十分に察し得るところである。

次に「狭義の悟性」についてもまた、それがその本来そなえている悟性形式にとどまっていたのでは、何の意味をも持つことはできない。それはみずからの持つ形式の外に出て、「感性」のつくる直観と結合することによって知識をつくらねばならず、その時「悟性」は、「みずからの外に出る」という意味での三段論法（間接推理）を通して、規定的判断力の力を借りなければならない。しかしまた、それが、常に「感性」と結合して知識をつくるにとどまっている限り、やはり「与えられたものにとどまっている」のであり、「悟性」は更に、「知識の外に出て」、知識の全体を統一すべき理念を求めねばならない。そしてそれは知識そのものの意義を問うことであり、知識に対する全体としての人間の態度を問うことである。かくて理念の問題は、もはや単に理論理性の問題ではなくて、実践理性の問題へと転ぜざるを得ない。カントが『純粋理性の批判』の「弁証論」で、理論理性の立場に立つ限り、理念は単なる仮象として斥けられねばならないことを、苦渋に充ちた筆致を以て縷々述べねばならなかった所以である。

かくて理念は今や理性の実践的使用によってのみ承認されるものとなり、新たに意志規定の根拠たる意味を持つに至る。ここに至って「狭義の悟性」は、「与えられたもの」の外へ出て新しい領域を展開する任務を「実践理性」に託さなければならない。この段階では、実践理性は「みずからの外へ出る」働きとして、直接推理と区別された間接推理（三段論法）に配されることになる。しかし間接推理（三段論法）の、このような「悟性」（理論理性）の推理から「狭義の理性」（実践理性）の推理への相対的な移行は、共にまだ演繹推理の範囲内のこととして、カントはこれを、広義の「悟性」に配すべきものと見なした。そしてそれが更に進んで、「悟性」（理論理性）に基づいて探求されるべき真と、「狭義の理性」（実践理性）によって追究されるべき善との総合が、「反省的判断力」によって求められるに至って、初めてそれはもはや演繹推理によっては果たされず、それを越えて帰納推理にその方法を求めねばならないとされたのである。

この関係を次のように示すことができるであろう。

ここで「悟性」が理論理性を、「理性」が実践理性を、そして「判断力」が反省的判断力を意味していることは言うまでもない。

図形A

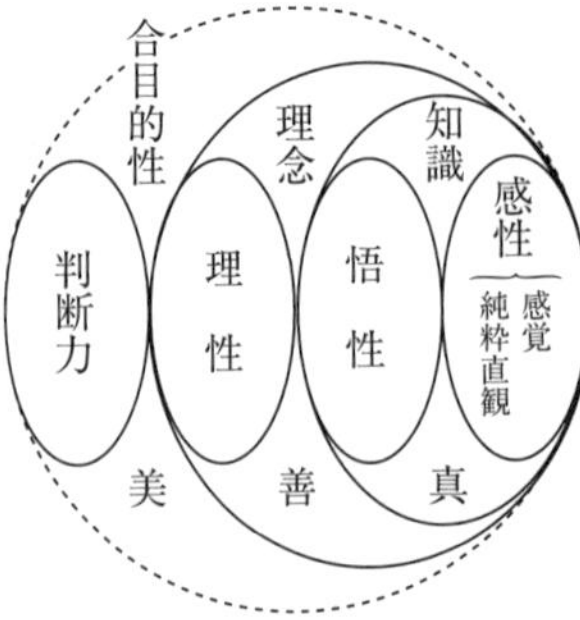

これら全体が「純粋理性」である（この背後に、感性を刺激して「純粋理性」を活動させる「物自体」が前提されている）。

第一段階では、「感性」に「物自体」からの刺激によって感覚が生じ、それを「内容」とし、「感性」が本来そなえている「形式」としての純粋直観、すなわち空間、時間が適用されて経験的直観という経験的知識のための「内容」が構成される。

第二段階では、第一段階で「感性」によって準備された知識のための「内容」に対し、「悟性」

が本来そなえている範疇（カテゴリー）という「形式」が適用されて、知識が構成される。この場合、その「内容」が「感性」の本来そなえている純粋直観（空間・時間）であれば数学的知識が構成され、その「内容」が感覚によってつくられた経験的直観であれば経験的、或いは自然科学的知識が構成される。

第三段階では、知識が「内容」をなし、理性はその「内容」の全体を統一すべき「形式」として理念を求める。しかしこの場合、理性はそれと同時に、理念を以て、意志を規定すべき「形式」とする。そこに知識の立場から意志の立場への理念の転換が行われる。

更に第四段階において、理念は今度は「内容」の意味を与えられ、これを統合すべき「形式」が反省的判断力によって、合目的性という、より高次の理念において求められる。しかしこの段階は、そこに働く判断力が反省的と呼ばれたように、直接に何かについての知識を得たり、一定の原理の下で事柄を規定することではなく、むしろそのような知識や原理を得るための私たちの理性の用意を問題とする段階にほかならないので、この図では今までの段階とは違って点線で表わし、その独自の意味を示そうとしたのである。

なおこれら全体が私たちの心の働きとしての「純粋理性」にほかならず、カントの目的はこれら全体としての「純粋理性」の「批判」にあったのである。

(3) 帰納的飛躍

演繹推理としての形式論理を大成したのはアリストテレスであったが、彼はすでに「論法に三段論法(演繹法)と帰納法とがある」と言い、帰納法がソクラテスの問答法に始まっていることを述べ、「帰納法とは個々の特殊から出発して全体としての普遍に至る道である。例えば、老練な舵手は最も巧みに操縦し、老練な馭者も同様にそうであるとすれば、一般に老練な者はすべてそれぞれの仕事において優れた者である、というような論法がそれである」としている。しかしこの論法が、演繹推理(三段論法)の立場から見ると、部分から全体へと飛躍するいわゆる「小概念不当周延の虚偽」を犯しているもので、不当な推理とされねばならない。したがって後に、イギリスの論理学者ジョン・スチュアート・ミル(一八〇六―七三)もこれを「帰納的飛躍」と名づけ、このような飛躍をあえて私たちに為さしめるものを、「自然の斉一性」に対する私たちの要求に帰した。

カントがここに、「反省的判断力」をして、あえて理論理性の立場と実践理性の立場との総合のための方法として、帰納推理をその方法たらしめた根底には、ちょうどジョン・スチュアート・ミルの「自然の斉一性」に当たるものが「自然の合目的性」という理念として前提されていた。がんらい演繹推理は、それだけとしては厳密な論証性を持つものではあるが、それが前提している普遍を何処から得たかが問われる時、結局それを帰納的飛躍を含んだ経験からの帰納に求めるほかはない。例えば「すべて人間は死ぬものである、ソクラテスは人間である、故にソクラテスは死ぬものである」という演繹的三段論法は、その推理の正当性について間然《かんぜん》するところはないけれども、しかしその大前提「すべて人間は死ぬものである」の根拠は、単に、ソクラテス以前の人間の死という部分的事実に基づいて、まだ死ぬかどうかわからないソクラテスをも含めたすべての人間の死ぬことを、飛躍的に断定してしまっているわけであるから、そういう大前提がすでに結論されたのであれば、「ソクラテスは死ぬものである」という新しい個別的結論を導き出しても、何ら新しい知識を得たことにはならない。演繹推理は結局、すべて帰納推理を前提し、それに支えられているものにほかならず、そしてその帰納推理は帰納的飛躍を承認することなしには成立しないものである。またその帰納的飛躍は、なるほど特殊という経験的事実に基づいてなされるものではあるが、しかし経験的事実にのみ基づくものではなく、それを棄て、それから離れて、「自然の斉一性」という普遍的法則をあえて大前提として選ぼうとするが故にこそ帰納的飛躍と呼ばれるのでなければならない。カントが私たちの知識について、「私たちの知識がすべて経験とともに始まることは疑いない。しかしそれだからといって、私たちの知識がすべて経験から生ずるのではない」と言ったことは、今の場合にも当てはまるのである。

このように、カントの「反省的判断力」がその方法としなければならない帰納推理は、帰納的飛躍なしには行なうことのできないものである。そうとすれば、このような飛躍は、単に誠実な理論の跡づけを追うことだけからは求められないものであり、そこには、理論の跡づけの或る段階で、それを越え出て、自由奔放な想像力の駆使や鋭い直観的洞察が要求されねばならない。誠実な理論の跡づけだけならば、忍耐強い努力を通して私たちの誰しもよく為すことのできることであるが、しかしこのような理論の跡づけを越えて、ひろくそれを総合する普遍へと飛躍することを可能にする自由な想像力の駆使は、一種の天才のみがなし得ることとしなければならない。知識の組織に関しても、もちろんこのような飛躍なしにはよくそれを成し遂げることはできないが、特に知識と意志、真と善との総合における帰納推理の果たさねばならない飛躍は、すぐれて強靱《きょうじん》な想像力を持つ天才に俟たなければならないであろう。

カントは前に理性の理論的使用に関して、「悟性」の形式が「感性」のつくる内容に対して適用される場合の媒介者として、「感性」とともにほしいままな想像を逞しうすると同時に、「悟性」の形式に則って「図式」を産出し、それに基づいてほしいままな想像を制御して知識へと構成する「構想力」を説いた。そしてまた、実践理性が理論理性のつくった理論的知識の全体を統一するためにそれに適用される場合について、実践理性がそのために立てる理念を、「一つの原理によって、悟性による知識を分割し、或いは結合する最大限を意味する理念」と呼び、更にそれを、「感性の図式からの類例であって、あらゆる悟性使用を体系的に統一するための規則、或いは原理を求めるもの」と言った。もちろん「図式」は感性的直観と結合するものであるのに対し、「理念」は我々人間の持ついかなる直観にも現われることのできないものである。それにも拘らずカントは、「図式」が「感性」と「悟性」との間に立って、知識をつくるための媒介者をなすと同様の意味で、「理念」が、「悟性」のつくる知識に対して、その向うべき方向を指示する

「理性」（実践理性）の立場からの指標をなす点で、「悟性」と「理性」との一種の媒介者をなすと見、そこに「感性の図式からの類例」を見たものと察せられる。そして今、更に進んで、理論理性の求める真と、実践理性の求める善との総合に当たって、帰納推理を、したがって帰納的飛躍をその方法とする「反省的判断力」を挙げるのである。

これらの推移を通して、理性の理論的使用の場合の「図式」と、理性の実践的使用の場合の「理念」とがすでに次元を異にしながらも類似の役割を演ずるものとして登場しており、また同じく、理性の理論的使用の場合の「構想力」と、理性の理論的使用と理性の実践的使用との総合の場合の「反省的判断力」とが類似の役割を演じていることをもうかがうことができる。それらはそれぞれ、全体としての純粋理性の展開の各段階、各側面にあって、広狭、濃淡、さまざまの色合を以て繰り返し現われ、それはちょうど、古代印度に行なわれた秘密仏教で、その宇宙観を幾重にも重なり合った図型で表わした曼荼羅《まんだら》像を見る観を呈していると言えるであろう。

図形B

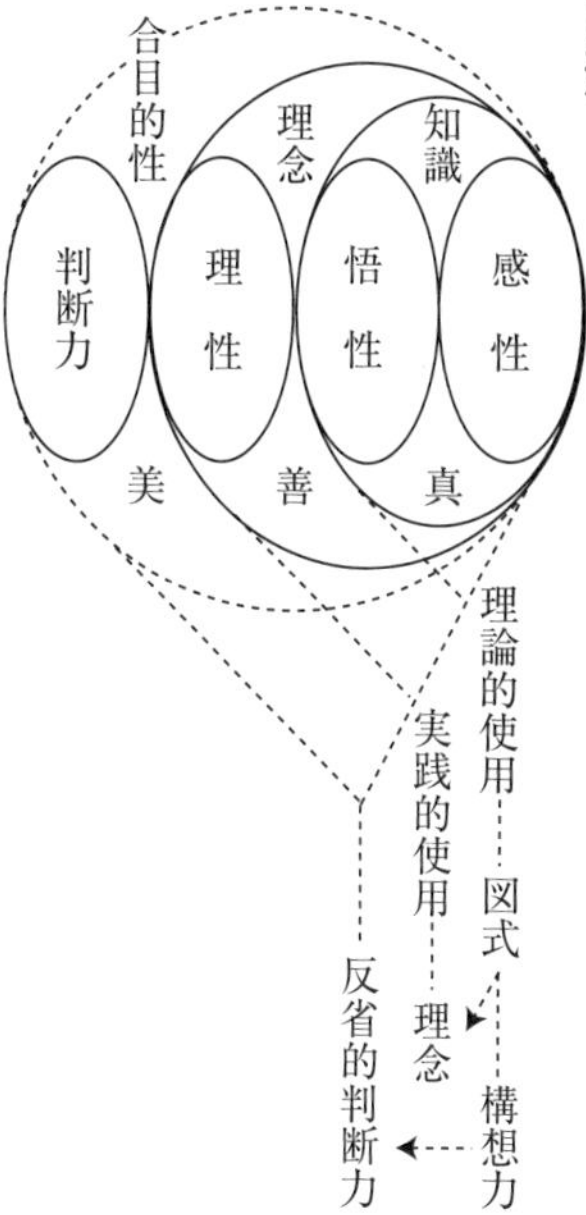

この事情を、前に「感性」「悟性」

「理性」「判断力」の相互関係について示した図（図型A）に基づいて、右のように示すことができるであろう。

ここに悟性が、感性のつくった感性的直観を内容とし、自分が本来そなえている純粋悟性概念、すなわち範疇（カテゴリー）を形式として「知識」をつくるという「理性の理論的使用」が行われるに際して、感性と悟性とを媒介する働きとしての構想力が産出する「図式」は、純粋理性の高次の働きが更に「知識」を全体として統一しようとする段階に至ると、その性格もまた高次の或る面を加えながら、その類例としての「理念」として再現すること、また「図式」の産出者としての構想力が、理性の「実践的使用」と「理論的使用」との総合に際して「合目的性」が問題とされる時、「反省的判断力」の意味を帯びてより高い次元において再現すると見ることができること、更にカントにおいては、「知識」の領域についても「理念」の領域についても、前者には自然の法則が、後者には自由の法則が、いずれも法則がその根底におかれたのに対して、反省的判断力が合目的性を志向する領域にあっては、いかなる法則をも樹立できないこと、そしてこの図において、判断力の領域を表わすのに点線を以てしなければならなかったのはその意味であったことは、それぞれカント哲学の全貌を把握するための重要な鍵をなすものであろう。

この事情をカントは、自然と自由との統合としての芸術について語るに際して、「美の学があるのではなく、美の批判だけがあるのである。また美的な学があるのでなく、美的な技術（芸術、或いは美術）だけがあるのである」（『判断力の批判』四四節、「芸術について」傍点は引用者）と言い表わした。このことはまた、理論理性のつくる学も、実践理性のつくる学も、いずれも真実には全体としての私たちの心を、すなわち純粋理性を満足させるものではないことを意味している。内容に適用された形式が、その内容とともに新たな意味での内容となり、更にこの内容に対して新たな形式が適用されて更に新たな意味での内容をなし、……というようにして進展してゆく純粋理性の最高次の段階において反省的判断力が登場するのである。したがってそれは形式の最高形式を求めるという問題であり、純粋理性はこれを、反省的判断力を通して「反省」するより以上に出ることができない。その意味で、「反省」とは「批判の批判」であり、「形式の形式」を構想することである。

2　美的判断力

(1) 趣味判断

ここにカントが趣味判断という場合の「趣味」という言葉について注意しておかねばならない。カントによれば、「誰でもそれぞれ自分の趣味を持つ」といわれる場合の趣味は、快適さに関する趣味として「感官的趣味」と呼ばれ、美に関する趣味は「反省的趣味」と呼ばれて、両者は区別されているのである。そしてここで趣味判断と言うのは言うまでもなく後者の意味での趣味を意味している。

整然と合理的な形をそなえ、用途に関してもその目的によく合致して建てられている建物を、理論理性に従って理解することと、この建物から快の感情を受けとることとは直ちに同じではない。私たちは物や事柄を、単に理論理性に従って理解することを望むだけでなく、同時になお、それが私たちに快の感情を与えるかどうかを判断するのである。行為が道徳法則に合致した行為であることを要求する実践理性の場合についても同じことが言えるであろう。私たちはそうした実践理性の要請とともに、なおそれが私たちに快の感情を与えるかどうかを判断する。

この場合、その判断の根底におかれているものは、決して単なる快の感情にとどまるものではなく、それは美と称されるべきものである、とカントは考える。カントはこの「美を判定する能力」を「趣味」という言葉で表わし、或るものが美であるか否かを判別する判断を、「趣味判断」と称した。したがって趣味判断は、単なる感官判断と異なるとともに、知識をつくるための認識判断とも、道徳的評価を下す道徳的判断とも異なるのである。

カントはここに、私たちが「或る対象を美と名づける場合の諸条件を知るためには、趣味判断の分析が必要である」とし、そこには、やはり悟性に対する関係が含まれている限り、それは純粋悟性概念、すなわち範疇の四綱目に従ってなされねばならないとするのであるが、しかし趣味判断の注目するのは第一に対象の「性質」であるという理由で、それを「質」「量」「関係」「様相」の順序で考察している。

ここにもカントの体系の整備への愛好がうかがわれるが、先ず「質」の面からは、誰かが私に、或る宮殿を指して、これをお前は美しいと思うかどうかと訊ねた場合に、私が、この宮殿の素材や、何時、何の為めに、誰によって建てられたか等をどんなに詳しく述べても答にはならないだろうし、またルソー流に、この宮殿のために人民の膏血《こうけつ》を徒費した王侯の暴虐をどんなに激しく攻撃しても答にはならない。これらの答はそれぞれ私たちの知識欲や道徳的要求を満足させてはくれるだろうが、今訊ねられている趣味判断には少しも触れていないからである。今求められているのは、このような宮殿が実際に存在しているかいないかにさえかかわりなく、それを私が心に思い浮べて、一切の欲望から離れた満足を感ずるかどうかということである。したがってその私の感情は、その宮殿が実際にあって欲しいとか、あるべきだとかいう願望をさえ持つ以前の、ただ私がそれを思い浮べることからだけ、私自身が自由に生み出す気持にほかならない。

快を与えるその対象が実際にあって欲しいと願うのは、その対象からの感覚的刺激を求めるものので、それは感官判断にすぎないし、またその対象があるべきだと要求するのは道徳的判断であって、いずれも趣味判断ではない。趣味判断の「性質」は、一切の関心のない快を美とすることなのである。

次に「量」の面からは、趣味判断は、単に個人的な快適を求める感官判断のようにその人だけのものではなく、自分の美と認めるものがすべての人に美と認められるものだと信ずるものであるが、しかしそれは、認識判断や道徳的判断が明確な法則や概念に基づいてその価値を要求する場合のような客観性を持つものではない。したがって趣味判断の「量」的規定は、それが美を、すべての人に快いものとして、しかしそれを明確な概念とはかかわりなく認めるということである。

「関係」と「様相」との面からのカントの趣味判断の説明は、時には範疇の綱目に引きずられ、時にはそれを無視するとも思われる不統一がうかがわれるが、要約すると、先ず「関係」の綱の下では、美を以て、目的を意識せずして或る対象に合目的性を見る合目的性の形式であるとする。ここに「目的を意識せずして合目的性を見る形式」と言うのは、やはりまだどのような意味でも何らの内容をも伴なっていない「純粋な想像された形式」であるからである。したがって趣味の根底に働くものはやはり悟性と構想力とでなければならない。

かくてこの「合目的性」とはカントによれば、私たちが特に或る対象についてその目的を意識することではなく、むしろそのような特定の目的とは別に、私たちが対象そのものを知覚するその知覚の中に、私たちをして満足せしめる或る種の合目的性の形式を見出すことである。カントの挙げている例によれば、古墳から発掘された石器について、私たちはそれに柄《え》を差し込むためと思われる孔がつくられてある等のことから、そこに古代人がそれを用いた目的を推測して、この石器に一定の合目的性を認める。しかしこのことから人は必ずしもこの石器を美であるとは判定しない。そのような合目的性は、すでにそれが人間によってつくられた物として解された時、それをつくった人間の意図や関心と結びつけられて捉えられている合目的性である。これに反して、或る花、例えばチューリップを私たちが美しいと言うのは、予め何ら特別の目的を前提したり、それに関係せしめたりすることなしに、全く「無心に」それを見て、私たち自身の抱いている一種の目的に合致していることを認めるからである。この合目的性は、それを私《わたくし》しようとする単なる感覚的欲望ではなく、「悟性」に係わるものを含んでいなければならないが、しかしまた単なる法則によって命ぜられるものではない点で「構想力」の産み出すものでなければならない。それが「目的なき合目的性」と言われる所以である。

したがってもしその花を、「無心に」眺めるのでなく、他人に贈るのに縁起がいいかどうか、値段が適当かどうか等の外的条件に支配された悟性的判断が加わるとすれば、もはや純真な「美」とは別の評価に晒されることとなり、また逆に、ただ想像力の恣いままな奔騰に委せて、怪奇な異様さを求めることも「美」とは言い難く、いずれも私たちの求める合目的性ではない。

最後に「様相」の面からは、認識判断については、それが快と結びつくことは可能であると言うことができるにすぎないのに対し、感官判断についてはそれと快適さとは現実に結合しており、趣味判断における美についてはそれは快さと必然的に結合しているとして、可能、現実、必然を対照させるのである。けれども趣味判断のこの場合の必然性とは、もちろん認識判断の含む理論的必然性や道徳判断の含む実践的必然性とは別で、カントはこれを「例示的必然性ぐらいにしか呼ばれ得ないような必然性である」と言っている。そしてその根拠を、合目的性の形式に対する共通感覚に求めるのである。かくて美は、「様相」の面からは、概念なくして必然的な快さの対象をなすものとされる。このようにして範疇の四つの綱のいずれの面からしても、趣味判断はそのうちに一種の矛盾を含むものをなし、したがって二律背反を免れないことを示すのである。

(2) 美と崇高

反省的判断力について、先ず美的判断力を取り上げ、それに基づく趣味判断によって美の判定を論じたカントは、続いて崇高の判定を取り上げる。カントによれば美に関する判断は、「構想力」が「悟性」と相俟って生ぜしめるものであるのに対し、崇高に関する判断は、「構想力」が「理性」と相俟って生ぜしめるものである。すなわち、美は自然の調和に基づくものであるが、崇高はむしろ、一度その調和が破られた上で、更に高次の調和の発見されるところに生ずるものである。美は自然が含む合目的性の形式に由来するが、崇高は自然界の対象が、一度その合目的性の形式を失い、没形式に陥った所に、別種の合目的性の発見されるところに生ずる。その意味で、美は肯定的合目的性の形式に基づき、崇高は否定的合目的性の形式に基づく。「構想力」が、「悟性」と相俟って働く場合と、「理性」と相俟って働く場合との区別というのは、このような区別となって現われるのである。

カントは更に彼一流の精緻な二分法的分析に従って、この崇高についても、「数学的崇高」と、「力学的崇高」とを区別する。

数学的崇高は、量と質との範疇に従うもので、いずれも「構想力」がその力の限界に当面して挫折する時、「理性」の登場に励まされて、新しい満足を見出す場合である。量に関して絶対的に大なるものの前に立つ時、私たちは美というよりは自分自身の卑小を感じて圧倒される感を抱く。「構想力」がこの圧倒感に反撥する時、同時に、無限者としての能力を持つ私たちの理性が呼び覚まされ、「私たちのうちに潜む超感性的な能力の感情」が崇高の感情として生ずる。前に美的判断力が美を判定する場合には、構想力を自由に発揮させて悟性に関係せしめたが、崇高なものの判定は、構想力をその力の限界において一旦挫折せしめ、その不快を媒介として理性に関係せしめて生ぜしめる快なのである。

力学的崇高もまた、その本質においては数学的崇高と異なるものではないが、カントはこれを関係と様相との範疇に従うものとして数学的崇高から区別するのである。無限なる数と量とが数学的崇高の基本をなすものであったのに対して、自然が圧倒な力と見なされる時、力学的崇高が生ずる。「無数の星群の燦然たる天空」が数学的崇高であるならば、「驚瀾怒濤する大海」は力学的崇高を現わす。「頭上から今にも落ちかからんばかりの岩石、天空に盛り上がる雷雲が電光と雷鳴とを伴なって接近してくる有様、すさまじい破壊力を存分に揮う火山、一過した跡に惨憺たる荒廃を残してゆく暴風、怒濤逆巻く無辺際の大洋、すさまじい水量を以て中空に懸る瀑布等は、我々の抵抗力を、それらの威力に比して取るに足らぬ小さなものたらしめる。しかし我々が安全な場所に居さえすれば、その眺めが見る眼に恐ろしいものであればあるほど、これらの光景は我々の心を惹きつけずにはおかない。我々はこのような対象を好んで崇高と呼ぶ。これらのものは、我々の心の力を日常の平凡な段階以上に高揚させ、全く別種の抵抗力を我々のうちに顕わさせるからである。そしてこのことが我々に絶大な自然力に挑む勇気を与えるのである」とカントは言う。

かくて私たちは測り知れない広大な自然の前に、またそれを美的に判定するための尺度を求めるべくもない私たちの無力の前に、私たちの限界を見出ださざるを得なかったとはいえ、しかしそれにも拘らずそれと同時に、私たちの「理性」の能力には更に別種の非感性的な尺度のあることを知るのである。そしてこの非感性的な尺度のもとでは、自然の無限性すら一個の単位として測られ、したがってこの尺度に比べれば、自然における一切は、すべて小なるものとなってしまう。こうして私たちは、自分の心のうちに、測り知れない広大な自然をすら凌駕する優越性の潜んでいることを見出だすのである。

したがって自然的存在者としての私たち人間は、その抵抗できない自然の威力の前に自分の身体的な無力を思い知らされはするが、しかしそれと同時に、そのような自然の威力から独立しているものとして私たちを評価する能力を見出し、それによって自然に対する私たちの優越性を知るのである。このようにして私たちは、私たちの外なる自然に対抗してその侵害や危険から身を守る自己保存とは全く別個の、私たち自身のうちなる理性の能力それ自身に基づく自己保存が、このような優越性に基づいて確立されるのである。人間は自然的存在者としては自然の強制力に屈服せざるを得ないにしても、しかし一個の人格として私たちのうちにある人間性は、そのために少しも毀損されはしないのである。

自然が美的判断力によって崇高と判定されるのは、自然が私たちのうちに恐怖の念を呼び起すからではなく、自然が私たちの常に気遣っているもの、すなわち財産とか健康とか生命とかをさえ忘れさせ、自然の強大な威力をすら、私たちと私たちの人格性とに対する強制力とは見なさないような力を、私たちのうちに呼び起すからである。言い換えれば、自然が私たちの「構想力」を高揚させて、私たちの心が、その本来の性質として持つ独自の崇高性を、自然以上のものとして自覚するような状態へ至らしめるからである。自然に対して恐怖の念を抱く人は、むしろ自然における崇高なものを判定することはできない。それはちょうど、快適なものに囚われている人が、美について判定できないのと同様なのである。

なおカントは前に崇高を説明した際に、「我々が安全な場所に居さえすれば」と言ったのは実際の場合について言ったにすぎず、それは崇高の意味を低めるものでなく、問題は、そのような自然の威力に私たちが直面する時、崇高を呼び起すような快が私たちの能力の本来そなえている性質として見出だされることであることを強調し、「未開人にとってすら最大の感嘆の的となるものは、臆せず、恐れず、したがってまた危険を避けることなく、しかも同時に十分な思慮をめぐらして、雄々しく事に当たるような人間である」と言い、このような条件の要求されない「長期に亘る平和は、商人気質をこそ盛んにするが、しかしそれと共に、卑しい利己心、臆病や堕弱の風をはびこらせ、国民の心意を低劣するのが一般である」としている。

更にカントは、崇高が自然の威力から説明されると、次のようにカントに反論する人があるかも知れないとする。すなわち、私たちは荒天、嵐、地震等の天変地異の中に、怒りとなって現われると共に崇高性をもそなえた神を目《ま》のあたりに見る思いをするのが常であり、私たちはこのような威力、或いはむしろその意図に対して、とうてい私たちの理性の優越性などを持つことはできず、あえてそれを主張しようとするのは狂愚の業か、でなければ神を無にする不遜な罪でしかないだろうとする反駁論である。しかしこれに対してはカントは次のように答えている。

「一般に宗教においては、ひれ伏すことや、うなだれて憂いに沈む遣る瀬ない身振りや声音《こわね》を以て礼拝することが神前にふさわしい唯一の態度だと思われており、大方の民族はこれまでそのような態度をとってきたし、今でもそれを守っている。しかしこのような心の状態は、宗教とその対象である神との崇高性の理念に、それ自身必然的に結びついているものではない。実際にそのような威力に恐怖の念を抱く人は、自分自身のうちにその原因のあること、すなわちみずから疚しい心を以て、その抵抗し難い、また同時に公正な威力に逆らっていることをみずから意識しているのである。このような人が、神の偉大さ、崇高性を感嘆するにふさわしい心境にあるはずはない。この心境のためには、冷静にものを観、考える気分と、あくまでみずからの理性の自由な判断とが必要だから」と。

そして「人間が自分の正直な心を神の御心に適うものとして意識する時にのみ、このような威力は、神的存在者が持つ崇高性の理念をその人の心のうちに呼び起すのであり、その時その人は、自分の心の崇高性が神の意志に適うものであることを知るから、自然の作用を神の怒りと見なすようなことなく、このような威力に対する恐怖を脱却できるのである。……本当に謙虚な心とは、人間の持っている欠陥を、人間の自然の本性が持つ脆《もろ》さを持ち出して弁明するのでなく、むしろこれを仮借なく批判し、この批判を通して、この自己苛責の原因をなす欠陥を次第に少なからしめるよう、進んでこの苦痛に耐えようとする崇高な心の状態にほかならないのである。こうすることによってのみ宗教は、迷信から内的に区別される。迷信が人間の心底におくところのものは、崇高に対する畏敬の念ではなくて、絶大な威力をそなえた存在者に対する恐怖と不安とであり、そして怖れおののく人間は、このような威力に尊敬の念を抱くどころではなく、ひたすらその意志に屈従するのみである。かくてそこから生ずるものは、良き行状を本旨とする宗教ではなくて、ひたすらこのような威力を有する者の意志に阿《おもね》ってその加護を得ようとする功利的配慮にほかならない」として、迷信的宗教を斥けるのである。

ところでカントは美と崇高とを対比して論じた或る個処で、「自然における崇高なものという概念は、その重要さにおいても、またその結果においても、自然における美の概念に遙かに及ばない」と言い、「一般に崇高の概念は、自然そのものにおける合目的なものを表示するのでなくて、我々の直観を自然における或る種の対象〔構想力が悟性と協力してはその調和の求められないような対象〕に適用するようなことが生ずると、その結果として、自然には全く係わりのない合目的性が、崇高の概念として我々自身のうちに感知せしめられるのである」として、「自然の美に対しては、我々はその根拠を我々の外に求めねばならないが、崇高に対しては、その根拠を我々の内に、すなわち我々の心に求めねばならない。――我々の心が、自然の表象の中へ崇高性を持ち込むのである。以上は差し当たって述べておかねばならない極めて必要な事柄である」とし、更に付け加えて、「これによって、崇高なものの理念は、自然の合目的性という理念から完全に分離せられ、また崇高の理論は自然の合目的性に関する美的判定の単なる付録をなすにすぎないことがわかる。この理論によって自然のうちに特殊な形式が示されるわけではなくて、構想力が自然を表象する際に用いる合目的的な使用が発展せしめられるだけであるから」と言っている。

ところがまたカントは、同じく美と崇高とを対比した別の個所で、「自然の中には無数の美しいものがある。そしてこれらのものについては、すべての人の判断が我々の判断と一致することを要求できるし、また実際にも先ず間違いなくこのことを期待できる。ところが自然における崇高なものについて判断する場合には、我々の判断は必ずしもそれほどすらすらと他の人たちに受け入れられない。自然における対象のこの崇高性という勝れた性質について判断を下すことができるためには、美的判断力ばかりでなく、その根底に存する認識能力もまた、美の場合よりも遙かに高度に開発されていることが必要だからである」と言い、「心が崇高の感情と調和するためには、その心は理念を感受し得るものでなければならない」としている。

今もし私たちの理性が、いつまでも悟性の段階に留まっているべきでなく、また留まっていることのできるものではなくて、悟性から理性へと高次の段階へ展開してゆくべきものとすれば、構想力が悟性との調和によって求め得た美の構造は、美的判断力の本来の出発点としては、「その重要さにおいて」「自然における崇高なものという概念も遙かにそれには及ばない」ものであるにしても、やはり構想力が一旦その挫折を通して新たに理性との出合いによって求め得た崇高性は、まさにカント自身の言うように、「自然における対象のこの崇高性という勝れた性質」と言われねばならないであろう。そうとすればまた、崇高についてそれを、「構想力が自然を表象する際に用いる合目的的な使用が発展せしめられるだけ（傍点は引用者）である」と言うカントの言葉も、単に美的判断力の原初的出発点について、崇高を美よりも後に位置づけるべきことを言ったものにほかならず、「崇高の理論は自然の合目的性に関する美的判定の単なる付録をなすにすぎない（傍点は引用者）」という言葉も同様であり、私たちの全体としての「心」は、このような根源的な美から出発して、崇高の感情と調和するためには、理念を感受できるまでに、美の場合よりも遙かに高度に開発された認識能力を、その根底に持つに至らねばならないこととなるであろう。

(3) 天才

反省的判断力の用いる方法としての帰納的方法、すなわち帰納的飛躍に関して、強靱な構想力を持った天才にそれが期待されねばならないことは前にも述べたところであったが、カントはこの意味で「偉大な頭脳」と「天才」とを区別する。ニュートンが自然哲学の原理に関して論じていることは、容易にその理論的脈絡を悟性的に辿ることによって学ぶことができるが、優れた詩や文学は、どんなに作詩法が詳細に説明され、また優れたその模範が与えられていても、誰でもそれに従いそれを模倣さえすれば創れるものではない。ニュートンは、幾何学そのものの原理から、彼自身の成し遂げた偉大で深遠な発見に至るまで、その克明に進めていった一歩一歩を、彼自身に対してばかりでなく、他のすべての人たちに対しても一々明かに示すことができたし、また後人がそれを継承できるように残すことができた。これに反してホメロス（紀元前九世紀）やヴィーラント（一七三三―一八一三）のような詩人たちは、彼らの豊かな想像と充ち溢れる思想とを合わせそなえた着想が、自分の頭の中で発生し成熟してゆく過程を、一々整然と示すことはできない。それはおそらく自分自身にもわからないし、したがって他の人に教えることのできないことだからである。それ故、学問においては、最も偉大な発見者と、苦心し努力してその跡を模倣したり学習したりした人との相違は程度の違いにすぎないが、「優れた頭脳」と「天才」との違いは種別的な違いなのである。

趣味判断に基づいて判定される美の持つ重要な特質として「目的なき合目的性」が挙げられた。自然が美と判定されるのは、それが単に自然のままであることによるのでなく、それが私たちの期待する或る種の合目的性、すなわち「目的なき合目的性」をおびていることによって、芸術と見なされる時である。また逆に、私たちが或る作品を美と判定するのは、その作品が何らかの意図や目的に従って作られていることによるのではなくて、それがやはり「目的なき合目的性」をおびていることによって、人工物であると同時に自然と見なされる時である。自然美も芸術美も、共に「目的なき合目的性」をおびることによって美たり得るのである。そしてそのような「目的なき合目的性」を洞察し、かつ具現する才能を持つ者が天才なのである。

自然は単に自然のままでは、その必然的な法則性によって私たちの知識の対象であるにすぎず、人工物は多くの場合、人間の特定の目的のために造られたか、さもなければ単なる好奇心の戯れにすぎない。自然と人工物とがよそよそしく対立し合っているのではなく、自然が人工物を模倣し、人工物が自然を模倣し、両者が相互に、特定の目的を離れて模倣し合うところに、自然美が、また芸術美が生れるのであるが、この間における天才の役割をカントは次のように言い表わした。「天才とは芸術に規則を与える才能である。そしてそういう才能は、芸術家に生れながらにして与えられている産出的能力であるから、それ自身自然に属しており、それ故また次のようにも言うことができる。天才とは、自然がそれを通して芸術に規則を与えるものである」と。

自然美の根底には自然の巧まざる技巧があったのに対し、芸術美の根底には同じく、今度は人工の巧まざる技巧が、自然の模倣のための規則によって働いており、したがって芸術美を生み出すことのできるのは、この規則をその天賦の才能によって芸術に与えることのできる天才のみである。そしてそのような規則は、一種の帰納的飛躍とも言うべき働きによってのみ洞見することができるのであり、「優れた頭脳」がそれによろうとする演繹推理とは全く異なるものである。

しかしその故でカントは、必ずしも天才と優れた頭脳との間に優劣の差等を付そうとしているわけではない。実際には、この両者は必ずしもそれぞれ別々に現われるものではなく、多くの場合、互いに深く係わり合いながら現われるものであるからである。カントはここで、一面では「優れた頭脳」による学者を以て、学問的知識を絶えず進歩させ、それに依存するあらゆる効用を益々促進させると同時に、この同じ知識とその効用とを他の人たちや後代に伝えてそれを益々発展させることができる点で、「天才」が他人に伝えることができず、また自分自身としても限界を免がれず、その技術はその人と共に死滅し、自然が再び同じような天才を生むのを待つしかないのに比べて、それに勝る長所を有するとしているが、しかしまた他面では、天才の技術としての芸術も、規則によって学ばれ、制作に際して守られねばならない学校教育風の規格がやはりその本質的条件をなさなければならないことを指摘し、浅薄な人たちが、自分の華々しい天才を誇示しようとして、規則の課する一切の強制をかなぐり棄てることを第一だと考えることを、ちょうど、調教された馬に跨《またが》るよりも悍馬を御することを、一層、堂々たる威容を示す壮挙だと信じている冒険者に喩え、理性によって飽くまで綿密に研究されねばならない事柄に関して、天才気どりで喋々し、軽率に事柄を決定する人を、自分の周りに煙幕を張って観客の無邪気な想像力を駆り立て、観客をも緻密な検討から遠ざける奇術師に擬している。

カントはかつて『純粋理性の批判』の「方法論」で、「我々は哲学を（それが記録的でない限り）

学ぶことはできない。ただ哲学することを学び得るだけだ」という有名な言葉を示した。この言葉は、今、天才と優れた頭脳との関係にも当てはめることができるかも知れない。哲学を哲学史的な記録としてならば、優れた頭脳はよくこれを学び、かつ伝えることができるであろう。しかしみずからの哲学を生み出すことは、単に記録的な哲学を学習することからだけでなし得るところではない。その意味ではこの場合にも天才が要求されるわけである。しかしまたカントがここに注意しているように、徒らに哲学者がみずからの天才を自負して、古今に亘る多くの哲学者たちの学説に学ぶことを軽視するとすれば、おそらくみずからの独創と信じたものがすでに先人の説いたものの糟粕にすぎなかったり、或いは先人の陥った過ちを再三繰り返す愚を冒す結果となりかねないであろう。優れた頭脳と天才とは、現実には必ずしも別々ではないのである。

(4) 趣味の二律背反

カントにおいて「批判」は常に、理性の分析的説明を以て一貫する「分析論」から始まって、その立場からの考察によっては解決できない問題に当面せざるを得ず、いわゆる「弁証的推理」に陥いって、これに対する独自の解決を模索する「弁証論」へと展開することは、今までの「両批判書」においてすでに見たところであった。そしてそれはカントにとって、まさに「人間理性の奇妙な運命」と考えられたのであった。したがって広義の理性のうちの働きにほかならない『判断力の批判』においても、その中で分けられた「美的判断力の批判」と「目的論的判断力の批判」とのそれぞれについて、やはり「分析論」に続いて「弁証論」が展開された。
「美的判断力の弁証論」は、すでに示した「趣味判断」が範疇の四つの綱のいずれよりしても矛盾を含むものであることに基づいて、「趣味」についての「二律背反」として提示された。すなわちその第一命題（定立）は、「各人はそれぞれ個有の趣味を持ち、趣味は概念に基づいた証明によって規定されるものではない」と主張され、第二命題（反定立）は、「趣味に関しては議論の余地なく、それは概念に基づいて規定される」と主張されるのである。

そしてこの矛盾を除去する道は、この種の判断の対立においては、その判断を規定している主要概念がそれぞれ違った意味に用いられていることを指摘すること、しかもこのように異なった意味を以てそれぞれの判断の生ずることが、私たちの本来の判断力にとって免れないものであることを示すこと以外にはあり得ない。もしその判断を規定している主要概念のそれぞれ異なる意味を区別することができれば、これら外見上互いに矛盾する両命題は、実際には何ら矛盾するものではなく互いに両立できるものであることを示すことができる。

かくてカントはこの場合、定立命題と反定立命題とにおいてそれぞれ、前者においては「概念に基づいて規定されない」とし、後者においては「概念に基づいて規定される」としているその概念について、それを定立命題に関しては「規定された概念に基いては規定されない」を意味し、反定立命題に関しては「未規定な概念に基づいて規定される」を意味しているとすることによって、両命題は矛盾するものではなく両立し得るものであるとするのである。

しかし私たちのなし得ることは、「趣味」についてのこうした一方の主張と、それに対する他方からの反対主張との間の矛盾を解消することだけであって、更に進んで、趣味判断を積極的に導き、それを吟味し、証明さえもできるような趣味の明確な客観的原理を与えることは、私たちにはとうてい許されていることではない。「その源泉が我々自身にも隠されているこの趣味の能力の謎を解く唯一の鍵として示され得るのは、ただ主観的原理、すなわち我々の内なる超感性的なものの未規定な理念であるが、それは何ものを通してもそれ以上には理解され得ないものである」とカントは言う。このようにして、私たちの理性にとっていかなる場合にも免れ得ない二律背反は、その解決への努力を通して、私たちの欲すると否とを問わず、感性的な世界を越えた彼岸を望見させ、超感性的なもののうちに、私たちの一切の本来的能力の合一点を求めさせるのである。理性を理性自身と一致させて矛盾なき満足に達し得る道は、これをおいてはないからである。

（5）道徳の象徴としての美

ここに「象徴」とは、カントによれば、「図式」と並べられて、いずれも直観的表示に属するものであるが、「図式」は悟性のつくる概念に対して、それに対応する感性的直観が先天的に与えられる場合に用いられるものであるのに対して、「象徴」は、理性によってのみ思惟され、いかなる感性的直観もそれに適合しない概念、すなわち理念の根底に、やはり一種の直観が働く場合につくられるものであるが、この直観は、その場合の判断力の働きが図式の場合の働きと単に類比できるということから直観と呼ばれるのであり、したがって、それが図式の場合と類比的に一致するのは、判断力の働き方についてであり、直観そのものについてではなく、また単に反省という、私たちが明確な概念に到達できるための心の用意が持つ形式の面からであって、判断力がもたらす内容の面からではない。したがって「図式」は概念を直接に表示するが、「象徴」は類比を媒介として間接的に表示するにすぎない。そして判断力がこの媒介を行なうのは、先ず或る感性的直観の対象に概念を適用し、次のこの直観についての単なる反省のための規則を全く別の対象に適用するという二重の働きとして行なうのである。その時、最初の対象がこの後からの対象の「象徴」をなすのである。

カントの挙げている例によれば、ここに君主政体の国家があって、もしその国家が憲法に支配されていれば、それは霊魂を持つ肉体に類比され、それによって象徴されるだろうし、またもしその国家が唯一の絶対的意志によって支配されている専制国家であれば、それは単なる機械、例えば手挽臼に類比され、それによって象徴されるであろう。どちらの場合も、国家という対象が、感性的対象を通して単に「象徴的に」表象されているにすぎない。立憲国家と霊魂を持つ肉体との間に、また専制国家と手挽臼との間に、もちろん感覚的には何の相似もないが、しかしそれぞれ、これら両者が持つ機能や性状を考える場合、その考え方の間には相似が認められるからである。

このような意味でカントは、「美は道徳的善の象徴である」と言う。美を判定する趣味判断と善を判定する道徳的判断との間には、すでに詳細に指摘された重要な区別があるが、私たちは屢々、自然や芸術について、その対象の美を呼ぶのに、何か道徳的評価を根底においているような呼び方をする。建物や樹木について、それを荘厳、華麗と言ったり、野山の風景を、ほほ笑む、喜ばしげと呼ぶ。色彩についてすら、清純、温雅、優婉などと呼ぶのは、それらの色彩が、道徳的判断によって呼び起される心の状態の意識と何か類比されるものを含んでいる感情を呼び起すからである。このようにしてカントによれば、趣味は美を判定することによって、いわば、感官的魅力を脱して習慣的な道徳的関心へと、暴力によって飛躍を強制されなどしなくても、移ってゆくことを可能にするのであり、それは同時に、構想力を、それが自由に羽ばたく場合にも、悟性にとって合目的的に規定される得るものとして捉え、更に感官の対象においてそれが感官的魅力を伴なわなくとも、そこに自由な満足を見出すことを教えるものだとするのである。

(6) 趣味の方法論

「理論理性の批判」や「実践理性の批判」の場合には、先ず批判されるべき理性を、それが含む諸要素に分析して、それぞれの能力を明確にする部門としての「原理論」に対して、その結果に基づいて理性の果たし得べき全体としての哲学体系のための方法を考察する「方法論」が独立の部門をなした。しかし趣味に関してはその「方法論」は、単に付録として短い一節が与えられているにすぎない。理論的学や実践的学はなければならないけれども、カントにとっては「そもそも美の学なるものは、存在もしなければ存在できるものでもなく、したがってまた、趣味の批判は原理によって規定され得るものではないから」である。

かくて芸術については、手法というものはあるけれども教授法というものはなく、師匠は、弟子が、何を、どのようにして制作したらよいかを、弟子の前でして見せねばならない。もちろん師匠が自分のやり方を要約して、最後に確立した一般的規則は、弟子に対する重要な指針ではあるが、しかしそれは弟子をしてそれに従わしめるための原則ではなく、それを通して弟子の構想力を呼びさまし、同時に師匠みずからもまた、自分の構想力を一段と飛躍させるための跳躍板である。そしてもちろんこの構想力の飛躍の目標は美的理想である。天才の構想力の自由がなければ、芸術は不可能であると言われる所以である。

したがって芸術に対する予備的訓練は、特定の方針のうちには存せず、むしろ人間の完成を促す人文的教養と呼ばれている知識以前の心の働きの開発にあるとカントは考える。この人間性こそが、一面においては広い共同態への感情を意味し、他面では自分の最も内的かつ普遍的なものを伝達できる能力を意味するからであり、そしてこの性質が一緒になって、動物の孤立とは違った、人間にふさわしい社会が形成されるのだとするのである。

カントにとって趣味とは、究極的には道徳的理念の感性的に表わされたものを、或る種の類比によって美と判定する能力であり、この時、道徳的理念から発する快の感情が伴なうが、それについて趣味は、それが単に各人の私的な感情ではなく、人間一般にひとしく認められる感情であることを主張する。かくて趣味を基礎づけるための真の予備学とは、道徳的理念を発達させ、道徳的感情を開発することでなければならず、道徳的感情と感性とが一致せしめられる時、初めて本当の趣味が明確で不変な形式を得ることができるとされるのである。

3　目的論的判断力

(1)「判断力の批判」の構想

「趣味判断」を他のあらゆる判断から区別して、この判断において美の判定がどのようにし行なわれるかを吟味することが、理性批判の最後の問題として、「反省的判断力」としての「判断力」の批判の根本目的であった。しかしその学的叙述は、ここでもカント独自の緻密な二分法的分類を以て展開され、『判断力の批判』が目指した理論理性と実践理性との統合が広狭幾重にもその立場を展開させて、読者の眼を眩惑せしめる観を呈している。

その構想は先ず大きく、「美的判断力の批判」と「目的論的判断力の批判」とに分けられ、それらがそれぞれ「分析論」と「弁証論」とを含み、「美的判断力の分析論」は「美の分析」と

「崇高の分析」とに、そして「崇高の分析」は更に「数学的崇高」と「力学的崇高」とに分けられた。

「美的判断力」とは、私たちが自然の持つ形式としての合目的性を快として感受する能力であり、「目的論的判断力」とは、自然の運行の全体に関して、合目的性の形式の具わっていることを、むしろ感性的な快とは必ずしも関係なく想定する働きである。したがって目的論的判断力は、「自然の合目的性」への願望に基づいてカントがかつて『純粋理性の批判』の「弁証論」で、「神の存在の論証」の一つとして「物理神学的証明」を挙げたが、あの「証明」を支えるものと言える。カントはそこで「物理神学的証明」を論じた時すでに、この「自然の合目的性」からなされる神の存在の証明には、大きな共感を示しており、綿々たる未練を残しながら、やはりそれが理性の理論的使用の立場からしては、自然に対して合目的的秩序を与えた神の存在の証明にはなろうが、自然をそのように創った神の存在の証明には必ずしもならない、として、これを理性の思弁的使用の産み出した仮象にすぎないとしたのであった。しかしここに再び、『判断力の批判』の第二部門の主題として、「目的論的判断力」が取り上げられていることは、「自然の合目的性」に対するカントの深い関心が、カント哲学の支柱をなすものであることをうかがわせると言うべきであろう。

次に「美的判断力の分析」における美と崇高との区分については、両者はともに特定の意欲を伴なわず、また誰しも自分の認める判定が広く誰にも認められることを望む点でも変りはないが、

「美」は対象の形式や形体について言われるのに対して、「崇高」はむしろ、形式や形体を越えたものについて言われ、その意味で、「美」は構想力と悟性との調和によって生ずるのに対して、「崇高」は、構想力が悟性との調和において自己の限界を越え、理性との調和を求めようとする場合に関して言われると見ることができる。したがって「美」についての満足が積極的な快と言い得るとすれば、「崇高」についての満足はむしろ、そのような快の否定を通しての感嘆、或いは尊敬を含む消極的な快とも言うべきものである。したがってまた「崇高」は、その消極性の故に感性的な快を離れた快であり、私たちが感性的な快に抗して、純粋実践理性の原則に従わうとする場合の満足、言いかえれば、道徳法則に対する、またそれに一致する善意志や善き行為に対する尊敬の念に近いものを含んでいると言えるであろう。

(2) 美的判断力と目的論的判断力

『判断力の批判』の本来の目的が、「美的判断力の批判」に求められるべきであるか、「目的論的判断力の批判」に求められるべきであるか、については、カント研究者たちの間においても、必ずしもその見解は一致していない。「目的論的判断力」が感性的な快とは必らずしも係わりないところの、その意味ではむしろ悟性的な立場から取り扱われているという点では、感性的な「快・不快の感情」を「判断力」の心的能力として、「知識の能力」を「悟性」に、「行為の能力」を「理性」(実践理性)に当てたのに並立させたカント哲学全体の構想から見ると、感性的な快・不快から出発せしめられている「美的判断力」に『判断力の批判』の重点を見ようとする考えの生ずることは、理由のないことではないと言えよう。カント自身、『判断力の批判』の序(Ⅷ)で、『判断力の批判』において美的判断力を含む部門が、本質的にこの批判に属する、と言い、「なぜなら、判断力が自然について反省する〔自然を把握する条件を見出すための心の用意をする〕場合に、全く先天的に根底におく原理、それは認識能力のための経験的法則に従う自然の形式的合目的性の原理であるが、そのような原理を含んでいるのは美的判断力だけだから」と言って、自然のうちに客観的な合目的性の実際に存在することを、悟性と理性とによって判定する目的論的判断力については、そうした判定の先天的な根拠は全く挙げることができないとしていることは一そうこのような解釈を基礎づけることになるであろう。

しかしそれにしても、カントはこの場合にも、悟性がその先験的原理として合目的性の形式を自然界に適用しようとすることを前提する時、それに応じて判断力が、この悟性の先験的原理に準じて目的の概念を用いる規則を含み、それとの類比に従って、理性をして、自然の生み出すものの現われるその都度、自然のうちに客観的な合目的性を求めさせるに至ることを認めている。前にカントが美と崇高とを対比させて、一方では「崇高の理論は自然の合目的性に関する美的判定の単なる付録にすぎない」とし、他方では「自然における対象の崇高性という勝れた性質について判断を下すことができるためには、美的判断力ばかりでなく、その根底に存する認識能力もまた、美の場合よりも遙かに高度に開発されていることが必要である」とした。このような対比が、『判断力の批判』において、美と崇高とのいずれがカントによって重要視されていると見るべきかについて読者を迷わしめたとともに、反省的判断力の全体に関しても、美的判断力と目的論的判断力との関係について各種の解釈を生ぜしめた。前に私が『判断力の批判』の目指した理論理性と実践理性との統合について、それが「広狭幾重にもその立場を展開させて、読者の眼を眩惑せしめる観を呈した」と言った所以である。

『判断力の批判』の本来の目的を美的判断力の批判に求める解釈をそれなりに認めるとしても、カントにおいては快、不快の感情も順次に浄化されて、単に感官の満足のみにとどまらない美感へと高まり、美感は更に崇高性へと転じ、これらをその領域とした美的判断力は、更に目的論的判断力へと、しかし常に前者をそのうちに浄化された形で含みながら高められ、かつ深められて、「自然における物が互いに目的となり手段となり合うというように、また物のこのような在り方すら合目的性を前提するのでなければ十分には理解されないというように」考えるまでに至るとすれば、私たちはもはやその根拠を感覚的対象のうちに見出だすことはできない。そしてそこに至るそれぞれの段階において、快、不快の感情は常に判断力の心的能力として働いており、むしろそれを全く欠いては「合目的性の形式」を支える構想力をも無力たらしめることとなるであろう。

かくて理論理性と実践理性との判断力における統合は、美において、崇高において、また合目的性の形式において、重畳《ちようじよう》相含みながら展開してゆくと見ることができるであろう。そして

図形C

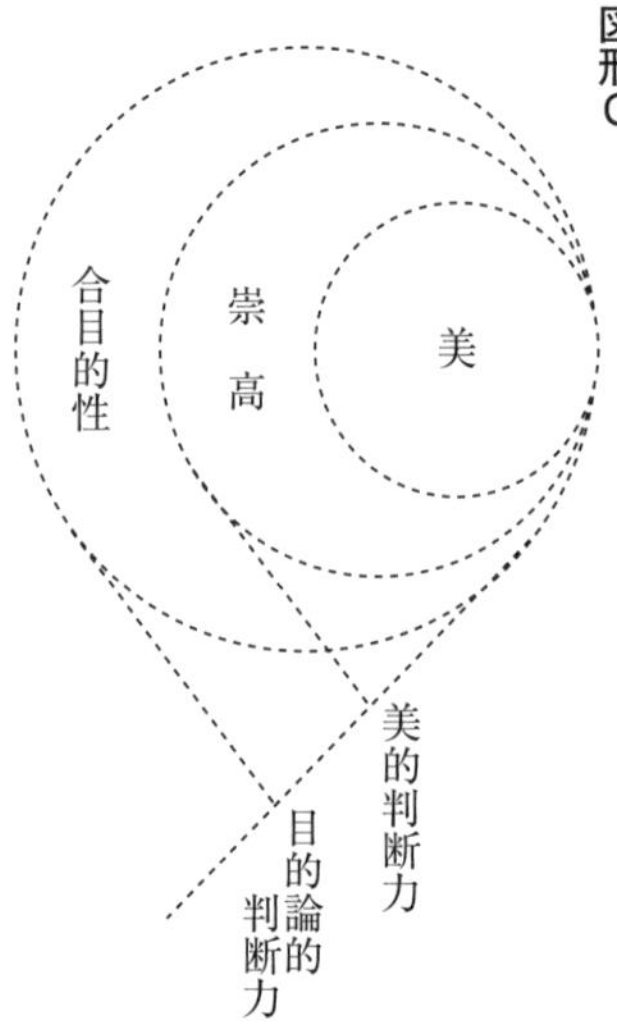

それはまた、「全自然の合目的性」という理念の下で、偉大な知的存在者の手によって、一切が合目的的に運行するかのように見る自然観と世界観とに至るべきものであった。この意味で、反省的判断力におけるこうした展開の過程もまた、前に述べた「形式と内容との統一」の順次相対的な推移的展開に準じて理解することが許されるであろう。そうした展開の過程をあえて右のように図示して見た。それが反省的判断力に属するものである限り、点線で表わしたが、その間にあっても、順次それが稀薄化されてゆくと見ることができるであろう。

前にカントは道徳法則に従う自由な存在としての人間における人格性を強調し、人格は常に目的として尊重され、「手段としてのみ」用いられてはならないことを論じて、そのような理想の世界を「目的の国」と名づけたが、このような「目的の国」もまた、当然この理念の下に含まれるものでなければならない。それはライプニッツが説いた、神の予め定め給うた調和の下に、相互に発展しゆく単子論の世界観に通ずるものであり、またすべての存在の相互依存的因果関係を説く華厳の無尽縁起説を想わせるものでもある。

カントは『実践理性の批判』の結語の冒頭に、「それを考えれば考えるほど、いよいよ高まる崇敬と感嘆とを以て心を充たす二つのものがある。一つはわが上なる星輝く天空であり、一つはわが内なる道徳法則である」という言葉を残した。カントの墓碑銘ともされたこの有名な言葉は、まさに「わが上なる星輝く天空」によって自然における合法則性を、「わが内なる道徳法則」によって自由における究極目的を示したものであった。そしてカントの胸に、いや増す崇敬と感嘆とを呼び起したものは、これら自然と自由とにおける、合法則性と究極目的とが一つとなって、一切が「合目的性」の理念の下で捉えられる世界であった。こうして一切は一大芸術作品の世界において捉えられ、判断力における快の感情は、まさに「崇敬と感嘆」の感情へと浄化され、高揚される。この有名な『実践理性の批判』の結語の言葉は、その意味で『判断力の批判』が示そうとした構想を暗示したものであった。

そしてこの脈絡は、カント哲学全体の体系としての展開であったばかりでなく、ゲーテ、シラー、シェリング、ヘーゲル等、カント哲学の継承者の多くが、深い感銘と共感とを以て、それぞれに自己の哲学の展開のための指針としたところでもあった。

(3) 判断力の二律背反

「批判」の一貫した体系に従って、「目的論的判断力の批判」においても、その「分析論」に続いて「弁証論」が展開され、そこに「判断力の二律背反」が挙げられた。それは、法則或いは概念がすでに原理として与えられていて、経験構成のための条件として、その下への包摂を任とするだけの規定的判断力の場合とは異なるもので、反省的判断力が、与えられている特殊を包摂すべき、まだ与えられていない普遍的原理を求めるものであることによって、反省的判断力に関して生ずる独自のものであった。

反省的判断力は、認識能力のなお及び得ない経験の全体に関して、包括的な原理を求めて自然を反省するものであるから、認識能力や欲求能力がそれぞれその本来の性質に基づいて当面せざるを得ない二律背反とは趣を異にする。判断力がその反省に際して拠り処とする二種の格率について、それは次のように示された。

第一格率「物質的事物とその諸形式との産出はすべて、単なる機械的法則に従って可能なものと判定されねばならない」

第二格率「物質的自然の若干の生産物は、単なる機械的法則に従って可能なものと判定されることはできない（その判定は全く別の原因性の法則、すなわち究極原因の法則を要求する）」

そしてカントは、自然に対する単なる反省のための統整的原則として「判定」が問題とされるこれら二つの格率を、認識能力が対象そのものを知識として可能ならしめる構成的原則にそれぞれ引き直して書き替えて見せ、
正命題「物質的事物の産出はすべて、単なる機械的法則に従って可能である」

反対命題「物質的事物の若干の産出は単なる機械的法則に従っては可能でない」とし、この構

成的原則として書き換えられた二つの命題の対立は、とうてい両立しない矛盾対当をなし、一方が是であれば必ず他方は非でなければならないけれども、反省的判断力に関して挙げられた「二律背反」は、実際には少しも矛盾対当をなすものではない、なぜなら「反省」は常にあらゆる他の場合の可能性をも認めるものであるからである、とし、したがってこの「二律背反」は厳密な意味では二律背反をなさないけれども、同一の物に関する機械的結合と、目的による結合とが統合されて一個の原理を成すのではあるまいか、という問題は依然として解決されないまま残される、とする。そしてこれが相互に矛盾する「二律背反」をなすかのように見えるのは、反省的判断力の原則を規定的判断力の原則と混同し、反省的判断力の自律を、規定的判断力の他律、すなわち、悟性によって与えられた法則に依拠しなければならない他律と取り違えることによるのだとする。こうした「判断力の二律背反」の取り上げ方には、やはりカントの体系の整備に対する愛好の結果としての技巧をうかがわせるものがあるが、理論理性と実践理性との統合という人間理性の最も困難な究極問題に関する限りでは、巧みな理論の展開と見ることができるであろう。

(4) 目的論的判断力の方法論

「趣味の方法論」が単に付録の形で述べられたのと同様に、「目的論的判断力の方法論」もまた付録として述べられた。しかしこの場合は「趣味の方法論」が短い一節を以て終っているのに比べると、先ず「目的論」が自然科学にも神学にも属するものでなく、それはそのような規定的判断力に基づく積極的な理論には属せず、単に「批判」に、しかも特殊な認識能力としての反省的判断力に属するものであることが規定され、目的論が先天的原理を含むものである限り、それは、いかように自然について究極原因の原理に従って判断されねばならないかの方法を示すことができるはずであるし、また示さねばならないとし、かくて判断力の方法論は理論的自然科学の手続きに少なくとも消極的な影響を持つものであり、またこの理論的自然科学が形而上学とかかわる時の、形而上学の予備学としての神学に対して持つ関係にも同様の影響を与えるものであることを述べた後で、その影響についての詳細な叙述にカントの情熱を注いでいる。私たちはそこにも合目的性の理念の下に一切を把握しようとするカントの世界観と倫理観と神観との展開を見ることができる。

4　カントと現代の課題

私たちは一方では自然の中に知識を求め、他方では社会生活の中で行為の指針を求める。しかしもしこれらが別々のものとして、相依り相扶けることがなかったら、全体としての人間は分裂するほかはないであろう。これら両者をよく一致させ、全体としての人間の保持を計ることが、知識の高度な、かつ多岐にわたる進歩と、社会の複雑な、かつ広汎な発展とにつれて、欠くことのできない緊急事となってくる。今までにも幾度か、「学問の為めの学問」、または「芸術の為めの芸術」という主張と、「すべてを人生の為めに」とする立場とが、何らかの程度で対立してきた。

例えば医学上の実験の為めに自分の子供に初めて種痘を試みたというエドワード・ジェンナー（一七四九—一八二三）の事蹟は、かつてはわが国の小学校の教科書にも学問研究者の美談として載せられた。そして種痘発明百年に因んで明治三十七（一九〇四）年に、日本私立衛生会が高村光雲の弟子米原雲海に嘱して、書物を手にして読んでいる等身大のジェンナーの立像がつくられ、上野公園の当時の帝室博物館（今の東京国立博物館）の傍に立てられた。その後、昭和初期に旧本館を取り壊した際に敷地の西側に移されていたが、太平洋戦争後わが国に俄かに人権尊重の思想が昂まったことから、ジェンナーの行為は人権を冒涜したものであるとの批判が生じ、またその後、ジェンナーの最初の実験の対象とされたのはジェンナー自身の子供ではなかったとの説も現われたりして、東京国立博物館の構内に法隆寺宝物館が新設された際、その背後に人目を避けるかのように言わば長く放置されていた。しかし昭和五十四年地球上から天然痘が根絶されたと世界保健機関が宣言したのを機会に、日本における近代医学の草分けであり長崎を通じて日本に伝えられた牛痘種痘の普及に努めた緒方洪庵（一八一〇—六三）の後裔に当たる緒方富雄氏が、氏自身、幕末の種痘所を発祥とする東京大学医学部教授であった縁もあって、氏の奔走の結果、昭和五十五年三月、博物館正門近くに移されたが、このようにジェンナーの評価にも転変があった。

ジェンナーの最初の種痘の被実験者については、「一七九六年に、八歳ぐらいの自分の子フィリップスに初めて牛痘を接種した」という通説は誤りであるが、それより前の一七八九年に、ジェンナー自身の、まだ一歳に満たない長男エドワードに「豚痘らしきもの」を接種したというのが事実だという説が、「ジェンナーの美談」をめぐっての論議の中で報じられた。このことがジェンナー自身の論文の中には現われておらず、ジェンナーは最初の牛痘接種の被験者として、「約八歳の健康な少年」とのみ報じ、後にフィリップスというその名も知らされたが、それは彼自身の子ではなかった。このような事情が混線して、あたかもジェンナーが、八歳くらいに達していた自分の長男に、初めて種痘の実験を試みたかのような通説が行われたということである。いずれにしてもこれは学問と人道との峡《はざま》に立つ人間の一つの典型に当たるであろう。

ジェンナーの学問に対する情熱に比べられるものとして、私たちは芸術に対する同様の情熱を、死にゆく自分の娘を悼み悲しむよりも前に、その表情の描写に芸術的情熱を燃やしたといわれる夜叉王の物語において聞かされている。これらは共に私たちの文化に多くを寄与した人として私たちの感銘を呼び起さずにはおかない人たちである。これらの人たちは、情よりも知を、或いは情よりも芸を選んだことによって私たちの心を打つかのように見える。しかし真実にはそうではなくて、私たちの心を打つのは情と知との、また情と芸との葛藤であり、両者の複雑を極めた統一としての美にほかならないであろう。或いはむしろ美の否定の彼岸に見られるカントのいわゆる崇高に当たるとすべきであろう。

かくてヴィクトル・ユーゴーの『レ・ミゼラブル』に登場する、ジャン・バルジャンを庇《かば》うミリエル僧正の虚構の弁解よりも、峻烈法を苟《いやし》くもしないジァヴェールの論理的厳密性に私たちは真に私たちの求める合目的性を見ると、必ずしも言うことはできない。『論語』は孔子の言葉として次のように伝えている。「葉公、孔子に語って曰く、吾が党に身を直うする者あり。其の父羊を盗む。而るに子これを証す、と。孔子曰く、吾が党の直き者は是に異なり。父は子の為めに隠し、子は父の為めに隠す。直きこと其の中に在り」と。実在主義哲学者の一人として異色ある「不条理の哲学」を説いたアルベルト・カミュ(一九一三―六〇)は、自分の故郷アフリカのアルジェリアの政情不安を憂えて、「私は正義を守る前に母を守るだろう」と言って多くの非難を浴びたと言われる。孔子の言葉にしてもカミュの言葉にしても、ミリエル僧正の場合と同じく、それは決して手に手をとって虚言と不正に沈溺してゆくことではなくて、共に手を携えて正義を守ろうとする苦悩の表現にほかならない。

今日「科学者の社会的責任」が問われ、知識だけがその進歩の道を独走したり、行為の原理が独断的に偏狭な観念主義に陥ったりして、全体としての人類の保全を危機に瀕せしめてはならないことが警告されているが、カントの時代に今日のようにそのような危機が具体的に社会的問題となっていたわけではない。しかし一人の人間において、この問題はもともと時代を越えた問題でなければならないのである。哲学が時流に媚び、当面の問題を糊塗して足れりとするものでなく、永遠の問題を考察して、あらゆる時代の指針たり得るものでなければならないとすれば、カント哲学が単にカントの時代だけの要求に応じて足れりとするものでなかったことは当然のことであった。カントはもちろん一方では独断的形而上学の下に、迷信、邪説が人々を誤まらせ、道徳や宗教を不信に晒し、他方では幸福主義が道徳の基礎を曖昧ならしめていた当時の社会の現実を黙視することができなかったが、しかしひと度哲学に志すと、およそあり得ると考えられるすべての問題を洩らすまいとして、時代を越えた哲学によってそれに対処しようとした。カント哲学が、それこそ哲学の本質でなければならない永遠の哲学をなすものであることを、私たちは、まさに今日、私たちの人類が当面している世界的問題が、カント哲学の究極的問題であったのと同じ知識と道徳との統合の問題にほかならないことからも、読みとることができるのである。

あとがき

本書の執筆については特に左記の諸著作に負うところが多かった。記して謝意を表したい。

ボロウスキー他著、芝　蒸訳『カント——その人と生涯』（創元社・昭和四十二年六月）。これはボロウスキー、ヤッハマン、ワジアンスキーの各カント伝の合本を全訳したものである。

加藤将之著『新しいカント——その思想と生涯』（清水弘文堂・昭和五十年五月）。この書は、第二次大戦後にヨーロッパで新たに出版されたカント伝として、クルト・シュタフェンハーゲンの『カントとケーニヒスベルク』（一九四九年）が、「従来のカント伝のどれもが見逃しているか、記述の手薄な」点である「カントが意外と思われる程に〝東を向いていた〟こと」を指摘していることに注目しており、また東ベルリンの人マンフレッド・ブール著『イマヌエル・カント』（これは『新しいカント』九〇頁では「出版は一九六七年」とされているが、七四頁では「一九七四年」、すなわち「カント生誕二五〇年」とされていることから、後者が正しいのであろう）が、東独レクラム版の本として、「はなはだしくはない」が共産圏の思想特色を表わしていることを紹介している。

なおボロフスキー、ヤッハマン、ワジアンスキーのカント伝の合本について、加藤氏がその要約を試みた『カントの日常生活』（第一書房・昭和四十年）、『カントの生涯』（理想社・昭和三十九年）を挙げ、またボロフスキー本の児玉達童訳とヤッハマン本の木場深定訳を挙げ、「三伝記の完全な訳書はまだ出てはいない」としているが、当時すでに芝　烝訳が出ていたはずである。
浜田義文著『若きカントの思想形成』（勁草書房・昭和四十二年十月）
小牧　治著『カント』（叢書「人と思想」15・清水書院、昭和四十二年四月）
Kuno Fischer: Immanuel Kant und seine Lehre. I 及び II. (Geschichte der neuern Philosophie. 4 及び 5) 1860.
Uwe Schultz : Immanuel Kant (rowohlts monographien 101)
Fritz Gause : Kant und Königsberg, 1974. この書は加藤将之著『新しいカント』に挙げられているシュタフェンハーゲン（Kurt Stavenhagen）の『カントとケーニヒスベルク』とは別のもので、カント生誕二五〇年を記念して出されたものである。著者フリッツ・ガウゼは一八九三年八月四日ケーニヒスベルクに生れ、ケーニヒスベルク市史の完成に生涯を捧げた人で、一九三八年以降大戦までケーニヒスベルク市史博物館長を勤めた。一方、哲学者カントを研究するというよりも、その環境との関係における人間カントを伝えるために、大戦後多くの著作を残した。一九七三年十二月二十四日、満八十歳を越えて西独のエッセンで没した時、本書の原稿はすでに印刷所に渡されていたという。
校正を託されたのは同じく『カントと東欧民族』（一九五八年）という著書のあるクルト・フォルシュトロイテル（Kurt Forstreuter）であるが、彼は本書の序言で、「ケーニヒスベルク大学前のカントの記念碑は今度の大戦で失われたが、ガウゼによって市史博物館のドームに建てられたカントの墓碑は無事に残り、今日でも、我々には縁遠くなったこの町に保存されている」こと、「おそらくカントの生誕二五〇年は、今はもうケーニヒスベルクとは呼ばれていないこの町、カントを見下していたなお僅かに残る城壁に囲まれたこの町でも想起されるであろう」ことを感慨深く述べている。今日のカリーニングラード（かつてのケーニヒスベルク）はそれがソビエト領に属して以来、ソビエト連邦にとっての軍事的要衝として、外国人の旅行は禁じられているのである。

なお本年はカントの『純粋理性批判』が出されてからちょうど二百年に当たり、ドイツでもマインツでカント協会が、第五回国際カント学会を、その記念を兼ねて開くことになっている。本書が期せずしてこの記念すべき年に出されることは、著者としても思わざる喜びである。

一九八一年二月

著者

追記

ソビエト連邦はその後その共産主義国家体制に大きな変化を生じ、一九九一年八月のソ連クーデターの失敗によってソビエト連邦は崩壊し、バルト三国の独立に続いて諸民族による独立国家共同体（ＣＩＳ）の構成によってその様相は変りつつある。

カリーニングラードは依然として、今までソビエト連邦の主権を握っていたロシア共和国の直轄地をなしてはいるが、外国人の出入は自由化された。ドイツ人の中には再びドイツの勢力下にケーニヒスベルクの名を復活させようという運動が起っている由であるが、またそのあまりにも激しい廃墟化に、そこはもはやケーニヒスベルクの名に値しないと絶望する声もあるといわれる。

しかしケーニヒスベルク大学の継承としてのカリーニングラード大学も復活され、戦災で失われていた大学前のカントの銅像も、一九九二年七月、ドイツの篤志家の努力によって再建され、有名な墓碑銘も、新たにロシア語の翻訳を添えたものが建てられているようで、カリーニングラード市が街の復興と、特にカントを通して世界の関心をこの街に集めることに努力している容子のうかがえることを付言しておきたい。

一九九六年二月

著者

高峯一愚（たかみね・いちぐ）
1906年　富山県氷見市に生まれる。
1930年　東京帝国大学文学部哲学科卒業。
1969年　東京都立大学教授を定年退職する。
　　　　東京都立大学名誉教授、元日本カント協会委員長。
2005年　逝去。

著書　『近代における人間の自覚』（理想社、1961年）
　　　『論理学と方法論』（理想社、1965年）
　　　『存在と論理』（理想社、1970年）
　　　『カント講義』（論創社、1981年）
　　　『カント実践理性批判解説』（論創社、1985年）
　　　『カント判断力批判注釈』（論創社、1990年）他。
訳書　ヘーゲル『法の哲学』（論創社、1983年）
　　　カント『純粋理性批判』（「世界の大思想」第十巻、河出書房、1956年）
　　　カント「天界の一般自然史と理論・自然科学の形而上学的原理」（『カント全集』第十巻、理想社、1966年）他。

カント講義

2022年4月20日　初版第1刷印刷
2022年4月30日　初版第1刷発行

著　者　高峯一愚
発行者　森下紀夫
発行所　論 創 社
東京都千代田区神田神保町 2-23　北井ビル
tel. 03（3264）5254　fax. 03（3264）5232　web. https://www.ronso.co.jp/
振替口座　00160-1-155266
装幀／奥定泰之
印刷・製本／中央精版印刷　組版／ロン企画
ISBN978-4-8460-2137-5　